Frantiek Palacký

Zur böhmischen Geschichtschreibung

aktenmässige Aufschlüsse und Worte der Abwehr

Frantiek Palacký

Zur böhmischen Geschichtschreibung
aktenmässige Aufschlüsse und Worte der Abwehr

ISBN/EAN: 9783743656642

Hergestellt in Europa, USA, Kanada, Australien, Japan

Cover: Foto ©ninafisch / pixelio.de

Weitere Bücher finden Sie auf **www.hansebooks.com**

ZUR BÖHMISCHEN
GESCHICHTSCHREIBUNG.

ZUR
BÖHMISCHEN GESCHICHTSCHREIBUNG.

ACTENMÄSSIGE

AUFSCHLÜSSE UND WORTE DER ABWEHR.

VON

FRANZ PALACKÝ,
KÖNIGL. BÖHMISCHEM LANDES-HISTORIOGRAPHEN.

PRAG 1871.
VERLAG VON FRIEDRICH TEMPSKY.

Druck von Heinr. Mercy in Prag.

Schon oft bin ich von Freunden und Bekannten aus der Ferne wie in der Nähe aufgefordert und ersucht worden, über mein bei aller Einförmigkeit doch ziemlich bewegtes Leben besondere Memoiren zu hinterlassen. Die Menge und Dringlichkeit anderweitiger Aufgaben liess mich jedoch ein solches Werk niemals unternehmen, und ein, in Folge anhaltender geistiger Anstrengung, am 25 Juni 1869 plötzlich und heftig eingetretenes physisches Uebel nöthigte mich vorläufig um so mehr jeden Gedanken daran aufzugeben, je mehr gänzliche Ruhe und längere Enthaltung von jeder Arbeit mir als einziges Heilmittel angezeigt worden war. Erst nach einem abermaligen Winteraufenthalt in Nizza (1869—1870) durfte ich es wagen, an eine Umarbeitung meiner Hussitengeschichte von Zeit zu Zeit schüchtern wieder Hand anzulegen. In den Zwischenzeiten beschäftigte ich mich, zur Abwechslung, mit der Sichtung meiner vielen alten Papiere, und bereitete deren Herausgabe in zweierlei Publicationen vor: erstens, unter dem Titel „Radhost", einer Sammlung aller meiner zerstreuten Aufsätze aus alter und neuer Zeit, so weit sie noch irgend ein Interesse bieten zu können scheinen, in böhmischer Sprache: und zweitens, in der gegenwärtigen Schrift „Zur böhmischen Geschichtschreibung", welche zunächst über meine gesammte Thätigkeit als Historiograph authentische Aufschlüsse bieten soll. Beide Arbeiten empfahlen sich mir vorzüglich dadurch, dass sie mich keine Anstrengung kosteten, während ich mir mit der Hoffnung schmeichle, damit den Wünschen vieler meiner Bekannten und auch mancher Unbekannten entgegenzukommen. Ein Nebengrund der Herausgabe letzterer Schrift waren einige polemischen Aufsätze in den „Mittheilungen des Vereins für Geschichte der Deutschen in Böhmen", welche in gewohntem Selbstvertrauen mich zu einer Entgegnung mit mehr Ungestüm als Vorsicht herausforderten.

Der wohlwollende Leser wird aus diesem Büchlein hoffentlich hinlängliche Nachweise schöpfen, welchen Schwierigkeiten und Hindernissen ich auf meiner Historiographen-Laufbahn begegnete, und namentlich welcherlei Mächte und Einrichtungen, Interessen und Bestrebungen, Vorurtheile und Leidenschaften darauf fördernd oder hindernd eingewirkt haben. Mehr als das zu leisten hat diese kleine Schrift von vornherein keine Bestimmung.

Prag den 20 Januar 1871.

Der Verfasser.

Inhalt.

	Seite
I. Anfänge der böhmischen Geschichtschreibung der Neuzeit	1
II. Acten über meine beabsichtigte Anstellung als böhmisch-ständischer Historiograph	13
III. Meine Berichte an den ständischen Landesausschuss 1831—1836	49
IV. Einige Acten über meine römische Reise 1837	72
V. Nachweise über den mir verliehenen Historiographentitel	83
VI. Einige Acten aus den Jahren 1840—1850	86
VII. Weitere Acten aus den Jahren 1850—1862	121
VIII. Polemisches aus den Jahren 1838—1846	145
IX. Zur Abwehr neuerer Angriffe	161

I.

Anfänge
der böhmischen Geschichtschreibung
der Neuzeit.

Die verschiedenen Perioden der böhmischen Geschichtschreibung bringen nicht minder eigenthümliche Erscheinungen zu Tage, als die allgemeine Geschichte des Volkes selbst. Wie diese einen fast ununterbrochenen Kampf politischer, religiöser und nationaler Gegensätze, ein Ringen nach Freiheit gegenüber dem Absolutismus in Staat und Kirche, ein Vordringen und Zurückstauen übermächtiger deutscher Einflüsse auf slawischem Boden darstellt, so konnte auch jene von den jeweiligen Phasen des verhängnissvollen Kampfes nicht unberührt bleiben. Wie aber auf allen Gebieten menschlicher Thätigkeit die Elemente der Zerstörung und Vernichtung wo nicht wirksamer, doch immer nachhaltiger zu sein pflegen, als die des Schaffens und Emporblühens: so ist eine solche Erscheinung auch auf dem Felde der böhmischen Geschichtschreibung wahrzunehmen. Denkmäler und Werke, welche fanatischer Reactionsgeist nicht nur vernichtet, sondern auch verhindert oder unmöglich gemacht hat, entziehen sich jeder kritischen Würdigung.

Ueber die älteste böhmische Historiographie habe ich bereits im Jahre 1830 in der von der kön. böhmischen Gesellschaft der Wissenschaften gekrönten Preisschrift „Würdigung der alten böhmischen Geschichtschreiber" Aufschlüsse gegeben und daselbst in einer Einleitung unter dem Titel „Ueber Geschichtforschung und Geschichtschreibung in Böhmen" (S. VII—XXIV) auch auf die späteren Erscheinungen auf diesem Gebiete Rücksicht genommen. Indem ich diese Arbeit als bekannt voraussetze, will ich auf das dort Gesagte nicht wieder zurückkommen, sondern nur Einiges berühren, was entweder damals nicht gesagt werden durfte, oder was erst in späterer Zeit sich entwickelte. Insbesondere will ich meine eigene Stellung als „k. böhm. Landeshistoriograph," und was ihr voranging, actenmässig beleuchten, sodann aber auf die mannigfaltigen Vorwürfe Antwort geben, die mir als Geschichtschreiber zumeist durch die deutsche Presse sind gemacht worden.

Es durfte vormals, unter der Herrschaft der k. k. Censur, nicht gesagt und nachgewiesen werden, dass es zunächst der Geist und das System der damaligen Regierung war, was sich dem Gedeihen und Aufschwung der böhmischen Geschichtforschung und Geschichtschreibung am meisten entgegenstellte. Ohne Zweifel war jene Regierung sich wohl bewusst, dass ihr ehemaliges Verfahren in Böhmen vor dem Richterstuhle der Geschichte nicht die erwünschte Anerkennung finden werde, auch wenn die berechtigten Kläger gar nicht zum Worte kommen können. Was insbesondere während des 30jährigen Kriegs und seitdem im Inneren Böhmens vorgegangen, ist noch immer ein Geheimniss der Geschichte, Grauen erregend bei all den Wenigen, die es theilweise zu lüften versucht haben. Vor geraumer Zeit habe ich selbst noch aus manchem vornehmen Munde Reden gehört, ob es denn nicht besser wäre, wenn die so vielfach unheilvollen und traurigen Ereignisse der Vorzeit der gänzlichen Vergessenheit verfielen, als dass man sich bemühe, durch Erinnerung derselben die Gemüther aufzuregen und deren glückliche Ruhe zu stören? Man kannte die Ereignisse nicht, ahnte jedoch oder fühlte instinctmässig, dass ihre Darstellung auf die Gemüther aufregend wirken könnte. Kein Wunder daher, dass die Regierung historische Studien nicht zu fördern, sondern vielmehr zu hindern beflissen war. Wohl hat auch ein hoher Beamter, der bekannte Graf Wilhelm Slawata († 1652), sich an einer Apologie seiner Zeitgeschichte versucht: im Allgemeinen aber wurde die Bearbeitung der böhmischen Geschichte fortan nur katholischen Geistlichen und Mönchen, zumeist aus dem Jesuitenorden, anheimgegeben, — in welchem Geiste, braucht nicht erst gesagt zu werden. Und selbst da — welche Chicanen hatte nicht z. B. der patriotische Jesuit Bohuslaw Balbin († 1688) zu leiden, weil sein gepresstes Herz nicht umhin konnte, hie und da in leise Klagen auszubrechen!

Das Volk von Böhmen hörte dagegen auch nach seiner Metamorphose im 30jährigen Kriege nicht auf, seine Aufmerksamkeit der Geschichte seiner Vorzeit um so lieber zuzuwenden, je tiefer es die Unerfreulichkeit der Zustände der Gegenwart empfand. Durfte ihm die Darstellung derselben auch nicht anders als im Jesuiten-Zuschnitt geboten werden, es trug dennoch lebhaftes Verlangen darnach, und selbst der ärgste Schädiger seiner Geschichte, Hajek von Libočan († 1552), wurde gierig gelesen und gepriesen, weil ein besserer Dolmetsch der Vergangenheit nicht zu finden war. Der Verehrung dieses Schriftstellers verdanken wir gleichwohl, wenigstens indirect, endlich auch einen gedeihlicheren Aufschwung der böhmischen Geschichtforschung. Der im Jahr 1706 gestorbene Oberstlandmarschall, Franz Anton Graf Berka von Duba und Lipa, der letzte Sprössling seines im Lande altberühmten Geschlechts und eifriger Verehrer Hajeks, veranlasste nicht nur den Piaristen P. Victorinus a S. Cruce, Hajeks böhmische Chronik ins Lateinische zu übersetzen, sondern vermachte auch letztwillig ein Capital zur Bestreitung der Druckkosten. Einige vor Gericht gegen die Giltigkeit dieses Legats erhobenen Anstände waren schuld, dass P. Victorinus die Herausgabe seines Werkes nicht erlebte, welches im Archive des Prager Piaristenordens liegen blieb, bis in den Jahren 1757—1760 ein gelehrtes Mitglied dieses Ordens, P. *Gelasius Dobner*, von seinen Oberen veranlasst wurde, sich der Revision und endlichen Herausgabe desselben zu unterziehen. So wurde dieser ausgezeichnete Mann, der Vater der wahren Geschichtforschung in Böhmen, für dieses Fach gewonnen. Was er darin bis zu seinem Tode (1790) geleistet, ist der gelehrten Welt bekannt und braucht hier nicht besprochen zu werden. Freilich hatten inzwischen die historischen Studien auch in anderen Ländern grosse Fortschritte gemacht, und Böhmen hatte insbesondere seit der Aufhebung des Jesuitenordens (1773) sich den Einflüssen der abendländischen Bildung in allen Fächern je länger je eifriger erschlossen. Darum traten auch bald nach Dobner Männer wie *Pelzel, Dobrowsky* und Andere auf, die sich um die böhmische Geschichte unvergängliche Verdienste erworben haben.

Von der Kaiserin Maria Theresia, welche sich Dobnern im J. 1772 hatte vorstellen lassen, wurden dessen Verdienste um die böhmische Geschichte damit anerkannt und belohnt, dass sie ihm den Titel eines k. k. Historiographen mit einer lebenslänglichen Pension von 300 Gulden jährlich verlieh. Diese That der ausgezeichneten Herrscherin wurde jedoch für die Folgezeit keineswegs massgebend, und gab auch keineswegs Veranlassung zur nachmaligen Creirung des Ehrenamtes eines böhmischen Landeshistoriographen. Letztere erfolgte viel später und aus einem minder glänzenden Anlasse. Dobners Gegner und Rival, der Jesuit *Franz Pubička*, gab im J. 1768 in Prag eine „Series chronologica rerum Slavo-Bohemicarum" in lateinischer Sprache heraus, welche, wie er selbst angibt, „von dem Publico mit einem Beifall aufgenommen wurde, der meine Erwartung weit übertraf. Ich hielt es daher für meine Pflicht, dem Verlangen eines Buchführers in Prag (*sic*, er meint den Prager Buchhändler Franz Augustin Höchenberger,) nachzugeben, und diese Geschichte nicht allein in der deutschen Sprache an das Licht zu stellen, sondern solche auch mit neuen Anmerkungen zu begleiten" — und fortzusetzen. Der erste Band dieser „Chronologischen Geschichte Böhmens" erschien im J. 1770, der zweite 1771, der dritte, welcher die Jahre 970 — 1084 umfasst, im J. 1773, im Quartformat.

Ueber die weiteren Schicksale dieses Werkes lasse ich um so lieber nachstehende, aus den im Landesarchive aufbewahrten Originalen neu copirte Actenstücke berichten, je authentischer, prägnanter und präciser sie sich aussprechen, und je interessanter sie mir sowohl in Inhalt als in Form erscheinen.

1.

Bittgesuch P. Pubička's an den böhmischen Landesausschuss um Unterstützung seines Werkes „Chronolog. Geschichte von Böhmen".

(Dd. 1777, Febr. 25.)

„An einen hochlöbl. k. k. Landesausschuss, Ihro hochfürstl. Gnaden, Excellenzen, Hochwürden und Gnaden: unterthänig-gehorsamste Anzeige und zugleich demüthiges Bitten, die von mir verfasste chronologische Geschichte Böhmens durch hochdero gnädigste Vermittlung zum Druck mildest befördern zu lassen"

„von mir P. Francisco Pubitschka, presb. eccl., ehemaligen Jesuiten."

Hochlöbl. k. k. Landesausschuss, gnädigst-hochgebietendste Herren Herren!

Euer hochfürstl. Gnaden, Excellenzien, Hochwürden und Gnaden unterthänig gehorsamst nicht bergen solle, welchemnach ich in Erwägung deren in der chronologischen Geschichte Böhmens enthaltenen fabulosen Erzählungen, ob welchen auswärtige Gelehrte ein offenbares Missvergnügen bezeiget, mich dahin entschlossen, eine neue von allen Fabeln gereinigte und in denen bewährtesten autoribus gegründete chronologische Geschichte Böhmens zu verfassen, um so mehr, als der Prager bürgerliche Buchhändler und zugleich Buchdrucker Augustin Höchenberger solche auf eigene Kosten in Druck zu befördern, als auch für meine Bemühung billig zu belohnen übernommen, und zumalen dieses Werk, wie es die Altenburger gelehrte Zeitungen, nicht minder die Encyclopädie öffentlich bewähret, mit allem Beifall aufgenommen, auch dessen Continuation sehnlichst angesuchet worden: so habe mich um so mehr beeifert, und die ersten drei Bände unausgesetzt verfertiget. Nachdem aber besagtem Buchhändler Augustin Höchenberger in anno 1774 die Handlung von seinen creditoribus gesperret, und derselbe sonach ausser Stand gesetzet worden, die Continuation dieser chronologischen Geschichte in Druck zu befördern, so habe auch ich mit Verfertigung solcher nicht geeilet und besagtem Buchhändler A. Höchenberger bessere Glücksumstände abzuwarten vermeinet.

Wie aber, gnädigst hochgebietende Herren Herren! Inhalt des dd. 1 Februarii a. c. erflossenen Pragerischen Intelligenzblatt, die

Buchhandlung oftbesagten A. Höchenberger allschon dem Meistbietenden feilgeboten worden, und er sonach die fernere kostbare Auflage dieser chronologischen Geschichte aus Eigenem zu bewirken nicht mehr vermögend sein dürfte, die Auswärtigen aber gleichwohlen hiernach sehnlichst verlangen, ich auch mit dem vierten Band allbereits fertig worden: als habe ein solches Ew. hochfürstl. Gnaden, Excell. Hochw. u. Gnaden nicht nur unterthänig gehorsamst anzeigen, sondern zugleich auch demüthigst bitten sollen, Hochdieselben geruheten diese das Vaterland und ruhmvollste Andenken Hochdero Vorfahren betreffende und aus denen bewährtesten autoribus mühesamst gesammlete chronol. Geschichte Hochdero gnädigsten Schutzes zu würdigen, und um solche nicht ihrem besten Wachsthum durch die Unvermögenheit oftbesagten A. Höchenberger in den Schutt der Vergessenheit gänzlichen verfallen zu sehen, durch Hochdero ohnmassgebigst gnädigste Vermittlung zum Druck mildest befördern zu lassen. Welch hochgnädigen Bittgewähr mich unterthänig demüthigst getröste, und in submissesten Respect geharre u. s. w.

2.

Antrag des böhm. Landesausschusses an die im Landtag versammelten Stände, wegen Wiederunterstützung des Werkes von P. Pubička.

(Dd. 5 Jan. 1793.)

„Vortrag des Landesausschusses an die Versammlung der Stände."

Bereits vor dem Jahre 1775 haben der P. Franz Pubitschka als Verfasser und Augustin Höchenberger Buchdrucker allhier, ein Werk, „Chronologische Geschichte Böhmens" betitelt, auf eigene Kosten auszugeben angefangen. Da nun aber der Verleger Höchenberger kurz darauf in cridam verfiel, so übernahmen die Herren Stände, von der Brauch- und Nutzbarkeit des Werkes überzeugt, laut Antrags des Landesausschusses vom 3 März 1777, dessen vorläufig abgedruckte drei Bände mit 2024 Exemplaren, und zahlten dafür, das Exemplar zu 1 fl. 40 kr., mithin zusammen die behandelte Summe von 3373 fl. 20 kr. an die Cridarmasse, trugen auch ferner dem Verfasser die Fortsetzung des Werkes, weil solches die rühmlichen Thaten ihrer würdigen Vorfahren darstellt, unmittelbar auf, und bedingten für einen Bogen, nomine honorarii, 3 fl., dann 7 kr. für einen Bogen Schreiberlohn aus, gleichwie sie den Druck mit dem Landschafts-Buchdrucker Karl Hraba gegen den accordmässigen Lohn pr. 7 fl. für einen Bogen nebst Vergütung des Papiers und anderen Kosten verabredeten. Diesemnach wurde der aufgefolgte vierte Band mit 1000 Exemplarien am 4 April 1779 dem ernannten Verfasser und Landschafts-Buchdrucker Hraba mit 1041 fl. 19 kr. baar bezahlt, und so weiters in Sachen vorgegangen.

Mittlerweil wurde zwar mittelst Hofdecrets vom 7 Mai 1782 verboten, ausser der systemisirten, einige andere Domesticalauslagen zu machen: welch höchster Verbot hingegen bloss auf künftig neue Verwendungen, nicht aber auf jene, die bereits beschlossen, und welche, obschon sie in hierortigen Protokollen von Zeit zu Zeit aufgeführt worden sind, höchsten Ortes nie eher beanständet wurden, sich zu beschränken schien, bis endlich bei verfertigtem 7 Band dieser chronologischen Geschichte im Jahre 1788 um dessen nämliche Bezahlung der Verfasser und Buchdrucker Hraba wiederholt baten, das königl. Gubernium gegen die Meinung der bestandenen ständischen Herren Repräsentanten in Folge oberwähnten höchsten Verbots Anstand nahm, diese besondere Auslage ferner passiren zu lassen, sondern lediglich den Verfasser Pubitschka und die vereinigte Buchhalterei zu vernehmen befahl, wie viel diese Werksverfassung und dessen Druck bereits koste, und wie viel es noch bis zu seiner Beendigung kosten dürfte?

Hierauf hat die Buchhalterei, einverständlich des Verfassers, sich geäussert: dass die anfänglich übernommenen drei und weiters veranlassten drei anderen Bände 6951 fl. 28 $^1/_2$ kr. Kosten verursacht, die Uebernahme und Zahlung des siebenten aber 1197 fl. 6 kr., dann die noch rückständigen fünf Bände den Aufwand von etwa 5720 fl. 25 kr., mithin das vollkommene schöne Werk zusammen gegen 13,868 fl. 59 $^1/_2$ kr. zu stehen kommen würde.

Bei solchergestalt erhobenen Auskünften ist nachher am 13 November 1788 mittels der Landesstelle um die höchste Bewilligung gebeten worden, die Kosten für den siebenten Geschichtsband sowohl als jene zu Beendigung des ganzen Werks auf Rechnung des ständischen Domesticalfonds umsomehr bestreiten lassen zu dürfen, als sonsten die bereits mit 6951 fl. 28 $^1/_2$ kr. verwendete baare Auslage schwerlich zur Gänze oder grösseren Theils wieder eingebracht werden könnte, weil erst bei Vollendung dieses gemeinnützigen Werkes dessen Verschleiss angehofft werden könne; welche Vorstellung von der Landesstelle in Vertretung der Herren Stände am 19 December 1788 mit Anführung der triftigsten Gründe erwiedert wurde.

Allein auf diese beiderlei gegründete Behelligungen ist statt der gehofften Gewährung mittels Hofdecreten vom 1 Dec. 1788 und 16 Hornung 1789 der abweisliche Bescheid erflossen, mit dem Beisatz, dass wenn auch die HH. Stände im Jahr 1777 berechtiget waren, die damals vorhandenen Geschichtsbände abzulösen, diese Befugniss jedoch in der Folge aufgehört habe, als mit Hofdecret vom 7 Mai 1782 verordnet wurde, ohne ausdrückliche höchste Bewilligung, ausser der systemisirten, keine ungewöhnliche und ausserordentliche Domesticalfonds-Auslagen zu machen.

Nun haben bei dem in vorige Wirkung wiederhergestellten Landesausschuss der Verfasser dieser chronologischen Geschichte P. Franz Pubitschka und der Landschaftsbuchdrucker, laut der Beilage, hierorts am 19 Jänner 1792 neuerlich gebeten, womit der bereits gedruckte fünfte Theil und respective siebente Band dieser Geschichte accordirtermassen übernommen und bezahlt, dann das Werk auf ständische Kosten fortzusetzen und zu beendigen verwilliget werden möchte.

Die Verherrlichung der böhmischen Nation und der wichtige Vortheil, welchen die Bekanntmachung eines so anerkannten schätzbaren Werkes, als diese Chronol. Geschichte Böhmens ist, der vaterländischen Literatur gewähren muss, war in Vereinigung mit den strengsten Gründen der Billigkeit gegen zween dabei vertragsmässig interessirte Personen die Grundlage, auf welche die HH. Stände sowohl als auch das k. Gubernium die wiederholten Einschreitungen um höchste Bewilligung deren auf die Zustandbringung dieses Werkes zu verwendenden Auslagen stützen zu können glaubten, und diese, dann andere von den Bittstellern aufgeführte Beweggründe bestehen noch immer.

Der Landesausschuss nimmt daher keinen Anstand, der Sachen Beschaffenheit den hochlöblichen Herren Ständen, mit Beilegung eines bündigen Auszugs vom Inhalte dieses historischen Werks, umständlich vorzulegen und dahin pflichtmässig einzurathen, womit Se. Majestät um die gnädigste Bewilligung der zur Vollendung dieses schönen Werkes noch erforderlichen ständischen Domesticalfonds-Auslagen dringendst nochmal gebeten werden möchten, weil

a) Der Verfasser, dann Buchdrucker mit den Ständen zu einer

Zeit, wo es diese thun konnten, einen förmlichen Contract geschlossen haben, aus welchem sowohl der Verfasser als der Buchdrucker die Herren Stände um die Bezahlung des bereits verfassten und abgedruckten siebenten Bandes und um alle fernere Schadloshaltung wegen sistirter contractmässiger Arbeiten im Wege Rechtens belangen und wahrscheinlich ihr Recht gerichtlich behaupten könnten;

b) würden die HH. Stände den auf dieses Werk bereits gemachten Aufwand pr. 6951 fl. wo nicht ganz, doch grösstentheils verlieren, wenn es unvollendet bleiben sollte, da nur nach dessen Vollendung durch den Weg einer allgemeinen Kundmachung mit allem Grunde zu erwarten steht, dass ein so schätzbares Werk sowohl hier als im Auslande einen vortheilhaften Debit erhalten werde;

c) endlich scheinet wegen dieser Auslage einer der genommenen Hauptanstände dadurch gehoben zu sein, dass Se. Majestät der höchstselige Kaiser Leopold II mit Hofdecret vom 12 August 1791 den HH. Ständen die Hoffnung zu geben geruht haben, es würde denselben jährlich ein gewisser Geldbetrag zur freien Schaltung und Verwendung auf allgemein-nützliche Anstalten überlassen werden.

Ex Deputatione augmentata (den 5 Januar 1793) v. Bubna. Wachsmann m. pr.

3.

Aus dem Landtagsprotokoll vom 11 Februar 1793.

(No. 449, ddo. 5, praes. 25 Jänner 1793.)

Der verstärkte Landesausschuss erstattet Bericht über das Gesuch des Verfassers der chronologischen Geschichte Böhmens P. Franz Pubitschka und des Verlegers Hraba, womit die Fortsetzung dieses Werkes von denen Hrn. Ständen auf die nemliche Art übernommen werde, wie solches vor der Auflösung des hochlöbl. Landesausschusses bestanden, und nachher durch erfolgte höchste Verordnungen untersagt worden ist.

Der Landesausschuss traget dahin an: womit Se. Majestät um die gnädigste Bewilligung deren zur Vollendung dieses schönen Werkes noch erforderlichen ständischen Domesticalfondsauslagen nochmal gebeten werden möchten, indem 1) Verfasser und Verleger einen rechtmässigen Contract mit den Herrn Ständen eingegangen sind, und solchen gerichtlich zu behaupten gewiss im Stande wären;

2) würde der auf dieses Werk bereits verwendete Betrag ganz verloren sein, wenn es unvollendet bliebe;

3) haben wailand Se. Majestät der Kaiser Leopold II mit Hofdecret vom 12 August 1791 denen Herren Ständen die Hoffnung gegeben, es würde denenselben jährlich ein gewisser Geldbetrag zur freien Schaltung und Verwendung auf allgemein nützliche Anstalten überlassen werden.

Conclusum: Nach Antrag des verstärkten Landesausschusses ist das erforderliche an das k. Gubernium zu erlassen.

4.

Hofdecret vom 27 Juli 1793.

„2378. Böhmisches Gubernium."

Se. Majestät haben den böhmischen Ständen zu Fortsetzung des schon angefangenen Werkes der chronologischen Geschichte Böhmens die weiters mit Einbegriff des bereits gedruckten siebenten Bandes auf 6917 fl. 31 kr. sich belaufende Kosten aus dem ständischen Domesticalfond gegen dem gnädigst bewilliget, dass auf die Einbringung dieses Vorschusses bei Verkauf des Werkes der sorgsamste Bedacht genommen werde, und um diesen Verschleiss zu befördern, nicht nur durch Zeitungen und andere Wege das Publicum zu benachrichtigen, dass dies gemeinnützige gutverfasste Werk beendiget, somit zu denen bereits gedruckten die noch abgängigen Theile ganz sicher zum Druck befördert werden würden, sondern auch die Stände solche Massregeln zu treffen hätten, dass mit Unterhandlung und Hilfe einiger Buchhändler diesem Werke ein besserer Absatz verschafft werde. Welches dem Gubernium auf den Bericht vom 6 vorigen Monats mit Rückschliessung der Beilagen zu Verständigung der Stände erwiedert wird.

Wien den 27 Julius 1793. (Praesent. 13 Aug. 1793.)

L. Gr. v. Kolowrat m. pr. Edler v. Kranzberg m. pr.

5.

„An den Weltpriester Franz Pubitschka."

Mit Hofdecret vom 27 Julius d. J. ist allerhöchst bewilliget worden, die von Demselben angefangene chronologische Geschichte

Böhmens fortsetzen und vollenden zu lassen, folglich auch den bereits verfassten und gedruckten siebenten Band auf ständische Kosten von den Erben des verstorbenen Landschafts-Buchdruckers Karl Hraba gegen Bezahlung des accordirten Druckerlohns abnehmen zu dürfen.

Nachdem nun dem gemäss Ihm Werksverfasser diesfalls abermal die vertragsmässige Belohnung sammt der Entschädigung für den Kupferstich und die Mundirung zur Auflage mit 280 fl. 6 kr. bei der ständischen Oberkasse gegen Quittung zahlbar angewiesen wird: so entstehet man eben nicht, Demselben hievon zur weiteren Benehmung Nachricht zu geben und die Beschleunigung der Werks-Fortsetzung und gänzliche Beendigung gegen dem bestens anzuempfehlen, dass hiesigen Orts auch künftighin die eingegangenen Bedingnisse so genau erfüllet werden würden, wie dermal Ihm die stipulirten 12 Exemplarien des letzt verfassten siebenten Bandes zum Empfang durch hiesiges Kanzleidirectorium zugewiesen werden.

(Vom Landesausschusse, den 7 September 1793.)

6.
Aus dem Protokoll der böhm. Landtagssitzung vom 16 Dec. 1793.
(Nr. 514. Dd. 7 et praes. 15 Sept. 1793.)

Der verstärkte Landesausschuss theilet das Hofdecret vom 27 Juli d. J. mit, laut welchem zu Fortsetzung des schon angefangenen Werkes der chronologischen Geschichte Böhmens die weiters mit Einbegriff des bereits gedruckten 7 Bandes auf 6917 fl. 31 kr. sich belaufende Kosten aus dem Domesticalfond gegen dem bewilligt wird, dass auf die Einbringung dieses Vorschusses bei Verkauf des Werks der sorgsamste Bedacht genommen werde. Worzu der Landesausschuss bereits die nöthigen Einleitungen getroffen hat.

Wurde zur Nachricht genommen.

Auf solche Weise wurde der Fortschritt des Werkes gesichert, und es erschienen die folgenden Bände desselben regelmässig: IV 1778, V 1781, VI 1784, VII 1788, VIII 1795, IX 1798, X 1801; letzterer umfasste den Zeitraum von 1526 — 1618. Da Pubička, (19 August 1722 in Komotau geboren,) im J. 1801 schon das 80ste Jahr seines Lebens angetreten hatte und auch häufig kränkelte, so wird es erklärlich, warum er bis zu seinem am 5 Juni 1807 erfolgten Tode keinen neuen vollen Band seiner chronologischen Geschichte mehr zu Stande brachte, sondern nur 36 gedruckte Bogen hinterliess, in welchen die Erzählung bis zum Jahre 1630, und zwar bis zur „Entsetzung Waldsteins von seinem Generalat," fortgeführt wurde. Der letzte Bogen (S. 288) brach mitten in einer Phrase ab, welche offenbar aus dem Theatrum Europaeum, II, S. 198 der Ausgabe vom J. 1679 und aus Khevenhüllers Annales Ferdinandei, XI S. 1134 geschöpft war.

Ueber die vielfachen, jedoch stets erfolglosen Bemühungen und Versuche des böhmischen Landesausschusses, für das durch Pubička's Tod abgebrochene Werk einen geeigneten und willigen Fortsetzer zu gewinnen, gibt das hier unten mit der Zahl *10* bezeichnete Actenstück vom 29 März 1829 eine eben so umständliche wie authentische Auskunft; weshalb ich mich darüber hier nicht verbreiten will. Seit dem Jahre 1822, wo der Bericht abbricht, ist der gleiche Antrag auch noch anderen Schriftstellern gemacht worden; der letzte, der zu meiner Kenntniss gelangte, war an den im J. 1827 verstorbenen Freiherrn Johann von *Stentsch* gerichtet, der insbesondere über „Wallenstein" eingehende historische Studien unternommen hatte. Es war wohl nicht bloss die materielle Schwierigkeit, Pubička's Werk fortzusetzen, sondern noch mehr die Strenge der k. k. Censur, was die in Anspruch genommenen Gelehrten abschreckte. In der öffentlichen Meinung der Böhmen bildete in den Jahren 1820 — 1830 die Controverse über des Herzogs von Friedland Schuld oder Unschuld eben so den kitzlichsten und wundesten Punkt der ganzen böhmischen Geschichte, wie einige Jahrzehende zuvor die Frage, ob es zwei, oder nur einen Johann von Nepomuk gegeben; Jedermann scheute sich, durch kritisches Eingehen in dieselbe, entweder vor dem Publicum, oder vor der Regierung sich zu compromittiren. Das war die eigentliche Ursache, warum man es vorzog, den heiklichen Antrag abzulehnen.

Zu richtigerem Verständniss der nachfolgenden Vorgänge ist es vielleicht nöthig zu bemerken, dass es in Gebrauch gekommen war, nicht nur Pubička, sondern auch seinen berufenen Nachfolgern den Titel eines „böhmisch-ständischen Historiographen" nur im gewöhnlichen Umgange und privatim, nicht aber auch ämtlich und öffentlich, beizulegen.

II.

Acten über meine beabsichtigte Anstellung als böhmisch-ständischer Historiograph.

Am 8 October 1827 richtete ich an den damaligen Referenten des böhmischen Landesausschusses, Freiherrn *Anton von Bretfeld* in Prag, nachstehendes Schreiben, dessen Inhalt wohl keiner weiteren Erklärung bedarf:

7.

Ew. Hochwohlgeboren mündliche Anfrage, ob ich die Fortsetzung von Pubička's chronologischer Geschichte Böhmens für die hochlöblichen Stände des Königreichs zu übernehmen geneigt wäre, verpflichtet mich zu um so grösserem Danke, je mehr ich mich durch das Vertrauen, dessen Zeuge sie ist, geehrt und geschmeichelt fühle. Ich habe mich von Jugend auf dem Studium unserer vaterländischen Geschichte ganz und für immer gewidmet, und habe keinen höheren Wunsch, als hierin zum Besten und zur Ehre des Vaterlandes etwas Erspriessliches und Bedeutendes leisten zu können. Ich kann daher um so weniger anstehen, in den so ehrenvollen Vorschlag mit voller Bereitwilligkeit einzugehen, als ich darin eben ein günstiges Mittel erblicke, dem Ziele meiner sehnlichsten Wünsche näher zu kommen.

Ew. Hochwohlgeboren werden mir jedoch erlauben, dass ich, noch vor der Uebernahme der diesfälligen Pflicht, Denselben einige Bemerkungen mittheile, die ich hiebei für zu wesentlich erachte, als dass ich sie mit Stillschweigen übergehen könnte. Pubička's Werk fortzusetzen ist eine der beschwerlichsten Aufgaben, die einem vaterländischen Historiker gestellt werden können. Abgesehen davon, dass das Werk, welches fortgesetzt werden soll, den Forderungen, die man heutzutage an Werke der Art zu stellen gewohnt und berechtigt ist, auf keine Weise entspricht, und der Ehrgeiz des

Schriftstellers daher bei Uebernahme dieses Geschäftes keine Nahrung findet: so ist schon der Zeitraum selbst, dessen Geschichte geliefert werden soll, theils der schwierigste und unter den obwaltenden Umständen der delicateste der ganzen böhmischen Geschichte, theils, wo er es zu sein aufhört, und wo Böhmen zugleich aufhört, eine eigene Geschichte zu haben, für den Schriftsteller so wie für den Leser der am wenigsten anziehende. Indessen, da dem Bedürfniss einer detaillirten Geschichte dieses Zeitraums dennoch abgeholfen werden muss, will ich, aus Liebe zur Sache, mich dieser beschwerlichen Arbeit nicht nur gerne unterziehen, sondern auch auf solche Weise darin zu benehmen suchen, dass bei offener Wahrheitsliebe weder dem Staate, noch der Kirche, noch auch der Nationalehre zu nahe getreten werde.

Aber ich kann zugleich den Wunsch nicht unterdrücken, die hochgebildeten Stände dieses Landes möchten die Aufmerksamkeit, welche sie der vaterländischen Geschichte schenken, weiter ausdehnen, als das in Rede stehende Geschichtswerk reicht. Die wesentlichen Mängel und Gebrechen aller bisherigen Bearbeitungen unserer Geschichte sind allgemein bekannt: niemand dürfte sie jedoch lebhafter fühlen, als ich; und ich scheue mich nicht, die von ausgezeichneten Männern aufgestellte Behauptung zu wiederholen, es gebe kein Land in Europa, dessen Geschichte an sich interessanter, und dessen Geschichtswerke in jeder Hinsicht unvollkommener wären, als Böhmen. Selbst Reiche, wie Ungarn und Polen, die in allen Zweigen der Cultur und der Industrie unserem Vaterlande von jeher nachstanden, lassen es in dieser Hinsicht weit hinter sich zurück. Es gibt wohl bei uns zwei patriotische Vereine, deren Zweck zum Theil auf die vaterländische Geschichte gerichtet ist: aber Vereine können schon ihrer Natur nach nur sammeln und vorarbeiten; die eigentliche Geschicht*schreibung* bleibt dagegen jedesmal das Werk Eines Mannes, Eines Geistes, und wo sie wahrhaft gelingen soll, eines ganzen Lebens. Ew. Hochwohlgeboren werden es gewiss dem patriotischen Sinne der hoch aufgeklärten Stände Böhmens vollkommen entsprechend finden, dass dieser Gegenstand, der die Ehre und das Nationalgefühl der Böhmen so nahe angeht, von denselben einer näheren Aufmerksamkeit gewürdigt werde. Sollten daher Dieselben geneigt sein, einen Vorschlag, der die böhmische Geschichte mehr in Aufnahme zu bringen bezweckt, zu unterstützen, so würde es mir zu grosser Freude gereichen, meine eben so bescheidenen als patriotischen Wünsche und Ansichten hierüber ungesäumt umständlicher darzustellen.

Ich habe die Ehre etc.

Hierauf wurde mir vom ständischen Landesausschusse am 29 October die Antwort gegeben, derselbe finde sich durch meine Erklärung bestimmt, mir „die durch den Tod des P. Franz Pubitschka unterbrochene Fortsetzung der chronologischen Geschichte Böhmens — gegen dem zu übertragen, dass ich das Manuscript zur Beurtheilung und Drucklegung jedesmal dahin vorlege." Die Zuschrift schloss „mit der Bemerkung, dass man in jeden Vorschlag willfährig eingehen werde, den Sie zur besseren Aufnahme der vaterländischen Geschichte zu machen für zweckmässig finden werden."

Ich richtete nun an den Landesausschuss am 24 Januar 1828 eine umständliche Denkschrift folgenden Inhalts:

8.

„Vorschlag zur besseren Aufnahme der vaterländischen Geschichte."

(Dd. 24. Januar 1828.)

Durch den in der Zuschrift vom 29 Oct. v. J. (Zahl 2959) erhaltenen Auftrag, die durch den Tod des P. Franz Pubička unterbrochene chronologische Geschichte Böhmens für die hochlöblichen Stände fortzusetzen, wie nicht minder durch die Erlaubniss, hohen Ortes einen Vorschlag zur bessern Aufnahme der vaterländischen Geschichte einbringen zu dürfen, hocherfreut, wage ich es, dem hochlöbl. ständischen Landesausschusse in Nachstehendem meine diesfälligen Ansichten und Wünsche ehrfurchtvoll vorzulegen.

Von jeher haben die Geschichten Böhmens die besondere Aufmerksamkeit der Fremden sowohl als der Eingebornen auf sich gezogen. Wenn einerseits die mächtigen Erschütterungen, welche von hier aus, zu wiederholten Malen, sich beinahe ganz Europa mittheilten, ihnen ein weltgeschichtliches Interesse sicherten: so verschafften anderseits die Erscheinungen hoher geistiger und physischer Kräfte, an denen die Geschichte dieses Landes vor anderen so reich ist, ihr einen eigenthümlichen Reiz, der Phantasie und Gefühl, anziehend sowohl als abstossend, mächtig anregte. Es ist daher kein Wunder, dass das Verlangen, sich mit der Geschichte unsers Volkes näher bekannt zu machen, unzählige Bearbeitungen derselben, sowohl im Ganzen als in einzelnen Theilen, veranlasste, so dass die namhafteren darunter schon allein eine ansehnliche Büchersammlung bilden würden.

Um so mehr ist aber zu bedauern, dass alle diese Bearbeitungen weder den höheren Bedürfnissen unserer Zeit, noch den Forderungen, die man an eine so eigenthümliche Volksgeschichte zu stellen berechtigt ist, in irgend einer Hinsicht Genüge leisten. Selbst die besten unter ihnen, — unstreitig die Werke *Pelzels*, — sind ein trockenes Aggregat von historischen Daten, mit zahllosen Lücken, welche der gewissenhafte Verfasser aus Mangel an Quellenangaben unausgefüllt gelassen. *Pubička* wagte sich an eine umständliche Bearbeitung des ganzen vorhandenen historischen Stoffs in chronologischer Folge, und suchte auch den Zusammenhang der Begebenheiten hie und da pragmatisch nachzuweisen: aber dazu mangelte ihm vor allem die hinlängliche Kenntniss der Thatsachen selbst, um anderer Mängel zu geschweigen. *Wollmann* gab einen kurzen Inbegriff der böhmischen Geschichte, die in einzelnen Partieen trefflich ist: im Ganzen hat jedoch dieser geistreiche Historiker einen nur oberflächlichen Blick auf unsere Geschichte geworfen.

Es ist nicht zu läugnen: man hat über die Geschichte Böhmens viel mehr geschrieben und gestritten, als billigerweise hätte geschehen sollen; denn man hat sich der Mühe des Forschens und des Sammelns überall zu wenig unterzogen. Der ganze Inhalt der böhmischen Geschichte ward gewöhnlich nur aus den in Druk vorhandenen älteren Chroniken geschöpft; die Archive, unerschöpfliche Fundgruben für den Geschichtforscher, wurden wenig oder gar nicht benützt. Nun sind aber der Chroniken aus unserer Vorzeit nicht viele vorhanden, und die vorhandenen sind, insbesondere gegen die unserer westlichen Nachbarn gehalten, gar dürftig und mangelhaft; man könnte nicht mit Unrecht behaupten, die alten Böhmen hätten durch die Geschichte, die sie *gelebt*, sich vor andern Völkern eben so ausgezeichnet, als sie durch diejenige, welche sie *geschrieben*, hinter denselben zurückgeblieben sind. Unsere alten Chronikenschreiber waren gewöhnlich Privatpersonen, deren Einsichten eben so wie ihr Wirkungskreis beschränkt waren; unfähig, das reiche vielbewegte Gemälde ihrer Zeiten zusammenzufassen und der Nachwelt darzustellen. Ihre Aufmerksamkeit war nur entweder auf ihre nächste Umgebung, oder auf die Hauptbegebenheiten im Lande gerichtet, deren Ursachen, Bedeutung und Folgen ihnen gar häufig verborgen blieben. Es erklärt sich daher, warum selbst die besten böhmischen Historiker eine so unvollständige Kenntniss des Geschehenen hatten, warum das Ganze der böhmischen

Geschichte fast nur aus einförmigen Thronveränderung- und Kriegscenen, aus Scenen innerer Unruhen und wilder zerstörender Kraft zusammengewebt ist, warum von dem ruhigen bürgerlichen Leben unserer Altvordern, von den Künsten des Friedens im Vaterlande, von der allmähligen Entwicklung der inneren staatsrechtlichen Verhältnisse, von der Landesverwaltung und deren Wirkungen auf das Wohl und Wehe des Volks in unseren Geschichten so selten Rede ist, warum wir überhaupt noch keine echt pragmatische, Geist und Herz bildende Nationalgeschichte haben.

Vieljährige fleissige Forschungen in mehreren Archiven und Bibliotheken in und ausserhalb Böhmens haben bei mir die Ueberzeugung hervorgebracht, dass unsere Geschichte durch Benützung der bisher so sehr vernachlässigten Archivschätze und handschriftlichen Denkmäler eine neue Gestalt gewinne, dass das diesfällige Forschen und Sammeln in seinem ganzen Umfange unerlässlich sei, und dass jede Arbeit und Mühe, welche man dieser Geschichte zuwendet, damit beginnen müsse, diese Denkmäler an Ort und Stelle aufzusuchen, den Gewinn, den sie der Geschichte reichen, sogleich herauszuheben, und nach einem ausgedehnten Plan, wie ihn die historische Kunst vorschreibt, einzutragen und zu ordnen. Nur auf diese Art wird es möglich, verlässliche Angaben zur Geschichte der ständischen Verhältnisse in Böhmen, so wie der Gesetzgebung und Landesverwaltung, der Finanzen und der Kriegsverfassung, der religiösen, literarischen und artistischen Cultur des Volks, der Gewerbe und des Handels, des häuslichen und geselligen Lebens, der Sitten und Gebräuche u. s. w. aufzufinden, welche man heutzutage bei keiner Volksgeschichte, am wenigsten bei der so eigenthümlichen böhmischen, ausser Acht setzen darf, weil eben in Böhmen die so verschiedenen Elemente des germanischen und slawischen Volkslebens ineinander verschmolzen durch den ganzen Verlauf der Geschichte zum Vorschein kommen. Ueber diese Gegenstände finden sich aber in allen unseren Chroniken nur sehr dürftige unverlässliche Berichte, welche nur durch einen reichen diplomatisch-kritischen Apparat zu ergänzen und zu berichtigen sind.

Die Bereisung der Archive und Bibliotheken, worin sich Urkunden, Briefe und Actenstücke zur böhmischen Geschichte vorfinden, durch den *Geschichtforscher selbst*, ist darum unerlässlich, weil nur er im Stande ist, das Unbekannte, Brauchbare und Wichtige, was sich an diesen Orten vorfindet, zu erkennen, zu würdigen und nutzbar zu machen, und weil er nur auf diese Art die nothwendige historische

Kritik an den Originalen selbst üben, und daher einen verlässlichen historischen Stoff sammeln kann.

Nach dieser hier ausgesprochenen Ueberzeugung kann ich nicht umhin zu erklären, dass ich in keinem Falle früher an die *Geschichtschreibung* Hand anlegen zu dürfen glaube, als bis ich den Inhalt unserer Archive so vollständig als möglich werde kennen gelernt haben. Ich kann mich nicht entschliessen, die mangelhaften und schwankenden Angaben der gedruckten historischen Werke in einer neuen Compilation zu wiederholen, so lange ich weiss, dass durch die Benützung der Archivschätze zahllose Lücken der vaterländischen Geschichte ergänzt, irrige Angaben aus echten Quellen berichtigt und zweifelhafte bestätigt oder widerlegt werden können; es wäre unverzeihlich, diese Pflicht des Geschichtforschers ausser Acht zu setzen, so lange es dazu nichts mehr braucht, als eben an die Quellen hinzugehen und daraus in Fülle zu schöpfen.

Die Archive und Bibliotheken, deren Besichtigung für die böhmische Geschichte nothwendig ist, sind nach meiner Kenntniss folgende:

I) in *Prag*: das Gubernialarchiv, die Landtafel und das ständische Archiv, das Lehnarchiv, das Archiv und die Bibliothek des Domcapitels u. a. m.

II) in *Böhmen* auf dem Lande: die Archive zu Wittingau, zu Raudnitz, Neuhaus, Budweis, Nachod u. a. m.

III) in *Wien*: das k. k. geh. Haus-, Hof- und Staatsarchiv, (welches ich bereits zum Theil benützt habe), die k. k. Hofbibliothek, deren Schätze für die ältere Geschichte Böhmens beinahe unerschöpflich sind, die Cerronischen Sammlungen u. a. m.

IV) in *Mähren*: die Sammlungen des mährischen Museums zu Brünn; das Archiv des Domcapitels und die Bibliothek zu Olmütz, zu Raigern u. a. m.

V) in *Ungarn*: die Sammlungen des ungarischen Nationalmuseums nebst den v. Jankovicsischen Sammlungen, beide sehr reichhaltig und noch gar nicht benutzt.

VI) im *Auslande*: 1) zu *München* das k. Reichsarchiv, von grosser Wichtigkeit für unsere Geschichte und leicht zugänglich; 2) die ehemals v. Rhedigersche und andere Sammlungen in *Breslau*, für uns um so bedeutender, als alle schlesischen Archive daselbst concentrirt sind, und Schlesien ein integrirender Theil von Böhmen gewesen; 3) die fürstliche Czartoryskische Bibliothek zu *Pulawy* in Polen, in welcher die meisten Manuscripte und Archive Polens gesammelt sind; 4) das Regierungsarchiv zu *Dresden*, gegenwärtig noch unzugänglich; und endlich 5) die Schäze der Vaticana in *Rom*, bei dem so lebhaften Verkehr des römischen Hofes mit Böhmen eben so wichtig als schwer zugänglich.

Ich habe einen grossen Theil der genannten Archive bereits auf eigene Kosten bereist, und für meine, bisher allerdings nur beschränkten Zwecke, benützt; und da ich dabei alles, was ich an baarem Vermögen besass, dem Eifer für patriotische Geschichtforschung bereits zum Opfer gebracht, so ist es mir unmöglich, darin auf dieselbe Weise weiter fortzufahren. Dass ein so grosses Unternehmen, als die Aufsuchung und Sammlung aller noch unedirten, in Archiven und Bibliotheken zerstreuten Quellen für eine Nationalgeschichte ist, die Kräfte eines Privatmannes von beschränkten Vermögensumständen überhaupt übersteige, fällt wohl von selbst in die Augen. Darum wurde ein solches in allen Nachbarstaaten von der Regierung oder von den versammelten Ständen unterstützt.

Bei dem nicht so sehr ausgedehnten äusseren Umfang unserer Nationalgeschichte wäre es jedoch einem Privatmanne, der sich ganz diesem Werke widmen könnte, nicht nur möglich, alles bisher gesagte für dieselbe zu leisten, sondern es ist auch nothwendig, dass *ein* Historiker die gesammte Masse der böhmischen Geschichtforschung sowohl als der Geschichtschreibung umfasse, wenn überhaupt eine gute Geschichte der Böhmen zu Stande gebracht werden soll. Aber es ist auch nothwendig, dass er frühzeitig mit frischen jungen Kräften ans Werk gehe, und dass er dieses Werk als Hauptaufgabe seines Lebens und Wirkens und nicht etwa als Nebensache für müssige Stunden betrachte. Wenn ihm die Natur nicht alles Talent versagt hat, so wird er dann auch allein fähig, mehr zu leisten, als sonst ganze Akademien zu Stande zu bringen pflegen: denn diese vermögen ihrer Natur nach nur den Weg zu einem solchen Werke zu bahnen, nicht aber es selbst auszuführen.

Sollten die hohen Stände dieses Landes in ihrer patriotischen Theilnahme für ein solches Unternehmen sich bewogen finden, den bisher geschilderten Beruf für vaterländische Geschichtforschung und Geschichtschreibung mir anzuweisen, so wäre damit mein sehnlichster Wunsch erfüllt und mein thätiger Eifer für dieses Werk, dem ich bereits aus innerem Antriebe alle meine Kräfte zugewendet habe, bürgt mir dafür, dass diese Verfügung allerdings geeignet sein dürfte, zur bessern Aufnahme der vaterländischen Geschichte mitzuwirken. Alles, was ich dabei an Dieselben zu bringen hätte, wäre die Bitte um die Sicherstellung meiner äusseren Existenz, damit ich ohne anderweitige zeitraubende Amtsführung meine ganze Zeit diesem Werke allein widmen könne . . . .

Der Rest der Schrift wird in dem folgenden Actenstücke Nr. 10 kürzer wiederholt: darum führe ich ihn hier nicht an. Den Vorschlag und mein darin enthaltenes Gesuch unterstützte ich nicht lange darauf in einer Eingabe an den Oberstburggrafen Grafen Chotek noch mit folgenden Bemerkungen:

„Die Periode der thätig wetteifernden Forschung im Fache der vaterländischen Geschichte ist seit dem Tode eines Dobner, Voigt, Pubička, Prochazka, Pelzel u. A. verschwunden; nur der altehrwürdige Dobrowsky schützt noch den Ruhm der Böhmen in diesem Fache. *) Da jedoch die böhmische Geschichte auf keiner höheren Lehranstalt vorgetragen wird, und deshalb auch kein vaterländischer Gelehrter durch Beruf und Amtspflicht an das Studium derselben gewiesen ist, so ist die Unwissenheit in diesem Fache bei unseren Zeitgenossen grösser und allgemeiner, als man glauben sollte. Bald könnte es dahin kommen, dass Niemand mehr im Stande sein dürfte, bei sich etwa ergebenden Fällen über einzelne Puncte der älteren Geschichte gründliche Aufschlüsse zu geben."

„Meine seit dem Jahre 1824 mit Aufwand und Fleiss jährlich eingeleiteten Untersuchungen der fast unerschöpflichen Schätze des Wittinganer, Raudnitzer, Budweiser, Neuhauser und anderer Archive in Böhmen, so wie des k. k. geheimen Staatsarchiv in Wien, lassen mich die Mängel unserer bisherigen Geschichtswerke schärfer und bestimmter einsehen, als dies sonst bei Jemandem der Fall sein dürfte. Sie veranlassten zugleich meinen sehnlichen Wunsch, zu deren Fortsetzung von den hohen Ständen unterstützt zu werden, da ich weder ein unabhängiges Vermögen, noch ein festes Einkommen besitze, und mein Lebensunterhalt durch das precäre Dasein zweier Zeitschriften bedingt ist."

Meine Denkschrift vom 24 Januar 1828 wurde vom hochlöblichen Landesausschusse an den Oberstlandkämmerer des Königreichs Böhmen, Grafen *Franz Sternberg*, als den damals grössten Kenner und competentesten Richter im Fache der vaterländischen Geschichte, zur Begutachtung geleitet. Das von ihm darauf

---

*) Er starb bald darauf am 6 Januar 1829.

erstattete Gutachten ist erst in den letzten Tagen zu meiner Kenntniss gekommen, und ich füge es hier bei, um auch dadurch das Andenken des seltenen Mannes zu fördern, der auf meine Studien und meine ganze Laufbahn entscheidenden Einfluss geübt hat. Es lautet:

9.

Gutachten des Grafen Franz Sternberg.

Hochlöblicher ständischer Landesausschuss!

Hätte ich bei dem mir gewordenen ehrenvollen Auftrage des hochlöblichen Ausschusses der vier Herren Stände des Königreichs Böhmen: „mich über die rückfolgende Aeusserung und Bitte des Hrn. Franz Palacky dd. 24 Januar d. J. gutächtlich zu erklären", nur die Fähigkeiten und Eigenschaften des Bittstellers vor Augen zu halten gehabt, so würde es mir leicht gewesen sein, dieses Gutachten in kurzer Frist abzugeben. Es lag mir aber zu viel daran, das Urtheil über die Person, die ich mir vielleicht sonst unbedingt anzuempfehlen erlaubt hätte, mit meinem warmen Gefühl für jedes Interesse der hochgeehrten Herren Stände in den vollkommensten Einklang zu bringen, um nicht etwas zögernd zu Werke zu gehen, und den betreffenden Gegenstand einer vielseitigen und längeren Prüfung zu unterziehen.

Es ist bekannt, dass die chronologische Geschichte des P. Franz Pubička, deren letzter Band vor 27 Jahren erschienen, seither ungeachtet der deshalb ergangenen Einladungen keinen Fortsetzer gefunden hat. Der Grund der Weigerung mehrerer geachteter Schriftsteller, den übrig gebliebenen Stoff zu bearbeiten, mag vielleicht in der Idee gelegen haben, dass unseren Annalen in den unbeschriebenen Epochen der frühere weltgeschichtliche Charakter beinahe gänzlich mangelt; vielleicht fühlten die gelehrten Männer auch, dass um sie selbst für das Inland anziehend zu machen, eine Forschung in unbenützten Quellen voranzugehen hätte; eine Bemühung, aus welcher die Unzweckmässigkeit, oder wenigstens die Unzulänglichkeit der früheren Bearbeitung sich erst deutlich darthun würde, und die man sich ersparen müsse, bis es Noth thäte, statt eines ungleichen Werkes, ein besseres Ganzes zu verlangen und zu veranstalten. Man kann unbezweifelt annehmen, dass im gebildeten Publikum, unter allen Classen unserer

Mitbürger, die mit Liebe am Vaterlande hängen, ein so zu sagen einstimmiger Wunsch dieser Art rege geworden ist; und es wäre allerdings der Würde der Stände Böhmens entsprechend, zu dessen Befriedigung mächtig beizutragen.

Indessen masst sich Niemand an, der hohen Willkühr der Herren Stände, zu Folge welcher sie diesen Wunsch zu noch grösserer Reife gelangen lassen, ja sogar die geklagten Mängel einzelner oder allgemeiner Privat-Abhilfe zuweisen könnten, zu nahe zu treten. Es ist demnach nur der von den Herren Ständen bereits ausgesprochene Wille, in der unter ihrem Namen und Schutze an den Tag gebrachten Landesgeschichte eine zweihundertjährige Lücke nicht unausgefüllt zu lassen, der hier das Bekenntniss einer Hoffnung rechtfertigt, welche aus der Ueberzeugung fliesst, die Viele mit Hrn. Palacky theilen.

Um die Jahrbücher von der Zeit Ferdinands II an, bis auf unsere Tage, so auszustatten, wie es eine billige Kritik fordert, kann man nicht aus gedruckten Büchern allein zusammentragen: man muss an vielen und an solchen Orten suchen und forschen, wo noch mehr zu finden ist, als man für den nächsten Zweck braucht. Die Nothwendigkeit, das Neuere zu holen, wo auch das Alte verborgen ruht, ist nicht zu umgehen: wie schade wäre es dann, dieses Wichtigere unbeachtet liegen zu lassen, wie lohnend, bei solcher Gelegenheit, ein geringer Zusatz an Mühe und Kosten, um so vollständig als möglich zu ärndten? Beträchtlich müsste noch der Gewinn ausfallen, selbst im Verhältniss mit dem grösseren Aufwande an Zeit.

Nur der freigegebenen Benützung von Staats- und Familien-Archiven haben endlich mehrere Länder und Städte pragmatische Geschichten, unter anderen Spanien den Anfang jener des neuen Welttheils, Russland das Werk Karamsins, Bayern seine Monumenta Boica und seine Regesten, die Lausitz das weitschichtige Verzeichniss ihrer Urkunden, die Stadt Wien die erschöpfende Monographie des Freiherrn von Hormayr zu danken.

Wollte man bei uns einem mit jugendlichem Muthe, ausharrendem Fleisse, gesundem Urtheile und bewährten Grundsätzen Arbeitenden zu ähnlicher Begünstigung verhelfen, so liesse sich auf den Grund, den Pelzel, Dobrowsky und Dobner gelegt, in unserer Geschichte, die der Ergänzung und Läuterung wirklich sehr bedürftig ist, noch viel Herrliches aufführen.

Eine von der königl. böhmischen Gesellschaft der Wissenschaften durch ihre neuerlich ausgeschriebene historische Preisaufgabe, die

Würdigung der Urquellen der böhmischen Geschichte betreffend, beabsichtigte wichtige Vorarbeit darf hier nicht unerwähnt bleiben.

Sind die Herren Stände, wie es mir aus der verehrlichen Mittheilung des hochlöbl. Ausschusses vom 2 März vorauszusetzen erlaubt zu sein scheint, geneigt, mehr zu bezwecken, als die blosse Fortsetzung des voluminösen aber gar zu mangelhaften chronologischen Werkes des P. Franz Pubička: so dürften sie einem tüchtigen Geschichtsforscher auf längere Zeit Beschäftigung geben wollen, und für dienlicher erachten, ihn eine angemessene Bestallung geniessen zu lassen, als seine Ausarbeitungen stückweise zu honoriren. Dabei würden sie zuvörderst den Nutzen der Sache erzielen, dann sich des Vortheils versichern, ihren ferneren Wünschen in Ansehung der verschiedenen Geschichtszweige, insbesondere der Beleuchtung jener Verhandlungen, die sich näher auf das ständische Wesen beziehen, nach Umständen und Befund die beliebige Ausdehnung geben zu können. Die Mittel werden in der Aeusserung und Bitte vom 24 Januar vollständig angegeben: Bereisungen, um in Böhmen und in den benachbarten Ländern die Schätze der Bibliotheken und Archive kennen zu lernen, und Schutz und Empfehlung von Seite der Regierung, sind gewiss die zweckmässigsten; wobei sich freilich der Geschichtssammler die Einschränkungen wird gefallen lassen müssen, welche (wie nicht zu wünschen) aus ökonomischen Gründen, oder aus der gesetzten Bedingung entspringen werden, dass das Gesammelte öfters gesichtet und aufgearbeitet werde, um nicht zu lang auf vollendete Werke warten zu müssen und sich an allmählig gelieferten Resultaten erfreuen zu können.

Was den Mann betrifft, so glaube ich wohl, dass Hr. Palacky in den durch ihre historischen Aufsätze ausgezeichneten Zeitschriften des vaterländischen Museums sich als arbeitsam, in Sprachen bewandert, kenntnissreich und umsichtig, mit einem Worte, genug zu seinem Vortheile gezeigt hat, um das Vertrauen, das die Herren Stände in ihn setzen würden, in hinreichendem Masse zu verdienen.

Die einmal als nothwendig zu beachtende Fortsetzung der chronologischen Geschichte bliebe der erste Auftrag, könnte aber doch nicht zuerst erscheinen, weil dieses Stück Arbeit, um an Interesse zu gewinnen, durchaus der Hilfe neuer handschriftlicher Quellen bedarf, wenn es auch nur in der Art der bestehenden 10 Bände, aber etwas eindringender in den Charakter der Zeit und in das Eigenthümliche der Menschen, die sie verlebt haben, gefordert wird. Vor der Herausgabe dieser Fortsetzung kann gar manches eingebracht werden zur Bildung des Diplomatariums und des Codex epistolaris; denn dieses sind die kostbarsten Behelfe für jeden künftigen Schriftsteller im weiten Fache der Landeskunde, Monumente enthaltend, welche treulich und ohne Schmuck das Wohl und das Weh, den Bedarf und den Geist einer jeden Zeit vor Augen legen, und demjenigen, der sie zu verstehen gelernt, nicht nur die successiven Umstaltungen im Aeusseren der Welt schildern, sondern auch für den Culturzustand, das geistige Vermögen, den moralischen Werth der handelnden Völker und Individuen den richtigsten Massstab geben. Mit diesem Unternehmen allein, im Grossen ausgeführt, würden sich die Herren Stände ein würdiges Denkmal errichtet und um Böhmen hochverdient gemacht haben.

Neuere Aufschlüsse, Ergänzungen und Berichtigungen in der bisher oft, aber immer compilatorisch und oberflächlich herausgekommenen Sammlung der Landtagschlüsse und ständischen Verhandlungen, sind allerdings auch von grossem Werthe. Willkommen werden dem Liebhaber der vaterländischen Geschichte gut vorgetragene Monographieen sein.

Das Letzte wäre eine kurzgefasste gediegene pragmatische Geschichte Böhmens, welche sich durch unbefangene Wahrheit, Reichhaltigkeit, Ton und Sprache zu empfehlen hätte. Zu diesem Producte ist durchaus erforderlich dem Autor die längste Frist zu gönnen: nicht weil sie seinem schriftstellerischen Verdienste die Krone aufzusetzen geeignet wäre, sondern weil dazu aus allen obenerwähnten Werken mit Ueberlegung, Scharfsinn und kritischem Fleisse geschöpft und zusammengetragen werden muss, und es das möglichst vollständige Dasein jenes grossen Apparats voraussetzt.

Wird, wie gesagt, von den Herren Ständen der Nutzen gewürdigt, den ohne sie kein Privatgelehrter, kein patriotischer Verein dem lieben Vaterlande schaffen kann, und wird anerkannt, dass sich Leistungen nach ihrem Sinne und Willen von einem von ihnen ganz abhängigen Beamten am füglichsten erwarten lassen: so steht dem Entschlusse, die Stelle eines solchen gelehrten Beamten zu creiren, kaum etwas im Wege.

Ueber den Gehalt des Historiographen, von dem nebenbei Archivaldienste gefordert werden könnten, wäre es leicht sich mit ihm zu verständigen, so wie über Diäten oder was immer für Vergütungsmodalitäten für Reisen, Abschreibgebühren u. s. w. Wobei zu berück-

sichtigen käme, ob nicht eine Anstellung auf lebenslang für beide Theile die vortheilhafteste wäre.
Prag den 18 September 1828.
Franz Graf zu Sternberg-Manderscheid (m. pr.)

Die Entscheidung in der Angelegenheit verzog sich durch den Umstand, dass inzwischen der mährische Gelehrte *Joseph Edmund Horky*, unter dem Schutze und der Anempfehlung des damaligen Hofkanzlers Grafen Mitrowsky in Wien, in den Stand gesetzt wurde, mir Concurrenz zu machen. Darüber und über die dadurch nothwendig gewordenen weiteren Verhandlungen gibt das hier zunächst folgende Actenstück hinlänglichen Aufschluss, weshalb ich es auch ganz unverändert und unverkürzt hier anführe.

10.

„Antrag des böhmischen Landesausschusses wegen Anstellung des Hrn. Franz Palacky als ständischen Historiographen."

(Dd. 29 März, praes. 8 April 1829.)

Hochlöbliche vier Herren Stände!

Seit dem am 5 Juni 1807 eingetretenen Tode des vaterländischen Geschichtschreibers *P. Franz Pubitschka* hat der Landesausschuss seine Sorgfalt auf die Auswahl eines Verfassers zur Fortsetzung der bei dem 30jährigen Kriege unterbrochenen chronologischen Geschichte Böhmens gerichtet, und solche unterm 21 December 1807 dem emeritirten Professor *Ignaz Cornova* angeboten, welcher durch Herausgabe mehrerer gemeinnütziger Werke, und vorzüglich durch die mit allgemeinem Beifall aufgenommene Uebersetzung, Berichtigung und Ergänzung des Staates von Böhmen von Paul Stransky bereits Beweise von seinen ausgebreiteten Kenntnissen in der vaterländischen Geschichte, und seiner empfehlenden gefälligen Darstellungsgabe geliefert hat. Da sich jedoch derselbe nach seiner Aeusserung vom 19 October 1808 wegen der Abnahme seiner Körper- und Geisteskräfte diesem Werke nicht unterziehen konnte: so wurde derselbe aufgefordert, ein hiezu geeignetes Individuum vorzuschlagen, und auf dessen Vorschlag die Fortsetzung der chronologischen Geschichte Böhmens dem Professor der allgemeinen Weltgeschichte *Franz Niklas Titze* unterm 12 December 1808 übertragen; welcher jedoch auf die wegen der Beschleunigung an ihn erlassenen vielfältigen Erinnerungen erst unterm 18 Jänner 1815 die Verzögerung mit seinen ausgedehnten und vielfältigen Berufspflichten und seiner Augenschwäche entschuldigt, und das Ansuchen gemacht hat, womit ihm ein angemessenes jährliches Honorar, für welches er jedoch jedes Jahr 10 Druckbogen zu liefern hätte, bemessen, und jede Lieferung über diese Zahl besonders honorirt, und nebst der Verabfolgung von 12 Gratis-Exemplaren von jedem neuen Bande, und der bisherigen Vergütung der Copirungs-, Zeichnungs- und Kupferstich-Kosten bei Beendigung eines jeden Bandes eine Remuneration bewilligt würde. Ungeachtet nun demselben auf den Antrag des hierüber vernommenen emeritirten Professors Ignaz Cornova unterm 23 April 1815 ein Honorar von 300 fl. für 10 gedruckte Bogen, welche derselbe jedes Jahr abzuliefern hätte, und 30 fl. für jeden gedruckten Bogen, welchen er über diese Zahl liefern würde, dann die Verabfolgung von 12 Gratis-Exemplaren von jedem Bande, und die Vergütung der Copirungs-, Zeichnungs- und Kupferstichkosten zugesichert wurde: so wurde die Fortsetzung doch nicht bewerkstelligt, da derselbe nach vielfältigen Betreibungen die Enthebung von der Fortsetzung der chronologischen Geschichte Böhmens, mit Beischluss der hievon verfertigten 4 Bogen Manuscript, wegen Vermehrung seiner Berufsgeschäfte und Supplirung ausserordentlicher Lehrfächer, unterm 13 Mai 1818 angesucht hat.

Hierauf wurde die Fortsetzung dieses Werkes dem Professor der Pastoraltheologie *Maximilian Millauer*, und als solche von diesem wegen seiner Berufsgeschäfte unterm 5 Juli 1818 abgelehnt wurde — dem k. k. Rath und Professor der Philosophie *Franz Niemetschek* angeboten, welcher jedoch bei seiner Jubilirung und Uebersiedlung nach Wien die Enthebung von dieser Arbeit unterm 22 April 1822 angesucht hat.

Da es sich nun bei der Fortsetzung der böhmischen Geschichte sowohl um die Verewigung der ruhmwürdigen Thaten der Vorfahren und die Verherrlichung der Nation, als um die Darstellung der Wirkungen der Gesetze, Gewohnheiten und Einrichtungen auf die öffentliche Wohlfahrt handelt, und solche daher für die Herren Stände und das Publicum von der grössten Wichtigkeit ist: so hat man wegen Uebernahme der Fortsetzung dieses Werkes mit dem von Seite seiner

Geschichtskunde rühmlich bekannten Redacteur der Monatschrift der Gesellschaft des vaterländischen Museums in Böhmen *Franz Palacky* Rücksprache pflegen lassen; welcher sich nach der beiliegenden Aeusserung hiezu bereitwillig erklärt, und auf die hierstellige Aufforderung vom 29 October 1827 den mitfolgenden *Vorschlag zur besseren Aufnahme der vaterländischen Geschichte* erstattet hat, in welchem er die Forderungen, welche man an die Geschichte Böhmens nach den höheren Bedürfnissen unserer Zeit zu stellen berechtigt ist, ausführlich entwickelt, zur Befriedigung derselben die Benützung der Archive und handschriftlicher Denkmäler in- und ausserhalb Böhmen als unerlässlich nothwendig darstellt, und sich anbietet, folgende Werke, als:

1) Die Fortsetzung der chronologischen Geschichte Böhmens des Pubitschka in derselben Form und Weise bis auf die neueste Zeit noch vor dem Schlusse des Jahres 1830,

2) eine möglichst vollständig und kurzgefasste pragmatische Geschichte Böhmens in etwa 5 grossen Octavbänden, welche auch in Form und Geist sich ihres Gegenstandes würdig zeigen müsste,

3) eine vollständige Sammlung aller schriftlich vorhandenen Landtagschlüsse und öffentlichen Verhandlungen,

4) die Anlage eines grossen Diplomatarium und eines Codex epistolaris von Böhmen, worin die Urkunden, Briefe und Actenstücke zur Geschichte Böhmens aus den ältesten Zeiten vollständig, und aus den späteren alle wichtigeren und interessanten enthalten wären, und

5) Monographien über einzelne Gegenstände der vaterländischen Geschichte, — den Herren Ständen zur Drucklegung unentgeldlich abzuliefern, wenn ihm
- *a)* ein jählicher Gehalt von 1000 fl. C. M. während der Bearbeitung dieser Werke (wobei er sich einer jährlichen Controle über seinen Fleiss unterwirft) zugesichert,
- *b)* eine Unterstützung für die Bereisung der ausserhalb Prag befindlichen, von demselben schon zum Theil benützten Archive und Biliotbeken in Wittingau, Neuhaus, Budweis, Nachod, Wien, Brünn, Pesth, München, Breslau, zu Pulawy in Polen, Dresden und Rom geleistet,
- *c)* die Copirungs- und Vidimirungskosten in den Archiven vergütet, und
- *d)* Verwendungen oder schriftliche Empfehlungen an die Behörden

oder Personen, ohne deren Bewilligung der Zutritt zu diesen Archiven nicht stattfindet, mitgegeben würden.

Diesen Vorschlag hat der Landesausschuss Sr. Excellenz dem Herrn Oberstlandkämmerer Franz Grafen von Sternberg- Manderscheid, als Präsidenten der Privatgesellschaft patriotischer Kunstfreunde, deren Zweck zum Theil auf die vaterländische Geschichte gerichtet ist, mit dem Ersuchen mitgetheilet, solchen einer sorgfältigen Prüfung zu unterziehen, und die Wohlmeinung hierüber anher zu eröffnen.

In der hierauf erfolgten Begutachtung haben Se. Excellenz der Herr Franz Graf von Sternberg-Manderscheid — (inhalt der Beilage) — den Franz Palacky in Rücksicht seiner Fähigkeiten, Kenntnisse und Eigenschaften, als des Vertrauens der Herren Stände würdig anerkannt, und dessen Ansichten über die Nothwendigkeit der sorgfältigen Nachforschungen in den Staats- und Privatarchiven, dann Bibliotheken getheilet, dann es dem hierstelligen Ermessen überlassen, sich sowohl über den Gehalt für den Historiographen, als über die Diäten und Vergütungsmodalitäten für Reisen, Copirungskosten u. d. g. mit ihm zu verständigen.

Nach dieser Verhandlung haben Seine Excellenz der Herr Oberstburggraf das von dem *Joseph Edmund Horky*, Mitgliede mehrer gelehrten Gesellschaften, an Hochdieselben gelangte, in der Nebenlage beigefügte Memoire anher mitgetheilet, in welchem sich derselbe unter Beischluss seines Werkes: „Des böhmischen Freiherrn Löw von Rožmital und Blatna Denkwürdigkeiten und Reisen durch Deutschland, England, Frankreich, Spanien, Portugal und Italien (Brünn 1824, 2 Theile)" mit Beziehung auf seine Fähigkeiten und Anführung der zu einer Landesgeschichte bereits gesammelten Daten, dann der auf Veranlassung Sr. Excellenz des gegenwärtigen Herrn Hofkanzlers Grafen von Mitrowsky in den Landesarchiven vorgenommenen Nachforschungen anbietet,

a) Pubitschka's Werk für die Verehrer desselben fortzusetzen und zu vollenden,

b) eine eigene Geschichte Böhmens nach seinen Ansichten, und zwar als Resultat der bisherigen kritischen Forschungen ohne Polemik und Ausfälle abzufassen,

c) Schallers Topographie ganz zu überarbeiten und hiebei Ebels Anleitung die Schweiz zu bereisen und ähnliche Werke als Muster zu befolgen,

d) alle einzelne Arbeiten vaterländischer Geschichtsforscher nach Möglichkeit durch Auskünfte zu unterstützen, und

e) ausführliche Vorschläge zu erstatten, wie diese Arbeiten beschleunigt und vor Unterbrechung gesichert, dann mit welchem geringen Aufwande solche ausgeführt und erhalten werden könnten.

Zur vollständigen Erledigung dieser Eingaben hat man an den Redacteur Franz Palacky, welcher sich bereits in seinem Vorschlage über den Gehalt eines Historiographen ausgesprochen hat, die Verfügung erlassen, sich über die angesuchte Unterstüzung für die ausserhalb Prag befindlichen Archive und Bibliotheken näher zu erklären, den Josef Edmund Horky aber zur Erstattung der in dessen Memoire angedeuteten Vorschläge über die Bearbeitung und Vollendung der böhmischen Geschichte und über die Ausführung dieses Unternehmens mit dem möglichst geringen Auswand aufgefordert.

Hierüber hat sich der Redacteur Franz Palacky laut der Beilage geäussert, dass derselbe keineswegs von den Herren Ständen eine vollständige Vergütung seiner Reise- und Zehrungskosten ansprache, und dass er bei dem Umstande, da einige der in seinem Vorschlage genannten Archive für jetzt theils durchaus unzugänglich, wie die in Rom und Dresden, theils minder dringend sind, wie das zu Pulawy in Polen, — die Bereisung der übrigen innerhalb dreier Sommer, und zwar: im ersten jener in Mähren, Ungarn und Wien, im zweiten jener in München in Bayern und des südwestlichen Theiles von Böhmen, und im dritten jener des nordöstlichen Theiles von Böhmen vorzunehmen wünsche, und sich zu diesem Behufe von den Herren Ständen einen Pauschalbetrag von 200 fl. C. M. als besondere Unterstützung für jede dieser 3 Reisen erbitte.

In der weitern Beilage hat Josef Edmund Horky seinen Vorschlag in dieser Angelegenheit anher erstattet, nach welchem vor allem andern die durch den Tod des P. Franz Pubitschka unterbrochene chronologische Geschichte Böhmens bis auf die gegenwärtigen Zeiten zu ergänzen, sodann alle früheren Bände derselben nach den seit jener Zeit entdeckten Hilfsmitteln und gewonnenen richtigeren Ansichten zu berichtigen und gänzlich umzuarbeiten, und nach den zum Behufe dieser beiden Leistungen zusammen gebrachten Materialien nebenbei die Berichtigung der bisher erschienenen Topographien Böhmens vorzunehmen, vorläufig aber dem Bearbeiter der böhmischen Geschichte zur Einsichtnehmung und Excerpirung der hierauf Bezug nehmenden gedruckten und handschriftlichen Materialien in Prag eine Frist von 2 oder 3 Monaten, zur Bereisung aller Orte im Königreiche Böhmen eine Frist von 3 Jahren, und zur Bereisung der Hauptorte der

Nachbarländer, und zwar: Zittau, Görlitz, Bauzen, Pirna, Dresden, Leipzig, Halle, Jena, Wolfenbüttel, Göttingen, Frankfurt am Main, Regensburg, Passau, Salzburg, Gräz, Linz, Wien, Pesth, Brünn, Olmütz, Troppau, Glatz und Breslau eine Frist von einem Jahre zu bestimmen, nach Vollendung dieser Bereisungen von dem Bearbeiter der böhmischen Geschichte alle Jahre wenigstens ein Band abzuliefern, die Kosten der Bereisungen mittelst Subscription aufzubringen, dem Verfasser zur Beischaffung der während seines 3monatlichen Aufenthalts in Prag erforderlichen Bedürfnisse ein Beitrag von 100 fl. bis 140 fl. C. M. anzuweisen, die Diäten für ihn bei den Reisen innerhalb Böhmen mit 2 fl. und seinem Gehilfen mit 48 kr. C. M., bei jenen im Auslande aber für ihn mit 3 fl. und seinen Gehilfen mit 1 fl. C. M. zu bemessen, zur Fortbringung desselben und seiner Materialien ein Wagen und ein Paar Pferde anzuschaffen, endlich dem Geschichtschreiber entweder ein mit seinem Geschäfte verträglicher Dienstposten mit einer jährlichen Zulage von 200 fl. C. M. aus dem Domesticalfond zu verleihen, oder derselbe als permanenter Inspicient des Grundbuchswesens aufzustellen und dessen Besoldungsbetrag auf die Dominien und Magistrate zu repartiren wäre.

Bei Vergleichung dieser beiden Vorschläge ergibt sich, dass jener des Franz Palacky nicht nur vor jenem des Joseph Edmund Horky den entschiedenen Vorzug verdiene, sondern dass sich auch von dem Ersteren die Erreichung des abgesehenen Zweckes viel früher und sicherer, dann mit minderen Kosten als von dem Letzteren erwarten lasse, weil die Werke, zu deren Lieferung sich Franz Palacky anbietet, für die vaterländische Geschichte durchgängig wichtig und von anerkannter Gemeinnützigkeit sind, derselbe sich bereits durch seine vieljährigen fleissigen Forschungen in mehreren Archiven in und ausserhalb Böhmen mit den Hilfsquellen der vaterländischen Geschichte bekannt gemacht hat, und es daher bei ihm nur noch auf die Ergänzung derselben durch die Einsichtnehmung der hierauf Bezug nehmenden Urkunden an jenen Orten, welche derselbe noch nicht besucht hat, ankömmt, der Pauschalbetrag von 200 fl. C. M., welchen derselbe zur Bereisung derselben nebst dem jährlichen Gehalte per 1000 fl. C. M. als besondere Unterstützung anspricht, äusserst mässig ist, übrigens aber sich verbindet, die Fortsetzung der chronologischen Geschichte des P. Franz Pubitschka in derselben Form und Weise bis auf die neuesten Zeiten noch vor dem Schlusse des Jahres 1830 abzuliefern, Joseph Edmund Horky aber den Inhalt der Archivschätze, durch welche die Lücken der vaterländischen Geschichte ergänzt, irrige Angaben aus echten Quellen berichtigt, und zweifelhafte bestätigt oder widerlegt werden können, noch gar nicht kennt, und die von ihm angegebenen Zeitfristen zur Erlangung dieser Kenntniss offenbar unzulänglich sind, ferner von dessen Antrag zur Berichtigung der Topographie von Böhmen, an welcher der Prager Gymnasialprofessor Eichler seit einem halben Menschenalter unter dem Schutze der k. k. Landesstelle arbeitet, kein Gebrauch gemacht werden kann, die von ihm angetragene Aufbringung der Kosten für die Bereisungen im Wege der Subscription mit dem Ansehen der Herren Stände streitet, endlich weder die von ihm angesuchte Verleihung eines ständischen Dienstpostens, noch dessen Aufstellung als permanenten Inspicienten des gesammten Grundbuchswesens Statt finden würde, weil jeder Dienstposten seinen eigenen Beamten fordert, die Führung der Grundbücher aber nach der Jurisdictionsnorm den Obrigkeiten und Magistraten zusteht.

Da nun sowohl die Aufrechthaltung des Nationalruhmes, als der Wunsch des Publicums die Fortsetzung und Berichtigung der vaterländischen Geschichte fordert, Franz Palacky aber durch die in den Zeitschriften des vaterländischen Museums (und zwar im I. und IIten Hefte der Deutschen Monatschrift, und im III. und IVten Hefte der böhmischen Quartalschrift vom Jahre 1827) enthaltenen historischen Aufsätze (dann durch den Aufsatz in dieser Monatschrift, 3ten Jahrgang, März 1829 „Gradazion der Bevölkerung Böhmens seit den letzten 60 Jahren) bereits seine Kenntnisse in der Landesgeschichte an den Tag gelegt hat, nunmehr an einer kritischen Abhandlung über die Glaubwürdigkeit der böhmischen Chronisten seit Cosmas mit Fleiss und Thätigkeit arbeitet,*) und von Sr. Excellenz dem Herrn Oberstlandkämmerer Franz Grafen von Sternberg- Manderscheid als competenten Richter und Sachverständigen in Rücksicht seiner Fähigkeiten und Eigenschaften, dann seines Fleisses und seiner Sprachkenntnisse als des Vertrauens der Herren Stände würdig empfohlen wird: so glaubt man auf dessen Anstellung in der Eigenschaft eines böhmisch- ständischen Historiographen mit dem der Wichtigkeit seines Geschäftes angemessenen Gehalte von 1000 fl. C. M. jährlich, während der Bearbeitung der vorwärts genannten Werke, und unter der ge-

---

*) Eine Andeutung der von mir im J. 1830 in Druck herausgegebenen gekrönten Preisschrift „Würdigung der alten böhmischen Geschichtschreiber."

hörigen Controle über seinen Fleiss, und gegen Abreichung eines Reisepauschalbetrags durch 3 Jahre pr. 200 fl. C. M. jährlich anzutragen, und es den hochlöblichen Herren Ständen zu überlassen, die höchstortige Bewilligung zur Bestreitung dieser Auslage aus dem Domesticalfonde aus dem Grunde einzuholen, weil bisher die Fortsetzung der chronologischen Geschichte Böhmens bloss gegen ein Honorar von 30 fl. für einen gedruckten Bogen, und gegen die Ausfolgung von 10 Exemplaren von jedem Bande, dann gegen besondere Vergütung der Copirungs-, Zeichnungs- und Kupferstichkosten Statt gefunden hat.

Vom ständischen Landesausschusse.

Prag den 29 März 1829.

C. Graf Chotek m. pr. A. F. v. Bretfeld m. pr.

Hierauf weiset das Landtags-Protokoll vom 13 April 1829 folgenden *Landtagsbeschluss* (Nr. 1111) nach:

11.

„Diesen Anträgen wurde von Seite der Herren Stände beigetreten und beschlossen, den hochlöbl. Landesausschuss mit der Weisung hievon in die Kenntniss zu setzen, die höchstortige Bewilligung zur Anstellung des Redacteurs der Monatschrift der Gesellschaft des vaterländischen Museums, Franz Palacky, in der Eigenschaft eines böhmisch-ständischen Historiographen, mit dem der Wichtigkeit seines Geschäftes angemessenen Gehalte von 1000 fl. C. M. jährlich, und zur Abreichung eines Reisepauschalbetrages durch 3 Jahre von 200 fl. C. M jährlich, durch die k. k. Landesstelle zu erwirken, dann die Verfügung zu treffen, damit die von dem Professor Franz Niklas Titze als Fortsetzung der Geschichte Böhmens abgelieferten 4 Bogen Manuscript in Druck gelegt und mit den nach P. Franz Pubitschka noch vorhandenen 37 gedruckten Bogen, enthaltend die Jahre 1618 bis 1630, mit Anführung der Verfasser mittelst Randanmerkungen, als XI Band herausgegeben, und nach Einlangung der höchsten Entschliessung die Fortsetzung beschleunigt und öffentlich angekündigt werde."

In Folge dessen hat der ständische Landesausschuss durch das k. k. Landesgubernium die unterthänigste Bitte um die Bewilligung der Anstellung eines eigenen Historiographen an Se. Majestät Kaiser Franz I gerichtet.

Ueber den Erfolg, den dieser Schritt gehabt, berichtet ein kurzes Landtags-Exhibit (Nr. 1783 vom J. 1829) mit nachstehenden Worten:

„Ueber dieses mittelst des hohen Gubernii eingesendete Gesuch hat die hohe Hofkanzlei unterm 2 Juli 1829 erwidert, dass hochselbe dieses Gesuch zur Unterstützung nicht geeignet finde, es jedoch den Herren Ständen unbenommen bleibe, die Fortsetzung der von Franz Pubička begonnenen Geschichte Böhmens durch einen Autor, mit welchem man über das Honorar übereinzukommen hat, einzuleiten."

Schon am 10 Juli darauf richtete ich an den Oberstburggrafen Grafen Chotek ein Memoire, welches ich hier ohne weitere Bemerkung folgen lasse.

12.

Ew. Excellenz!

Vorgestern erreichte mich zuerst eine unbestimmte Nachricht davon, dass die auf dem letztverflossenen Landtage erklärte Bereitwilligkeit der hochlöblichen Herren Stände dieses Königreichs, zur besseren Aufnahme der vaterländischen Geschichte dadurch mitzuwirken, dass mir als ihrem Historiographen ein Jahrgehalt aus ihren Mitteln angewiesen werde, — bei der hohen k. k. Hofkanzlei unzulässig befunden worden sei; eine nähere Erkundigung darüber bestätigte seitdem die Wahrheit dieses Gerüchtes, eröffnete mir aber auch die Aussicht, dass diese Sache, als eine Angelegenheit der hochlöbl. Herren Stände selbst, noch an Se. k. k. Majestät zur allerhöchsten Entscheidung gebracht werden dürfte, und daher jetzt noch nicht alle Hoffnung auf deren günstige Erledigung aufzugeben sei.

Ich kenne die Motive nicht, nach welchen die hohe k. k. Hofkanzlei entschied, und es ziemt mir auch nicht, darnach zu fragen. Da jedoch der hochlöbl. Landesausschuss ohne Zweifel einige Vorstellungen darüber entwerfen wird, wozu die vorläufige allseitige Beleuchtung dieses Gegenstandes nothwendig ist: so dachte ich, es würde nicht ganz unangemessen sein, wenn auch ich, von meinem Standpuncte aus, als Privatmann und als Betheiligter, meine Bemerkungen darüber Ew. Excellenz ehrfurchtvoll vorzulegen mich unterfinge.

Es handelt sich, wie ich glaube, zunächst um die Beleuchtung des von der hohen k. k. Hofkanzlei aufgestellten *negativen* Satzes „*dass Se. Maj. der von den Herren Ständen beabsichtigten Massregel Allerhöchstihre Sanction nicht geben könne*"; denn ich setze voraus, dass jede Entscheidung der hohen Hofstelle nicht allein im *Namen*, sondern auch im *Sinne* Sr. Maj. geschehe, dessen natürliche erste Verkünderin sie ist.

Die Beleuchtung dieses Satzes müsste sich zuerst über dessen *Gründe*, dann über dessen *Wirkungen* verbreiten.

Die *Gründe* jener Entscheidung sind mir, wie gesagt, gänzlich unbekannt; aber alle, die man sich als möglich denken könnte, lassen sich unter *drei Gesichtspunkte* bringen, nämlich 1) den *Zweck* der Massregel (Aufnahme historischer Forschungen in Böhmen), 2) die *Mittel* dazu (Mitwirkung der Herren Stände), und 3) die *Ausführung* derselben (in der jetzigen *Zeit* und durch *meine Person*). Die hypothetisch angenommene Unzulässigkeit der Sanction Sr. Maj. löst sich daher im Allgemeinen in drei Hauptgründe auf: 1) Se. Maj. billigen den *Zweck* nicht, d. h. Sie wollen keine Aufnahme historischer Forschungen in Böhmen, oder 2) Se. Maj. billigen das *Mittel* nicht, d. h. Sie wollen nicht, dass die Herren Stände dazu mitwirken, oder endlich 3) Sie wollen nicht, dass es *jetzt* und zwar durch *mich* eingeleitet werde.

Ich werde diese Sätze, *als Hypothesen*, einzeln zu beleuchten suchen, und zwar, ohne auf den Umstand Rücksicht zu nehmen, dass die Herren Stände über den *zweiten* Punct ihre Ansicht und ihre Wünsche bereits ausgesprochen haben.

I Hypothese: „*Se. Maj. wollen die Aufnahme historischer Forschungen in Böhmen nicht.*"

Ich gestehe, dass diese Worte, selbst als Hypothese, mich empören, wie ein Frevel am Heiligthum; und ich weiss nicht, wie man sie je behaupten dürfte, ohne in hohem Grade strafwürdig zu werden. Es hiesse dies Sr. Maj. Gesinnungen andichten, wie sie noch nie ein Monarch gehegt hat, vielweniger ein so liebevoller Vater aller seiner Völker, wie es unser Kaiser weltbekanntlich ist. Ich habe jenen Satz nur wegen der logischen Vollständigkeit dieser Beleuchtung aufgestellt. Gleichwohl muss ich bemerken, dass der Gedanke in Böhmen häufig geäussert wird, es sei zwar nicht Se. Maj. selbst, wohl aber die hohe Hofstelle, welche das Studium der Geschichte Böhmens ungerne sehe. Ich aber glaubte dieses nie, und glaube es auch jetzt nicht: denn es liegt in jenem Gedanken so viel Kränkendes für einen jeden Böhmen, dass man ihn der weisen und milden Regierung Sr. Maj. unmöglich zumuthen kann. Ich hätte mich jenem Studium nicht geopfert, wenn ich je anderer Ansicht gewesen wäre, als dass das redliche und bescheidene Forschen nach Wahrheit, wie überall, so auch hier, dem Staate nur nützlich sei, und dass im ganzen Bereich der böhmischen Geschichtskunde nichts schädlich sein könne, als etwa ein seichtes oberflächliches Wissen. Ich könnte diese Wahrheit in ein helleres Licht stellen, wenn es nöthig wäre: aber es ist wohl nicht nöthig; es kann und darf nicht angenommen werden, dass jener Satz wahr sei, und dass er die Entscheidung der hohen k. k. Hofkanzlei motivirt habe.

II Hypothese: „*Se. Maj. lassen zwar die historischen Forschungen in Böhmen zu, wollen aber nicht, dass die Herren Stände dazu mitwirken.*" Die speciellen Gründe dafür dürften etwa die folgenden sein:

1) weil diese Mitwirkung *nicht zweckmässig*, oder
2) der Wirksamkeit der Stände *nicht angemessen*, oder
3) *nicht nothwendig*, also überflüssig, oder endlich
4) zu *kostspielig* sei.

Die Unhaltbarkeit des ersten Grundes, dass eine solche Mitwirkung ihren Zweck nicht erreichen würde, fällt zu sehr in die Augen, als dass ich dabei verweilen dürfte.

Den zweiten Grund widerlegt das Beispiel fast aller Regierungen, welche sich für die Sammlung vaterländisch-historischer Denkmäler interessirt oder sie unterstützt haben. Selbst Ungarn ist darin unserem Lande vorangegangen, wo bereits vor mehr als zwanzig Jahren M. G. Kovachich auf besondere Veranlassung des Landtages und unter dem Schutze Sr. kais. Hoheit des Erzherzogs Palatins mit ständischer Unterstützung Jahre lang die ungarischen Archive bereiste. Eine solche Unterstützung ist gewiss kein unwürdiger Gegenstand der Wirksamkeit der Herren Stände.

Der sprechendste Grund scheint der *dritte* zu sein, dass jene Mitwirkung *nicht nothwendig* sei, indem a) einzelne Schriftsteller, oder b) die beiden wissenschaftlichen Vereine, das Museum nämlich und die gelehrte Gesellschaft, dasjenige ohnehin von selbst leisten würden, was hier gewünscht und beabsichtigt wird. Aber auch dieser Grund ermangelt alles soliden Gehalts, denn

a) die erste und unerlässlichste Bedingung des historischen Studiums in und für Böhmen ist die Sammlung der vielen in Archiven und Bibliotheken zerstreuten und noch unbenützten historischen Denkmäler und Quellen, insbesondere die Anlegung eines allgemeinen Diplomatars und eines Codex epist. von Böhmen; ohne diese lässt sich heutzutage kein Schritt in der böhmischen Geschichte vorwärts thun, weil man sonst überall halb im Finstern tappt oder auf unsicherem Boden wandelt. Die Wahrheit dieser Behauptung war seit fünfzig Jahren jedem Kenner unserer Geschichte einleuchtend: man hat daher schon bei der gelehrten Gesellschaft und später wieder bei dem Museum ein solches Werk oftmals beginnen wollen, fand aber die eigenen Kräfte jedesmal viel zu schwach dazu; es fehlte, und fehlt auch noch, sowohl an den dazu nöthigen Fonds, als an geeigneten Individuen. Was nun die Kräfte dieser Vereine übersteigt, darf man das von Privatpersonen, von einzelnen Schriftstellern erwarten?

b) Böhmens Lage ist in Hinsicht auf seine Geschichte ganz verschieden von der Lage anderer Länder. Unsere Geschichte wird auf keiner höheren Lehranstalt vorgetragen, weder Professoren noch Studirende haben also irgend einen besonderen Antrieb, sie zu studiren; auch der Rechtsfreund bedarf ihrer nur in seltenen Fällen. Daher ist die Unkunde darüber grösser und allgemeiner, als man glauben sollte. Der gewöhnliche Hausvorrath davon beschränkt sich auf die Kenntniss einiger Namen und Anekdoten von verdächtigem Werthe. Aber hat denn unsere Geschichte keine edleren und noch interessanteren Erscheinungen, als die Urheber und Führer des Hussiten- oder 30jährigen Krieges? Es thut wahrlich Noth, tiefer und gründlicher, als bisher, in die Sache einzugehen, die gangbaren Vorstellungen davon endlich einmal zu berichtigen, und den finsteren Geist daraus zu bannen, der sich immer zunächst an jene Ercheinungen zu halten pflegt.

c) Vor fünfzig Jahren zählte unser Land wenigstens fünf ausgezeichnete Geschichtforscher; seit mehr als zwanzig Jahren war davon nur Einer noch geblieben, den wir in diesem Jahre verloren haben. Wie sehr dieses Feld der Wissenschaft jetzt verlassen da steht, fühlt Niemand mehr als ich, der ich darin arbeite. Ich wünschte mir von Herzen gerne einige tüchtige Nebenbuhler herbei, aber ich habe keine Hoffnung, sie kommen zu sehen. Wenn die wohlthätige Absicht der Herren Stände vereitelt wird, werde auch ich dieses Feld verlassen müssen: und wer wird dann, durch mein Beispiel gewarnt, es so bald zu betreten Lust haben?

d) Dass endlich die oftbesagte Mitwirkung der Herren Stände *zu kostspielig* sei, ist so augenscheinlich ungegründet, dass ich gar nicht dabei verweilen will. Ich darf es sagen, und es liesse sich vielleicht auch beweisen, dass ähnliche Unternehmungen noch nirgends sonst mit so bescheidenen Mitteln ins Werk gesetzt worden sind.

III Hypothese. „Se. Maj. genehmigen zwar die Mitwirkung der Herren Stände zu dem besagten Zwecke, jedoch nicht in der jetzigen Zeit und nicht durch die in Vorschlag gebrachte Person."

1) „*Nicht in der jetzigen Zeit.*" — Also wann? Unter welchen Zeitumständen? Warum soll eine so nützliche, dringend nothwendige Massregel noch länger verschoben werden?

2) „*Nicht durch die in Vorschlag gebrachte Person*", d. h. durch *mich*. Dieses könnte nur entweder durch meine *Unfähigkeit* oder durch meinen *bösen Willen* motivirt werden. Ueber die erste darf ich nicht sprechen; denn freilich ist das Unternehmen gross, und mit dem Eifer allein reicht man dabei nicht aus. Aber auch über meinen *Willen* und meine *Gesinnungen* mich zu erklären, ist peinlich. Die heiligsten Worte und Versicherungen sind in dieser Hinsicht schon so oft missbraucht und entweiht worden, dass man Anstand nehmen möchte, sich ihrer noch zu bedienen. Nur Thaten und Zeugen dürfen da in Betracht kommen, und diese mögen denn auch bei mir so genau und gewissenhaft untersucht werden, als möglich; ich werde dabei nur gewinnen. Meine kurze literarische Laufbahn ist in Böhmen nicht ganz unbekannt; seit drei Jahren leite ich zwei der bedeutendsten Organe wissenschaftlicher Mittheilungen im Vaterlande, und das stete Zutrauen, dessen ich mich bei allen meinen Behörden zu erfreuen habe, darf ich als meinen schönsten Lohn anführen. Aber mein Wirkungskreis zwang mich auch oft, die Eitelkeit manches beschränkten Kopfes unangenehm zu berühren; es wäre ein Wunder, wenn ich mir dadurch nicht auch einige Feinde gemacht hätte, deren Zeugnisse über mich nicht unbefangen sein können; denn wer das Böse *sucht*, der findet es auch in jedem an sich noch so reinen und unschuldigen Elemente.

Ueberdies ist in der vorgeschlagenen Massregel auch eine amtliche Controle über meine historischen Leistungen eingeschlossen: es ist dabei nicht abzusehen, wie sie in dieser Hinsicht bedenklich befunden werden könnten.

Nach dieser Beleuchtung der Gründe jenes von der hohen k. k. Hofkanzlei aufgestellten negativen Satzes erübrigt mir noch von den *Wirkungen* und *Folgen* zu sprechen, welche die von Seite Sr. Maj. verweigerte Sanction jener Massregel nach sich ziehen würde. Ich werde mich jedoch auch hier beschränken, und nur von der dreifachen Wirkung sprechen, welche ich 1) bei der *Sache*, d. i. der böhmischen Geschichtforschung selbst, 2) bei dem *Volke* in Böhmen, und endlich 3) bei *mir* voraussehe.

1) Wird die so landeskundig erklärte Absicht der Herren Stände in höchster Instanz verworfen, so wird damit der Verdacht derjenigen, die da glauben, die Hofstelle sehe die historischen Forschungen in Böhmen nicht gerne, gleichsam officiell bestätigt, und es wird zugleich ein höchstes verwerfendes Urtheil über solche Forschungen ausgesprochen, welches jeden sich bildenden Geschichtforscher, wie überhaupt jeden Gutgesinnten abschrecken muss. Kein loyaler Bürger wird dann unsere Geschichte zu seiner Beschäftigung wählen: aber der Geist des Widerspruchs wird sich ihrer bemächtigen, sie wird ein Lieblingsgegenstand der Uebelgesinnten werden, welche darin eine um so giftigere Nahrung für sich und andere suchen werden, je seichter und trüber der Boden ist, auf dem sie sich bewegen, und je weniger es der gründlichen Forscher im Lande geben wird, die das beste Heilmittel dagegen, nämlich die Ueberlegenheit der tiefer erforschten historischen Wahrheit und Treue, geltend machen könnten.

2) Wenn die Erinnerung an den alten Ruhm dieses Landes, an seine jeweiligen Schicksale und an die Thaten der Ahnen den jetzt lebenden Böhmen gleichsam verpönt werden sollte, müsste das nicht die Gefühle der Edelsten dieses Volkes schmerzlich berühren? Es ist unnöthig, darüber weiter zu sprechen.

3) Was soll ich endlich von mir selbst sagen? In allen meinen schönen Hoffnungen getäuscht, der Mittel zu einer ferneren Wirksamkeit beraubt, haltungslos im Leben hin- und hergeworfen, ein Opfer meines vielleicht unberufenen aber gewiss reinen Patriotismus — was sollte ich dann beginnen? wohin mich wenden? —

Aber ich hoffe noch das Beste: denn noch ist die väterliche Milde Sr. Maj. für Böhmen überhaupt, das warme Interesse Sr. Exc. des Herrn Staatsministers Grafen v. Kolowrat für unsere Geschichte, und der so thätige über alles Lob erhabene Schutz Ew. Excellenz für alles Gute und Gedeihliche im Vaterlande, auch für mich nicht verloren!

Die Weigerung des damaligen k. k. obersten Kanzlers, Grafen Franz Saurau in Wien, das meine Anstellung betreffende Gesuch der böhmischen Stände bei Sr. Majestät zu „unterstützen", machte bei Letzteren eine ungemeine Sensation, und bewirkte sogar eine, zu jener Zeit seltene, Regung des oppositionellen Geistes unter denselben. „Der oberste Kanzler" (damalige Minister des Inneren), so sprach man laut, „ist keine Instanz für den böhmischen Landtag; ihm steht die Entscheidung über dessen Beschlüsse mit nichten zu; verfassungsgemäss ist er, als böhmischer Kanzler, als Collega der böhmischen obersten Landesofficiere, selbst ein Mitglied des Landtags, und seine Stimme wird in dessen Collectivbeschlusse als mitenthalten vorausgesetzt: wie kann er mit sich selbst in Widerspruch treten? Er hat kein Recht sich zwischen den Monarchen und die Stände zu stellen, und ist kraft seines Amtes verpflichtet, die Wünsche Letzterer unmittelbar vor den Thron zu bringen," — so hörte ich die bedeutendsten Männer der Zeit raisonniren. Der Landesausschuss wurde vielfach gedrängt, dagegen unmittelbar zu recurriren und nicht erst eine neue Landtagsversammlung abzuwarten, und der Oberstburggraf, als Chef der Landesregierung und der Stände zugleich, erhob keine Schwierigkeiten. Bei dem Wunsche, dem Verlangen der Stände nachzukommen, ohne mit der k. k. obersten Hofkanzlei in Conflict zu gerathen, wurde ich gefragt, ob ich mein Werk nicht gegen ein blosses Honorar zu liefern geneigt wäre? Worauf ich am 26 Nov. 1829 mit folgender Erklärung antwortete:

13.

Hochlöbl. ständ. Landesausschuss!

In Folge des mir ertheilten Auftrags, mich zu erklären, ob ich das mir angetragene Werk der böhm. Geschichtschreibung nicht gegen Honorarbedingnisse übernehmen möchte, erstatte ich meine gehorsamste Aeusserung: dass mir dieses bei der Fortsetzung der chronolog. Geschichte des P. Pubička durch die Natur der Sache selbst unmöglich gemacht wird, und zwar aus folgendem Grunde: Pubička's Werk heischt von seinem Fortsetzer eine umständliche Darstellung der Ereignisse in Böhmen; er selbst konnte zwar seine 10 Quartbände aus den im Druck vorhandenen Werken seiner Vorgänger schöpfen; und in der Epoche von 1618-1630, wo uns einheimische Historiker fehlen, nahm er Zuflucht zu ausländischen Quellen und zu gleichzeitigen Pamphlets. Woher soll aber sein Fortsetzer die Geschichte von 1631 bis auf unsere Zeiten nehmen? Vaterländische Chroniken aus dieser Periode gibt es keine mehr, die bekannten Handbücher von Pelzel, Mehler u. dgl. schlüpfen über die Ereignisse dieser Zeit im Allgemeinen mit wenig Worten hinweg, und selbst die ausländischen Quellen versiegen für Böhmen seit dem dreissigjährigen Kriege gänzlich. Der Fortsetzer des Pubička seit dem J. 1631 ist daher gezwungen, sich selbst neue Bahn zu brechen; er muss inländische Archive und Bibliotheken durchforschen, um aus ihren handschriftlichen und urkundlichen Schätzen Materialien für sein Werk zu sammeln. Ein solches Werk fordert Zeit, Mühe und Aufwand, welche durch die angebotenen Honorarbedingnisse um so weniger gedeckt werden, als sie einem unbemittelten Schriftsteller selbst die Möglichkeit benehmen, diese unerlässlich nothwendigen Vorstudien zu machen. Und doch sind es diese schwierigen und durch sich selbst wenig lohnenden Vorstudien zunächst, wozu ich einer bestimmten jährlichen Unterstützung von Seite der hochlöbl. Herren Stände bedürfte. Denn ich kann mich durchaus nicht entschlissen, aus den bis jetzt in Druck vorhandenen dürftigen und unzuverlässigen Quellen eine Art historisches Quodlibet aufs Gerathewohl zusammenzustellen, und es den hochlöbl. Ständen darzubieten, — ein Verfahren, welches unsere historische Kenntniss um nichts fördern würde, der hochl. Herren Stände ganz unwürdig wäre, und mir gar nicht zur Ehre gereichen könnte.

Schon am 29 November 1829 (Zahl 2997) entwarf der Landesausschuss eine Vorstellung gegen das Hofkanzleidecret vom 2 Juli, mit der Bitte, die Sache Seiner Majestät unmittelbar zur höchsten Entscheidung vorzulegen. Der nähere Inhalt dieses Schriftstückes ist mir unbekannt geblieben.

Als ich darauf in den ersten Monaten des Jahres 1830 nach Wien kam, theils um diese Angelegenheit persönlich zu urgiren, theils um meine historischen Studien in dem k. k. Staatsarchive und der Hofbibliothek fortzusetzen, wurde ich vom Oberstkanzler Grafen Saurau schon auf das Wohlwollendste empfangen und mit der Versicherung entlassen, es werde seinerseits kein Anstand mehr gegen meine Anstellung erhoben. Eines noch freundlicheren Empfangs hatte ich mich bei dem Staats- und Conferenzminister Grafen von Kolowrat zu erfreuen, der schon im Jahre 1826 als Oberstburggraf in Böhmen mich nachdrücklich ermahnt hatte, von dem Studium der böhmischen Geschichte ja nicht abzulassen, und mir dabei nicht nur seinen, sondern nach seinem Tode auch seiner zwei patriotischen Neffen, der Fürsten August Longin Lobkowitz und Rudolf Kinsky, besonderen Schutz in Aussicht stellte. (Freilich hat er in der Folgezeit sich dieses Versprechens kaum mehr erinnert, und seine beiden genannten Neffen gingen lange vor ihm mit dem Tode ab.) Als Präsident des Staatsraths hatte er damals sich dieser Angelegenheit wirklich angenommen und bei allen Instanzen die Bedenken dagegen zu beheben gewusst. Als ich (im März 1830) von ihm Abschied nahm, sagte er mir, nicht nur die Hofkanzlei, auch der Staatsrath habe auf Genehmigung meiner Anstellung angetragen, die allerhöchste Entschliessung darüber liege bereits im Cabinet Sr. Majestät zur Unterschrift vor; er habe sie dem Kaiser schon zweimal zu diesem Zwecke in die Hände gelegt, doch habe Se. Majestät sie jedesmal mit den Worten „das hat noch Zeit," auf die Seite geschoben. Mehr könne er (der Minister) nicht thun, ich müsse noch Geduld haben. Einige Wochen später begab Graf Kolowrat sich auf seine Herrschaften in Böhmen, der Kaiser aber trat eine Reise nach Triest an: unterwegs nun erliess er am 18 Juni 1830 von Gratz aus in meiner Angelegenheit folgende allerhöchste Entschliessung:

„Da der böhmisch-ständische Domesticalfond für das Jahr 1831 einen beträchtlichen Abgang hat, so hat dieser Antrag vor der Hand auf sich zu beruhen."

Eine weitere Appellation war unmöglich. Dennoch glaubte der Landesausschuss, als er den Ständen in ihrer Versammlung vom 8 August 1830 darüber Bericht erstattete, den Antrag stellen zu sollen, dass bei Seiner Majestät in der Sache „ein neuerlicher bittlicher Antrag zu wagen" wäre. Die vom 2 August (Zahl 2256) datirte Schrift lautete, wie folgt:

14.

Hochlöbliche vier Herren Stände! Seine Majestät geruhten, nach dem Inhalte des Gubernialerlasses vom 17 vorigen Monats

(Nr. 28067), über das bei der Landtagsversammlung vom 13 April 1829 (Nr. 1111) beschlossene und gestellte Ansuchen der hochlöblichen Herren Stände wegen Anstellung eines ständischen Historiographen zur Fortsetzung der nur bis zum Jahre 1630 reichenden Pubitschka'schen Geschichte Böhmens unterm 18 Juni d. J. Folgendes allerhöchst zu entschliessen:

„Da der böhmisch-ständische Domesticalfond" u. s. w. (wie oben.)

Indem nun der Landesausschuss die Ehre hat, dieses den hochlöbl. Herren Ständen zu eröffnen, findet er sich zugleich veranlasst den Antrag beizufügen, womit die hochlöbl. Herren Stände aus Rücksicht der Wichtigkeit des diesfälligen Gegenstandes, dann der nachfolgenden Umstände, sich veranlasst finden dürften, bei Sr. Majestät den neuerlichen bittlichen Antrag zu wagen.

Vor Allem muss bemerkt werden, dass der allerhöchste Entscheidungsgrund aus dem Deficit des ständischen Domesticalfonds allein entnommen worden, und dass, wenn selber behoben oder näher erörtert sein wird, Se. Majestät zur allergnädigsten Willfahrung des diesfälligen Antrags allerhöchst geneigt sein dürften.

Nun ist es wohl richtig, dass der ständische Domesticalfond, und zwar sowohl für die vergangenen als für das Jahr 1831, in Entgegenhaltung seiner stabilen und concedirten Zuflüsse zu der erforderlichen Bedeckung der Bedürfnisse einen Abgang nachweiset; allein dieser Abgang findet seine jederzeitige Deckung in dem Zuschlage zu der allerhöchst postulirten jährlichen Steuersumme; und da der Stand der Domesticalbedürfnisse auch für die Zukunft nicht erwarten lässt, dass selber durch die stabilen Zuflüsse allein werde gedeckt werden können, so würde das der allerhöchsten Genehmigung zur Anstellung eines Historiographen entgegenstehende Hinderniss stets als obwaltend angenommen werden müssen, der diesfällige Antrag der hochl Herren Stände nie zu realisiren sein.

Was den bemerkten Steuerzuschlag zur Deckung der Domesticalbedürfnisse betrifft, so gründet sich solcher auf den 34 Absatz der über die zweite Abtheilung der Wünsche und Beschwerden der hochlöbl. Herren Stände mittelst hohen Hofdecrets vom 12 August 1791 (Nr. 1746) herabgelangten allerhöchsten Entschliessung, und es wurde die Ausschreibung desselben auch in neuerer Zeit mittelst hohen Hofdecrets vom 16 Juli 1826 (Nr. 4135) unbeanständet gelassen. Derselbe muss daher gleichfalls als sicherer Zufluss des Domesticalfondes angesehen werden, und bei letzterem kann daher ein eigentliches Deficit nicht eintreten. Ist nun der Domesticalfond im Stande, die mit der Aufstellung eines Historiographen verbundenen Kosten von jährlichen 1000 fl. C. M. und die ersteren drei Jahre von 1200 fl. C. M. zu decken, so dürfte es keinem Anstande unterliegen, bei Sr. Majestät die diesfällige allerunterthänigste Bitte mit der Hoffnung eines günstigen Erfolges zu erneuern.

Vom ständischen Landesausschusse: Prag den 2 Aug. 1830. Chotek m. p., Falk m. p.

Die am 8 August 1830 versammelt gewesenen Stände scheinen den eigentlichen Sinn der allerhöchsten Entschliessung vom 18 Juni richtiger aufgefasst und gewürdigt zu haben, als deren oberster Leiter, der edle Graf Chotek; nach dem Antrag des Baron Ubelli liessen sie den Vorschlag des Landesausschusses, als hoffnungslos, fallen, und ermächtigten letzteren nur, auf Grund des Hofdecrets vom 2 Juli 1829 sich mit mir über die Fortsetzung der Geschichte Pubička's gegen blosses Honorar zu verständigen; doch wurde auch hinzugefügt, „dass der gegenwärtige Druckvorrath von Pubička um die Hälfte wohlfeiler zu verkaufen sei, damit dadurch ein Fond hereingebracht würde, der dazu zu bestimmen wäre, dass Palacky früher die nöthigen Quellen sammle, und hierauf gestützt eine ganz neue Geschichte von beiläufig 4 Bänden liefere."

Man überschätzte offenbar den Geldwerth der im J. 1830 noch unverkauften Exemplare von Pubička's Geschichte, wenn man aus deren rascherem Verschleiss noch einen besonderen Fond bilden zu können glaubte; auch währte diese Täuschung nicht lange, und machte der Ueberzeugung Platz, dass der ganze Druckvorrath nicht viel mehr, als blossen Maculaturwerth besitze. Darum liess auch der Eifer nach, der blossen Fortsetzung dieses Werkes weitere Opfer darzubringen, nicht aber das Verlangen, eine kürzer gefasste und lesbarere Geschichte von Böhmen zu erhalten.

Die Landtagsversammlung vom 7 März 1831 brachte endlich die Entscheidung. Ueber die Vorgänge auf derselben kann ich nicht nach authentischen Acten, sondern nur nach der mir zugekommenen mündlichen Ueberlieferung berichten. Graf

Kaspar Sternberg habe, so sagte man mir, die Ansicht geltend gemacht, dass in Folge der allerhöchsten Entschliessung vom 18 Juni 1830 nur die förmliche Anstellung eines ständischen Historiographen, nicht aber auch die Geschichtschreibung selbst und deren Förderung von Seite der Herren Stände, unzulässig geworden sei. Was nach dem Gesetze jedem Buchhändler, ja jedem Privatmanne gestattet sei, nämlich je ein beliebiges Werk schreiben und drucken zu lassen, wofern er nur die Kosten tragen und die k. k. Censur dabei nicht umgehen wolle, das sei auch den hochlöbl. Herren Ständen unbenommen. Wollen sie daher, mit Umgehung des Werkes von Pubička, sich von Palacky eine neue Geschichte von Böhmen verfassen lassen, so haben sie nichts weiter zu thun, als die dazu nöthigen Kosten zu bewilligen. Da der vorsitzende Oberstburggraf keine Einwendung dagegen erhob, so wurde diesfalls ein Landtagsbeschluss per unanimia gefasst, und ich erhielt darüber vom Landesausschusse folgende Zuschrift (N. 797):

15.

Die Herren Stände haben in der ständischen Versammlung am 7 März l. J. den Beschluss gefasst, es von der Fortsetzung der P. Franz Pubitschka'schen Geschichte Böhmens abkommen zu lassen, Ihnen dagegen die Verfassung der ganzen Geschichte Böhmens in einem 4 oder 5 Bände umfassenden Werke zu übertragen, und zu diesem Behufe zur Aufsuchung und Sammlung der nöthigen Quellen und Thatsachen geeignete Vorschüsse zu bewilligen, welche letztere jedoch mit Inbegriff des Honorars für die Abfassung des Werkes selbst in einem Jahre nicht mehr betragen sollen, als bisher auf die Fortsetzung der Geschichte Pubitschka's concedirt worden ist.

Dieser concedirte Betrag war auf ein jährliches Emolument von 1000 fl. C. M., dann für die ersten 3 Jahre noch insbesondere auf einen Reisebeitrag von 200 fl. C. M. festgesetzt. Nun handelt es sich vor Allem um die Erörterung des Verhältnisses der Kosten des neuen Werkes, zu jenen für die Fortsetzung der böhm. Geschichte Pubitschkas, und da es hiebei auf die Dauer der Vorarbeiten und der Zeit für das neu zu verfassende Werk im Gegensatze der blossen Fortsetzung des Pubitschka ankommt: so werden Sie aufgefordert hierüber die Aeusserung anher abzugeben. Zugleich wird es Ihre Sache sein, sich zu erklären: ob Sie

a) sich der Ablassung dieses neuen Werkes überhaupt unterziehen wollen;

b) unter welcher Abtheilung und in welchen Beträgen, dann von welcher Zeit Sie die von den Herren Ständen zugestandenen Kosten zu beziehen,

c) wie und binnen welcher Zeit Sie der diesfälligen Absicht der Herren Stände zu entsprechen glauben, endlich

d) in wie weit Sie sich einer Art von Controle in Absicht auf die zu übernehmende wissenschaftliche Leistung zu unterziehen bereit seien.

Der Erledigung dieser Aufforderung wird demnächst entgegengesehen.

Vom ständischen Landesausschusse.

Prag, am 28 März 1831.   Chotek m. pr., Falk m. pr.

Ich antwortete mit folgender vom 8 April datirten Eingabe:

16.

Hochlöblicher ständischer Landesausschuss!

Der mir im hochverehrlichen Erlass vom 28 März l. J. (Zahl 797) kundgemachte Beschluss der hochlöblichen Herren Stände, mir anstatt der Fortsetzung des von P. Pubička begonnenen Werkes lieber die Verfassung einer neuen Geschichte Böhmens aufzutragen, entspricht so sehr meiner persönlichen Neigung, dass ich nicht umhin kann, meine lebhafte Freude darüber, zugleich mit dem schuldigsten Danke für die mir dazu bewilligten Vorschüsse, hiemit an Tag zu legen. Ich unterziehe mich der Abfassung dieses neuen Werkes um so lieber, als ich es bereits in meinem am 22 Januar 1828 eingereichten Vorschlag selbst mit in Antrag gebracht hatte.

Da mein eifrigster Wunsch und mein Bestreben dahin gerichtet ist, dem Werke, welches ich schreiben soll, echten Gehalt und bleibenden Werth zu sichern, so werde ich kein zu diesem Zwecke führendes Mittel unbenützt lassen. Ich will in den Sommermonaten von 1831 bis 1833 die für Böhmens Geschichte vorzüglich wichtigen Archive in- und ausserhalb des Landes zu wiederholten Malen bereisen, und daselbst die zweckmässigen Copien und Auszüge sowohl selbst machen, als auch für mich machen lassen, während ich die übrige Zeit mich noch in den Prager Archiven weiter beschäftigen muss.

Obgleich ich nun seit vollen acht Jahren mich fast ausschliessend mit den Studien der böhmischen Geschichte beschäftigt, und dafür in verschiedenen Archiven und Bibliotheken bereits sehr bedeutende Materialien gesammelt habe, daher auch keineswegs unvorbereitet an das von den hochlöbl. Herren Ständen verlangte Werk gehen werde: so ist es mir doch unmöglich, den Zeitraum näher zu bestimmen, binnen welchem ich es ganz zu Stande werde bringen können. Wenn ich mich erinnere, dass unsere thätigsten Geschichtschreiber, Dobner, Pubička und Pelzel, an ihren unvollendet gebliebenen Werken, der erste gegen 30, der zweite gegen 40, der dritte (an der Nowá kronyka česká) über 10 Jahre lang gearbeitet haben; wenn ich ferner in Betracht ziehe, dass ich, wenn auch nicht die historische Schilderung, doch aber die Forschung auf eine noch breitere und tiefere Grundlage, als die meiner Vorgänger war, ganz neu bauen muss: so glaube ich, dass es sehr unbesonnen wäre, die Vollendung meines ganzen Werkes in einem bestimmten Zeitraume voraus anzusagen. Ich werde es gewiss an gewissenhaftem Eifer und Fleiss nicht fehlen lassen, dem in mich gesetzten hohen Vertrauen der Herren Stände in möglichst kurzer Zeit zu entsprechen.

Was die in Antrag gebrachte Controle meiner wissenschaftlichen Leistungen betrifft, so dürfte ihr Zweck, den hochlöbl. Herren Ständen Sicherheit für ihren Erfolg zu gewähren, dadurch erreicht werden, dass ich während der Dauer meiner Vorarbeiten und Reisen über deren Fortschritte alle zwei oder drei Monate einen ämtlichen Bericht an den hochlöbl. Landesausschuss einreiche; insbesondere wenn überdies noch Seine Excellenz der Herr Präsident des Ausschusses erlaubte, Hochdemselben häufigere Privatberichte über meine Unternehmungen und deren Erfolg abzustatten, die gemachte Ausbeute seiner Zeit zur Einsicht vorzulegen, und alle dabei nöthig werdenden weiteren Anleitungen und Vorschriften persönlich einzuholen. Für den Fall meines etwaigen Todes vor beendigter Arbeit erkläre ich hiemit meinen Willen, dass nicht allein alle meine von jetzt an zu sammelnden historischen Materialien, sondern auch die von mir auf eigene Kosten bisher gesammelten (10 Foliobände und mehrere Fascikeln Manuscript), letztere gegen ein billiges Abkommen mit meinen Erben, als ständisches Eigenthum behandelt werden sollen. Schreitet aber einmal der Druck des Werkes selbst vor, so wird die Evidenzhaltung darüber ohnehin keiner Schwierigkeit unterliegen.

Hierauf erhielt ich, anstatt eines Anstellungsdecretes, folgende definitive Entscheidung:

17.

„Vom böhmisch-ständischen Landesausschusse: (N. 1037, Stempel von 15 kr.): an den Herrn Franz Palacky, Redacteur der beiden Zeitschriften des vaterländ. Museums."

Nach Ihrer unterm 8 d. M. vorgelegten Erklärung sind Sie bereit, nach der Aufforderung der Herren Stände, die ganze Geschichte Böhmens in einem 4 oder 5 Bände umfassenden Werke zu liefern.

Wenn Sie gleich den Zeitpunct der Lösung dieser Aufgabe aus nicht zu verkennenden Gründen zu bestimmen nicht vermögen, so verbürgt doch Ihr guter Ruf die diesfällige wissenschaftliche Leistung, und man nimmt daher keinen Anstand, nach Ihrem gestellten Ansuchen Ihnen das zugesicherte Honorar von jährl. 1000 fl. C. M. in monatlichen Raten u. z. aus Rücksicht der bisherigen Vorarbeiten vom 1 Jänner d. J. anzufangen, so wie für das Jahr 1831 den abgesonderten Reisebeitrag von 200 fl. C. M. unter Einem bei der ständischen Obercasse aus dem Domesticalfonde anzuweisen.

In Absicht auf die von Ihnen angetragene Controle ist man einverstanden, und gewärtiget, dass Sie über die geschichtlichen Forschungen, über die Vorarbeiten und deren Resultate von 2—3 Monaten an den ständ. Landesausschuss berichtliche Anzeige erstatten, von Zeit und Zeit selbst persönlich sich bei dem gefertigten Oberstburggrafen hierüber ausweisen und erforderlichen Falls die mündliche Weisung einholen.

Ebenso wird in Bezug auf Ihre historischen, *bereits vorhandenen* Sammlungen, die gegebene Zusicherung, dass solche bei Ihrem allenfälligen früheren Ableben den Herren Ständen gegen billige Abfindung mit Ihren Erben zuzufallen haben, angenommen, rücksichtlich der von nun an, zum Behufe der abzufassenden Geschichte Böhmens zu sammelnden Materialien, es mögen solche in Auszügen, Abschriften oder Originalien bestehen, so versteht es sich von selbst, dass diese *sogleich* ein Eigenthum der Herren Stände sind, und es daher in dieser Rücksicht Ihre Sache sein werde, hierüber einen inventarischen Ausweis zu führen, und die einzelnen Documente selbst mit einer entsprechenden Bezeichnung zu versehen, um allen Anständen für die Zukunft zu begegnen.

Vom böhmisch-ständischen Landesausschusse.

Prag, den 18 April 1831.

Welche Aufmerksamkeit in den höchsten Kreisen von Wien dieser Angelegenheit zugewendet und welches Gewicht ihr beigelegt worden war, bewies bald darauf ein besonderes Ereigniss. Während ich im Juni 1831 meinen Studien in den Münchner Archiven oblag, wurde ich zum dortigen k. k. Gesandten Grafen Spiegel berufen, und von ihm zur Rede gestellt, dass ich mir in München den Titel eines Historiographen der böhmischen Stände beigelegt hätte; er übergab mir zugleich ein Schreiben des Grafen Chotek, das mich aufforderte zu bekennen, dass ich dazu nicht berechtigt gewesen. Als ich das Factum leugnete, erwiderte Graf Spiegel, es müsse doch irgendwo etwas der Art vorgekommen sein: denn er sei höchsten Ortes von Wien aus beauftragt, darüber Aufklärung sich zu verschaffen und zu geben. Ich konnte lange Zeit mich nicht besinnen, wann, wo und auf welche Weise ich diese Sünde begangen hätte, bis ich mich endlich erinnerte, dass in dem Bittgesuche an den Minister Grafen Armannsberg um Einlass in die königlichen Archive ich mich als „designirter Historiograph der böhmischen Stände" unterschrieben hatte. In der hierauf an die Grafen Spiegel und Chotek gerichteten Erklärung motivirte ich dieses, wie ich glaubte, ganz harmlose Verfahren damit, dass ich den damals bei der königl. bayrischen Regierung wenig empfehlenden Titel eines „Redacteurs von Zeitschriften" gegen den obigen vertauscht habe, um zugleich anzuzeigen, dass keine blosse Neugierde, sondern ein reeller Beruf mich zur Stellung jener Bitte veranlasst habe. Da die von der bayrischen Regierung darauf ertheilte Antwort an „Fr. P. *designirten* Historiograph der böhmischen Stände" gerichtet war und ich dies durch Vorweisung des Originals docirte, so liess man endlich die ganze Sache auf sich beruhen. Später (1832) theilte mir Fürst Rudolf Kinsky im Vertrauen mit, Graf Chotek habe von Wien her einen ziemlich empfindlichen Verweis erhalten, dass er der allerhöchsten Entschliessung vom 18 Juni keine bessere Folge zu geben verstanden; Näheres ist mir freilich nichts darüber bekannt geworden.

III.

Meine Berichte an den ständischen Landesausschuss, 1831—1836.

Ich lasse nun meine an den hochlöbl. ständischen Landesausschuss erstatteten Berichte ohne weitere Bemerkungen der Reihe nach folgen.

18.

Bericht vom 8 Juli 1831.

Indem ich die Ehre habe, den ersten Bericht über meine, in Folge des hohen Landtagbeschlusses vom 7 März d. J. unternommenen historischen Forschungen abzustatten, scheint es mir unerlässlich zu sein, eine gedrängte Uebersicht sowohl der bis jetzt vorhandenen als auch der noch fehlenden Materialien und Quellen zur älteren böhmischen Geschichte, nach ihren einzelnen Perioden, voranzustellen.

Die älteste böhmische Geschichte, die Periode der Přemysliden, bis zu Anfange des XIV Jahrh. herab, ist trotz den schätzbaren Vorarbeiten Dobners u. A. noch immer sehr dunkel und schwierig; die einheimischen Chronisten sind unzulänglich, aus den ersten drei Vierteln des XIII Jahrh. ist gar keiner vorhanden; man muss zu den Chroniken der deutschen Nachbarländer und zu einheimischen Urkunden aus dieser Zeit Zuflucht nehmen. Hier muss aber die oft wiederholte Klage sogleich wieder laut werden, dass dem böhmischen Geschichtforscher noch kein allgemeines *Diplomatar* seines Vaterlandes zu Gebote steht, wie es z. B. die Bayern an den Monumenta Boica, die Polen an Dogiels grossem Werke, die Ungarn an Fejérs und Kovachich's Sammlungen besitzen. Es wäre thöricht, zu hoffen, dass man über unsere Epoche der Přemysliden etwas Gründliches und Erkleliches leisten könne, so lange ein solches Diplomatar nicht, wenigstens im MS., gesammelt und dem Historiker zugänglich gemacht ist. Was einst Balbin und später Dobner dafür geleistet, ist eines Theils zu wenig, andern Theils durch zu häufige Lese- und Schreibfehler der Copisten unverlässlich und für den kritischen Geschichtforscher meist unbrauchbar. Die zwei gelehrten Vereine Böhmens, die k. Gesellschaft der Wissenschaften und die des vaterländischen Museums, haben sich zwar seit ihrer Gründung oft mit der Idee eines böhmischen Diplomatars beschäftigt, aber noch keine Hand an deren Ausführung gelegt. Unter solchen Umständen, da meine Kräfte allein nicht zureichen, ein solches Werk ganz zu Stande zu bringen, ist es für mich eine unerlässliche Pflicht, wenigstens dahin zu arbeiten, dass mir, wo möglich, keine böhmische Urkunde des XI—XIII Jahrh., die noch irgendwo vorhanden sein mag, unbekannt bleibe; alle solche Urkunden müssen daher von mir an Ort und Stelle aufgesucht und gelesen, und die in irgend einer Beziehung bedeutsameren ganz copirt, die minder wichtigen aber excerpirt werden.

Für die Geschichte des XIV Jahrhunderts in Böhmen sind bereits die meisten und besten Materialien vorhanden; theils durch einige gute einheimische Chronisten, noch mehr aber durch Pelzels treffliche Monographieen über Kaiser Karl IV und seinen Sohn K. Wenzel. Die Urkunden und Briefe aus dieser Zeit werden dadurch verhältnissmässig minder unentbehrlich, und sind auch schon in grösserer Menge gedruckt vorhanden.

Um so schlechter ist dagegen die historische Kenntniss des XV Jahrh., der Hussitenepoche, bis zum Regierungsantritt K. Ferdinands I bestellt. Alles, was darüber in Druck vorhanden ist, könnte kaum ein richtiges Schattenbild des wirklich Geschehenen geben; hier muss alles auf urkundliche Forschungen neu begründet und gebaut werden. Glücklicherweise ist dies die Periode, worin ich seit acht Jahren die meisten und wesentlichsten archivarischen Entdeckungen schon gemacht habe.

Der Zeitraum seit Ferdinand I bietet dem Geschichtforscher schon mindere Schwierigkeiten dar, als die vorhergehenden; die Quellen fliessen immer reichhaltiger, je näher man zur Gegenwart heranrückt, und brauchen von der Zeit an nicht mehr so weit und emsig gesucht zu werden, da fast alle böhmischen Archive damit angefüllt sind.

Dagegen legt die, im Verhältniss zu andern Ländern, sehr auffallende Armuth böhmischer Archive an Urkunden des XI—XIII Jahrhunderts dem Geschichtforscher die Pflicht auf, in deren Aufsuchung um so fleissiger zu sein. Der reichste Schatz solcher Urkunden befindet sich im k. k. geheimen Haus-, Hof- und Staatsarchive in Wien, wo ich ihn im J. 1826 bereits grossentheils kennen gelernt habe; es sind nämlich, ausser dem Archive der böhmischen Krone, auch noch die sämmtlichen älteren Urkunden der von K. Joseph II aufgehobenen böhm. Klöster dort vorhanden. Aber auch das Münchner allgemeine

Reichsarchiv liess, nach den vom Ritter von Lang publicirten ältesten Regesten desselben, eine reiche Ausbeute noch unbekannter Bohemica hoffen; und diese Hoffnung bestimmte mich, meine erste diesjährige archivarische Reise nach München zu unternehmen.

Ich verliess Prag am 14 Mai d. J. und nachdem ich mich in Regensburg hinlänglich unterrichtet hatte, dass die Manuscripten- und Urkundenschätze des einst in Böhmen sehr einflussreichen Stiftes St. Emmeram längst nach München abgeführt sind, das Stadtarchiv aber, aus welchem Gemeiner einst in seine Chronik von Regensburg viele schätzbare Bohemica aufnahm, noch ungeordnet und den jetzigen Vorstehern in seinem Inhalt selbst meist unbekannt, daher für mich unbrauchbar ist, setzte ich die Reise nach München fort, wo ich am 19 Mai ankam.

Mein am 20 Mai eingereichtes Gesuch um freien Zutritt sowohl zum allgemeinen Reichsarchive, als auch später zum k. geheimen Staatsarchive wurde von Sr. Maj. dem Könige von Bayern in der Art huldreich gewährt, dass ich das erstere unbedingt, das letztere aber nur bis zu Ende des XVI Jahrhunderts herab einsehen, und für meine Zwecke excerpiren oder copiren dürfe. So konnte ich die desfallsige Arbeit gleich nach den Pfingstferien, am 24 Mai, beginnen.

Das allgemeine bayrische Reichsarchiv ist bekanntlich das reichhaltigste in Deutschland, und eines der reichsten in Europa. Es zählt über eine Million einzelner Urkunden, und überdies noch an 16000 Foliobände von Briefen und Actenstücken; bei solchem Reichthume ist es natürlich, dass man trotz vieljähriger Anstrengungen noch nicht dahin gelangt ist, seinen Inhalt genau kennen zu lernen und zu ordnen. Auf die Bohemica wurde seit jeher noch weniger Rücksicht genommen. Unter solchen Umständen war das Aufsuchen derselben mit vieler Mühe verbunden, und ich kann nicht umhin, die unverdrossene Bereitwilligkeit der Beamten beider Archive, unter dem Directorium der beiden Ministerialräthe Freiherrn von Freyberg und von Fink, dankbar zu rühmen.

Ich habe in dem Zeitraume vom 24 Mai bis 18 Juni mit Fleiss und Anstrengung gearbeitet, und zwar, wie es die mitgebrachte, Sr. Excellenz dem Herrn Oberstburggrafen vorgelegte Ausbeute beweist, mit lohnendem Erfolge. Es wurden von mir viele tausende von Urkunden, Briefen und Actenstücken gelesen, die meisten davon excerpirt und einige, deren Inhalt interessanter oder wichtiger war, namentlich 68 Stück, ganz copirt; darunter befinden sich

```
aus dem XII  Jahrhunderte  3 Stück
    „   XIII      „        19  „
    „   XIV       „         6  „
    „   XV        „        26  „
    „   XVI       „        14  „
    zusammen also . .  68 Stück.
```

Ueber den historischen Gewinn für Böhmen, welchen diese Arbeit abwirft, lässt sich hier nicht füglich ins Detail eingehen. Das interessanteste Datum darunter ist der urkundliche Beweis, dass die alte böhmische Landtafel, dieses in seiner einstigen Bedeutung noch zu wenig gewürdigte Denkmal altböhmischer Regierungsweisheit, schon in der zweiten Hälfte des XIII Jahrhunderts, namentlich vor dem J. 1287 bestanden hat. Ausserdem brachte ich unter Anderem interessante neue Aufschlüsse über die Regierungsperiode König Wladislaws II mit.

Uebrigens habe ich nur die Bohemica des XII und XIII Jahrhunderts in den Münchner Archiven erschöpft, wo mir einige Urkunden, welche zur Zeit nicht aufzufinden waren, noch später in Abschrift nachgeschickt werden sollen. Aus den späteren Zeiten konnte ich nichts als einzelne Acten planlos einsehen und benützen, da dieselben noch nicht geordnet und indicirt sind; ich erhielt aber das Versprechen, dass man künftig auf die Bohemica zu meinem Behufe Rücksicht nehmen und sie zu meinem wiederholten Besuche bereit halten will. Die ungeheuer reichen Acten des 30jährigen Krieges aber untersuchte ich nicht einmal, da sie allein eine mehr als einjährige Anstrengung fordern würden, um ihres Inhalts nur einigermassen Meister zu werden.

Da meine Pflichten als Redacteur der Zeitschriften des vaterländischen Museums meine Anwesenheit in Prag im Verlaufe des Julimonats erheischten, so verliess ich München am 19 Juni wieder, und untersuchte auf der Rückreise, unter anderen, das *wohlgeordnete* — ein seltener Fall bei unseren königl. Städten — Magistratsarchiv zu Taus, woselbst ich nicht unerhebliche Materialien vorfand, deren Benützung ich mir auf ein andermal vorbehalten musste.

Hier in Prag fahre ich gegenwärtig in dem, bereits vor einem Jahre begonnenen Excerpiren aller auf die älteste böhmische Geschichte Bezug nehmenden Daten in den ältesten fränkischen und deutschen Annalisten fort; über welche Arbeit ich künftig näheren Bericht zu erstatten die Ehre haben werde.

19.

Bericht vom 8 November 1831.

Der Mangel eines vollständigen böhmischen *Diplomatar* aus der ältesten Zeit ist bisher der Gegenstand vielfältiger, oft erneuerter Klagen gewesen, in welche einzustimmen auch ich mich mehrmals, und zuletzt noch in meinem gehorsamen Berichte vom 8 Juli d. J., veranlasst fand. An gutem Willen, diesem so drückenden Mangel abzuhelfen, hat es zwar weder mir, noch auch anderen böhmischen Geschichtforschern gefehlt: aber eines Theils die Grösse und Schwierigkeit einer solchen Unternehmung, andern Theils beengende Umstände und Verhältnisse der Schriftsteller selbst, liessen ein solches Werk nie zur Ausführung kommen. Da jedoch die Nothwendigkeit desselben sich mir mit jedem tieferen Eindringen in die Geschichten der Vorzeit immer gebieterischer darstellte; da ich die Erfahrung machte, dass einseitige, aus einzelnen Urkunden geschöpfte Ansichten der Verhältnisse unserer Vorzeit durch neu aufgefundene Documente wesentlich berichtigt werden mussten: so fasste ich, im Laufe dieses Sommers, endlich den *Entschluss, an die Sammlung eines böhmischen Diplomatars aus der Periode der Přemysliden selbst Hand anzulegen.*

In diesem Beschlusse wurde ich durch nachstehende Gründe vollends bestärkt:

1) Früher oder später müsste ein solches Werk auf jeden Fall unternommen und ausgeführt werden; blosse Palliative helfen hier so wenig, wie anderweitig. Da jedoch die Zahl der noch vorhandenen alten schriftlichen Denkmäler in unserem Lande sowohl durch Elementarunfälle als durch Indolenz oder Vandalismus sich mit jedem Jahr verringert, und solche Verluste und Schäden einst durch kein Opfer der Zukunft ersetzt werden können: so ist keine Zeit zu verlieren, um nur zu retten, was jetzt noch zu retten ist.

2) Die Hoffnung, dass die k. Gesellschaft der Wissenschaften oder das vaterländische Museum ein solches Diplomatar zu Stande bringen werden, ist vergeblich. Beiden Anstalten fehlt es an gehörigen Fonds, um Gelehrte in Archive und Bibliotheken reisen zu lassen; die Mitglieder aber sind gewöhnlich schon durch ihre Anstellung und Amtspflicht gehindert, die nothwendigen Reisen selbst zu unternehmen. Nur ein durch keinen Bureaudienst gebundenes Individuum kann ein solches Werk in Ausführung bringen. Da ich mich nun in dieser Kategorie befinde, so wäre es tadelnswürdig, wenn ich

meinen Beruf verkennen, und auf jemand Anderen warten wollte; um so mehr, als

3) die von den hochlöbl. Herren Ständen mir gewährte Unterstützung mir nicht nur die Möglichkeit bietet, sondern auch die Pflicht auflegt, alle betreffenden Archive und Bibliotheken zu bereisen und ihre historischen Denkmäler im Detail kennen zu lernen; daher es nur einiger Anstrengung mehr bedarf, um sich auch vollständige Copien davon zu verschaffen, und damit jenen Zweck vollends zu erreichen.

Der Plan, den ich mir zu diesem Werke vorgeschrieben, ist einfach, und besteht in Folgendem:

Da Böhmen, im Vergleich zu andern Ländern, sehr arm ist an Urkunden aus der ältesten Zeit, namentlich aus dem IX bis XIII Jahrhunderte, so werden die davon noch vorhandenen insgesammt, wie sie immer heissen mögen, — päpstliche Bullen und Breven, Kaiser-, König- und Herzogsdiplome, bischöfliche und andere geistliche Urkunden, Privilegien, öffentliche und Privat-Verträge, Briefe, Actenstücke u. dgl. — in vollständigen treuen Copien gesammelt und chronologisch gereiht, und dies zwar bis zum J. 1310, d. i. bis zum Regierungsantritt K. Johanns von Luxenburg herab; von da an bis zum J. 1347 oder bis zum Antritt K. Karls IV nicht mehr alle Urkunden, sondern nur die wichtigeren. Weiter herab soll diese Arbeit nicht reichen, damit sie nicht endlos werde; denn über die Regierungsepoche K. Karls IV und K. Wenzels IV hat Pelzel schon tüchtig vorgearbeitet; über die Hussitenperiode besitze ich selbst schon ansehnliche Sammlungen, — als Früchte meines achtjährigen Fleisses von 1823 bis 1830 — und über die noch späteren Zeiten sind die Quellen in unseren Archiven und Bibliotheken allenthalben unerschöpflich.

Ich schmeichle mir mit der Hoffnung, dass die hochlöbl. Herren Stände meinem Entschlusse ihre hohe Billigung nicht versagen werden. In der That habe ich damit freiwillig eine Last übernommen, deren Gewicht niemand so sehr fühlen kann, als ich selbst. Es wäre viel leichter und angenehmer gewesen, mich bei meinen archivarischen Forschungen auf blosses Lesen und Excerpiren zu beschränken; damit hätte ich aber nur mir, nicht aber der vaterländischen Geschichtforschung geholfen, und meine Nachfolger müssten einst, vielleicht unter minder günstigen Verhältnissen, alle die Arbeit von vorne wieder anfangen. Der Vorzug, den dadurch die Lieferung meines ersten Bandes der böhmischen Geschichte erleidet, wird an sich nicht bedeutend, und noch unerheblicher im Verhältnisse zu dem Gewinne sein, den dadurch sowohl das Werk selbst an innerem Gehalt als auch die vaterländische Geschichtforschung überhaupt an Gründlichkeit und Haltung erreichen. Denn es leuchtet ein, dass die Aufsuchung und Sammlung *aller* im In- und Auslande noch vorhandenen ältesten Urkunden in diplomatisch treuen Abschriften, aus den kritisch geprüften Originalien selbst geschöpft, schon *an sich*, auch unabhängig von weiteren historischen Leistungen, von entschiedenem Werthe ist.

Den einmal gefassten Entschluss habe ich bisher auch mit Eifer ins Werk zu setzen gestrebt. An der im verflossenen Augustmonate nach Mähren projectirten Reise wurde ich zwar durch die damals bedenklich gewesenen Sanitätsumstände gehindert. Ich begab mich daher zu Ende August in den Leitmeritzer Kreis, arbeitete einige Tage im Archive des Cistercienserstiftes Ossek, dessen Einsicht mir von dem gelehrten Hrn. Prälaten selbst wesentlich erleichtert wurde, und begab mich dann nach Dux, um die alten historischen Handschriften der gräfl. Waldstein'schen Bibliothek, die ich schon im J. 1825 kennen gelernt hatte, zu benützen. Der gegenwärtige Besitzer, Graf Anton von Waldstein hatte die ausgezeichnete Gefälligkeit, mir zwei der wichtigsten darunter nach Prag mitzugeben, damit ich sie hier mit mehr Musse benützen könne, und zwar

a) Den VII bis X Band der grossen allgemeinen Kirchengeschichte von Paul Skala von Zhoř, einem böhmischen Exulanten, aus dem zweiten Viertel des XVII Jahrhunderts. Es ist dies das grösste Werk der böhmischen Literatur, und war den bisherigen Geschichtforschern unbekannt. Die Ereignisse in Böhmen von den Jahren 1602 bis 1623 werden hier von einem wohlunterrichteten Zeitgenossen und Augenzeugen mit einer Umständlichkeit und einem Pragmatismus erzählt, wie sonst nirgends. Die Benützung dieser umfangreichen vier Bände in Fol. wird mich, neben andern Arbeiten, wohl Jahre lang beschäftigen.

b) Des Cardinals von Harrach Bericht an den römischen Hof dd. 16 Febr. 1627, über seine Verhandlungen am kaiserl. Hofe zu Wien, wegen der zu treffenden Massregeln zur völligen Ausrottung der Ketzerei in Böhmen, mit vielen Actenstücken als Belegen. Mit der Copirung derselben bin ich jetzt beschäftigt.

In Dux copirte ich daher sonst nichts, als ein gleichzeitiges Gedicht über den Zustand von Böhmen im J. 1424, in Form eines Gesprächs dreier Patrioten, in böhmischer Sprache; das ich wegen seines allgemeiuer ansprechenden Inhalts auch bereits in das IV Heft des Časopis českého Museum vom 1. J. eingerückt habe.

Seit meiner Rückkehr in der Mitte Septembers beschäftige ich mich mit dem Copiren und Excerpiren von Urkunden in der hiesigen öffentlichen Bibliothek, im k. k. Gubernialarchiv, in der Land- und Lehntafel, am meisten aber im Archive des Wyšehrader Capitels, zunächst für das Diplomatar. Zu gleichem Zwecke beschäftige ich zwei Copisten, einen in Wien und den andern hier in Prag. Ich kann nicht umhin, die vorzügliche Liberalität, womit mir der Zutritt zu dem sehr reichen Wyšehrader Archiv gestattet wird, hier dankbar zu rühmen.

Als Belege meines, seit dem letzten gehorsamsten Berichte angewandten Fleisses füge ich hier nachfolgende *Urkundenabschriften* zur hohen Einsicht bei:

1) Aus dem Osseker Archive 28 Stück,
2) „ „ Wyšehrader „ 67 „
3) „ Prager Archiven 12 „
4) „ gedruckten Quellen 49 „

      Zusammen 156 Stück.

Hiezu füge ich einige noch früher gemachte Abschriften

5) aus dem k. k. geh. Staatsarchiv in Wien . 10 Stück.
6) aus dem Wittingauer und Budweiser Archiv 7 „

so macht die Summe aller 173 Stück, welche mit den früher in den Münchner Archiven erbeuteten und bereits vorgelegten . . . . . . 68 „

einen Bestand von 241 Stück Urkundenabschriften bilden, die bis jetzt für die hochlöbl. Herren Stände von mir in extenso sind copirt worden. Davon stammen

    aus dem   IX Jahrhunderte   3 Stück.
    „ „   X   „   6 „
    „ „   XI   „   3 „
    „ „   XII   „   24 „
    „ „   XIII   „   138 „
    „ „   XIV   „   27 „
    „ „   XV   „   26 „
    „ „   XVI   „   14 „

    Summa, wie oben 241 Stück.

Die Genehmigung der Anlage eines böhmischen Diplomatars der ältesten Zeit wurde mir vom ständischen Landesausschusse mit folgender Zuschrift (N. 3081) ertheilt:

20.

„Auch abgesehen davon, dass die Herren Stände, bei dem mit Recht in Sie gesetzten, in der Ihnen aufgetragenen Verfassung einer dem allgemein gefühlten Bedürfnisse entsprechenden vaterländischen Geschichte bestehenden Vertrauen, die von Ihnen einzuschlagenden Wege zur Erreichung Ihres grossen Zweckes lediglich Ihrer bewährten Einsicht überlassen müssen, erscheint noch die von Ihnen projectirte Sammlung eines böhmischen Diplomatars um so zweckmässiger, als einerseits die hiedurch zu resultirende Rettung der noch vorhandenen und dem täglichen Verluste so sehr ausgesetzten schätzbaren schriftlichen Denkmäler sich als sehr entsprechend darstellt, anderseits aber diese Sammlung der pragmatischen Geschichtsverfassung nothwendig vorangehen muss, und letzteren Zweck unstreitig erleichtert und fördert" etc. — Vom ständ. Landesausschusse, Prag den 25 Nov. 1831. In Verhinderung Sr. Excellenz des Herrn Oberstburggrafen: v. Ubelli m. pr. Bohusch m. pr."

21.

Bericht vom 5 April 1832.

Nachdem ich meine Sammlungen im Archive des *Wyšehrader Capitels* vollendet und dasselbe zum Behufe des von mir angelegten ältesten böhmischen Diplomatars erschöpft hatte, war ich in Folge mehrerer Sollicitationen endlich so glücklich, auch in das wichtige Archiv des *Prager Domcapitels* zu gelangen und daselbst alles zu erhalten, was ich zu obigem Zwecke nur immer gewünscht hatte. Das auf gewisse Stunden des Tags beschränkte Copiren dieser alten, mehrentheils sehr interessanten Urkunden, beschäftigte mich bis zum Monate Januar, wo ich dann auch alles erschöpfte, was für die älteste Periode der böhm. Geschichte (bis 1310) dort zu gewinnen war.

Seitdem beschäftigte mich theils das Studium der von Dux mitgebrachten, in meinem vorigen Berichte näher bezeichneten historischen Quellen, theils die Fortsetzung der Forschungen in den fränkischen Annalen aus der Periode K. Karls des Grossen, und in anderen für Böhmens älteste Geschichte wichtigen Chroniken, wie der des Wittekind von Corvey und des Dithmar von Merseburg. Die daraus geschöpften, auf die Geschichte der Böhmen und anderen benachbarten Slavenvölker sich beziehenden Excerpte (27 Bogen Fol.) lege ich hiemit bei.

Eine synchronistische Uebersicht der höchsten Würdeträger, Landes- und Hofbeamten in Böhmen ist dem böhmischen Geschichtforscher durchaus unentbehrlich. In der ältesten Zeit, insbesondere im XI—XIII Jahrh. bedarf er ihrer (nebst anderen Hilfsmitteln) zur festeren Kritik der Urkunden; in der späteren, zum Verständniss derselben, indem hier die höchsten Landesbeamten gar oft nur mit ihrer Würde, nicht aber mit Namen bezeichnet werden; endlich ist dieselbe zur Bestimmung des Alters einer grossen Menge undatirter Acten in unseren Archiven von der höchsten Wichtigkeit. Diese Gründe bewogen mich schon vor mehreren Jahren, an die Sammlung einer solchen Uebersicht, zu meinem eigenen Gebrauche, Hand anzulegen. Als aber das so Gesammelte auch anderen Liebhabern der vaterländischen Geschichte nützlich werden zu können schien, entschloss ich mich dasselbe, durch eine umständliche Revision aller dazu dienenden Quellen in der alten böhm. Lehntafel, der Landtafel, dem Gubernialarchive u. m. a. vervollständigt, dem Publicum zu übergeben. Der Druck dieses kleinen Werkes wird in diesen Tagen vollendet sein.

Meine diesjährigen archivarischen Forschungen ausserhalb Prag, und zwar zuerst in Wien, wünsche ich noch in der ersten Hälfte dieses Monats zu beginnen.

Von den 91 St. Urkundenabschriften, welche ich dem heutigen Berichte beilege, rühren 16 noch aus dem Wyšebrader Archiv her, 63 aus dem des Domcapitels, 5 aus der öffentl. Bibliothek, 5 aus dem Prager Magistratsarchive und 2 aus gedruckten Quellen her. Sie bilden, nebst den in den früheren Berichten angeführten 241 St., einen Bestand von 332 Urkundenabschriften, welche ich für die hochlöbl. Herren Stände bisher gemacht habe.

22.

Bericht vom 1 August 1832.

Meinem am 5 April d. J. gehorsamst angezeigten Plane gemäss, reiste ich am 11 April von hier nach Wien ab, um im k. k. geheimen Haus-, Hof- und Staatsarchive und der k. k. Hofbibliothek alles, was für Böhmens älteste Geschichte, und inbesondere für ein

Diplomatarium Boh. Přemyslcæ stirpis dort vorhanden ist, kennen zu lernen und zu benützen. Am 13 April früh daselbst angelangt, konnte ich meine Arbeiten im geheimen Staatsarchive schon Tags darauf beginnen, da der Zutritt zu demselben mir von Sr. Durchl. dem Herrn k. k. Haus-, Hof- und Staatskanzler Fürsten von Metternich bereits in früheren Jahren gestattet worden war.

Die Concentrirung vieler böhmischen Archive, nämlich des kön. Kronarchivs (ehemals auf der Burg Karlstein), und fast aller alten Urkunden der aufgehobenen böhmischen Klöster, macht das k. k. geh. Staatsarchiv dem böhm. Geschichtforscher sehr wichtig. Meinem angestrengten Fleisse und der Hilfe eines aufgenommenen Copisten gelang es bis zur Mitte Mai 131 St. alter Urkunden und ein böhmisches Urkundenformularienbuch aus dem XIII Jahrh. (in einem Codex der k. k. Hofbibliothek, MS. philol. 187), ferner den sehr interessanten Tractatus Mag. Cunssonis de devolutionibus rusticorum non recipiendis (eine juridische Streitschrift über die Rechtsverhältnisse der Obrigkeiten und Bauern in Böhmen, im XIV Jahrh.) (im Codex Theol. 907 daselbst) ganz zu copiren, mehrere Excerpte zu machen, und nebenbei ein Register über alle alten Urkunden des geh. Staatsarchivs mir zu verschaffen. So erschöpfte ich wenigstens alles, was von der ältesten Zeit bis zur Mitte des XIII Jahrh. herab dort für uns vorhanden ist; aus der späteren Periode musste ich, bei dem ansehnlichen Reichthume der Urkunden und der Kürze meiner Zeit, mich bis jetzt nur auf Benützung des Interessantesten beschränken. Ueberdies lasse ich daselbst noch ein für die Geschichte Böhmens im XIII Jahrh. wichtiges grosses Formularienbuch der kön. böhm. Kanzlei ganz copiren, und sehe der Ablieferung dieser Arbeit nächstens entgegen.

Den 15 Mai verliess ich Wien, um auch die für unsere Zwecke wichtigen mährischen Archive kennen zu lernen. Mit Bewilligung Sr. Excellenz des Herrn Gouverneurs Grafen von Inzaghi untersuchte ich die älteste Registratur des mährisch-schlesischen Gubernialarchivs, und lernte dann auch die wohlerhaltenen ältesten Quaterne der mährischen Landtafel (seit 1348) kennen. Noch wichtiger war für mich die nähere Kenntniss des Olmützer Domcapitulararchivs, und des fürsterzbischöflichen Archivs zu Kremsier, zu welchen beiden mir der Zutritt von Sr. fürstl. Gnaden, dem Olmützer Fürsterzbischofe Grafen Chotek mit der edelsten Liberalität gewährt und erleichtert wurde. Ich fand hier allenthalben viel mehr, als ich nach dem, was bis jetzt davon ins gelehrte Publicum gekommen war, vermuthen konnte. Glücklicher Weise fand ich auch an Hrn. Anton *Boček*, Professor der böhm. Sprache u. Literatur an d. ständ. Ritterakademie in Olmütz, einen Mann, der mit vieljährigem Fleisse, mit Einsicht und Liebe zur Wissenschaft, bereits sehr namhafte Vorarbeiten zu einem ähnlichen Diplomatar für Mähren gemacht hat, wie ich es für Böhmen zu liefern unternommen habe; in meiner Gesellschaft gelangte er auch in die einzigen ihm bis dahin noch unzugänglich gewesenen Archive zu Olmütz und Kremsier. Da nun ein böhmisches und ein mährisches Diplomatar in ältester Zeit von einander wesentlich unzertrennlich sind, und überdies in Mähren auch viele reine Bohemica vorkommen: so machte Hr. Boček, auf meinen Vorschlag, sich anheischig, gegen angemessene Vergütung mir nach und nach Abschriften seiner ganzen Sammlung zukommen zu lassen. So darf ich nun, und unsere älteste Geschichte überhaupt, einer ansehnlichen Bereicherung von dorther entgegensehen.

In Monate Juni war meine Anwesenheit in Prag, wegen der zu besorgenden Redactionsgeschäfte bei dem Museum, nothwendig; ich kehrte deshalb von Olmütz über Königgrätz am 29 Mai hieher zurück. Um auch hier für das Diplomatar möglichst thätig zu sein, wollte ich in dem Archive des ritterlichen Ordens der Kreuzherren mit dem rothen Sterne, wo sich schätzbare Urkunden des XIII Jahrh. vorfinden, einer von dem Herrn Generalgrossmeister erhaltenen mündlichen Zusage gemäss, zu arbeiten beginnen: aber die Zusage wurde, als ich eben Hand anlegen wollte, zurückgenommen. So traf mich, nach neunjährigen ungehemmten Forschungen, die erste Versagung an einem Orte, wo ich dieselbe am wenigsten erwartete. —

Seitdem habe ich mit Rücksicht sowohl auf die fortwährend ungünstigen Sanitätsverhältnisse auf dem Lande, als auf die Nothwendigkeit, an mein historisches Werk für die hochl. HH. Stände noch in diesem Jahre Hand anzulegen, mich hier in Prag meist den nöthigen Forschungen über Böhmens Urgeschichte gewidmet, wozu ohnehin nicht aus Archiven, sondern nur aus römischen, byzantinischen, fränkischen u. anderen Chronisten geschöpft werden muss.

23.

Bericht vom 8 Januar 1833.

Indem ich über die Fortschritte meiner historischen Studien seit dem letztverflossenen Augustmonate gehorsamsten Bericht abzustatten habe, befinde ich mich in einer Verlegenheit, die ich nicht umhin kann, in vorhinein zu bekennen. Sie hat ihren Grund in dem Umstande, dass ich nach einer mehrmonatlichen fleissigen Arbeit doch noch kein sichtbares Resultat meines Fleisses vorzulegen im Stande bin.

Ich habe nämlich in diesem Zeitraume bereits *an die Geschichtschreibung Hand angelegt*, und über die älteste Geschichte des Landes unter der Herrschaft der Bojer und Markomannen nicht nur die nothwendigen Forschungen durchgeführt, sondern auch den diesfälligen historischen Abschnitt mehr als zur Hälfte vollendet. Da ich jedoch mein Werk mit einer historischen Uebersicht der so eigenthümlichen physischen Bildung des Landes und einer Andeutung ihres Einflusses auf die politische Geschichte desselben überhaupt beginnen muss; da ich ferner, in den Naturwissenschaften selbst wenig bewandert, die Gefälligkeit eines ausgezeichneten Naturforschers (Zippe) in Anspruch nahm, mir die Resultate der diesfälligen wissenschaftlichen Forschungen und Entdeckungen mitzutheilen, welcher Mittheilung ich jedoch noch entgegensehe: so ist es mir jetzt noch unmöglich, das bisher Aufgesetzte, da ihm der Anfang fehlt, zur hohen Einsicht vorzulegen. Ich hoffe jedoch dies im Laufe des nächsten Monats Februar thun zu können.

Das Auftreten eines celtischen Volksstammes, der Bojer, und eines germanischen, der Markomannen, in unserem Lande, legt dem böhmischen Geschichtforscher die Pflicht auf, in die gesammte Vorgeschichte der Celten und der Germanen selbständig einzudringen, und deshalb nicht allein alle alten Classiker, worin von diesen Völkern Meldung geschieht, sondern auch alle wichtigeren Werke der neueren und neuesten Zeit über denselben Gegenstand durchzuforschen. Da ich mich nun bis dahin fast ausschliesslich nur mit der Geschichte Böhmens seit der Einwanderung der Čechen beschäftigt hatte, so kostete mich dieses Eindringen in das celtische und germanische Alterthum mehr Mühe und Zeit, als ich vermuthet hatte. Dieser grosse Aufwand von Zeit und Mühe möchte vielleicht nur darin einigen Ersatz erhalten, dass es mir gelungen sein dürfte, manche Irrthümer, die bis jetzt auch in unseren besten Werken geherrscht haben, zu entdecken und zu berichtigen, und somit diesen Abschnitt dem gegenwärtigen höheren Standpuncte der historischen Kritik und Wissenschaft gemäss auszustatten.

Ausser diesen Arbeiten habe ich meine Forschungen und Excerpte aus den historischen Quellen des Auslands, welche unsere Geschichte anfzuklären helfen, fortgesetzt, und darin vorzüglich Materialien zur böhm. Geschichte des IX—XIII Jahrh. gesammelt. Diese von mir planmässig auf einzelne Blätter geschriebenen Excerpte werde ich jedoch erst später, wenn die Sammlung vollendeter sein wird, zur hohen Einsicht vorlegen können.

24.

Bericht vom 16 Juni 1833.

Nach langem, — vielleicht zu langem — Verzuge, ist es mir endlich möglich, die Früchte meines seit dem Anfange dieses Jahres verwendeten Fleisses zur hohen Einsicht vorzulegen. Die Ursachen dieses Verzuges lagen theils in einer nothwendig gewordenen Vervielfältigung meiner historischen Arbeiten, und in der Beschaffenheit dieser Arbeiten selbst, theils aber auch in Krankheiten, welche mich im verflossenen April und Mai heimgesucht haben.

Die am Schlusse des vorigen Jahres gemachte Entdeckung der von dem Prager Erzbischofe Ernest von Pardubic im J. 1358 zuerst eingeführten und bis zum J. 1419 fortgesetzten „Libri confirmationum ad ecclesias in dioecesi Pragensi" legte mir die Pflicht auf, diesen noch unbekannten Schatz, sobald und so lange er mir zugänglich war, auf das fleissigste zu benützen. Da darin bei jeder Confirmation die betreffenden Grundbesitzer als Kirchenpatrone genannt werden, da die Bücher sich über das ganze Böhmen (mit alleinigem Ausschluss der damaligen kleinen Leitomyšler Dioecese) gleichmässig verbreiten: so ersetzen sie uns zum Theil den so schmerzlichen Verlust der alten im J. 1541 verbrannten Landtafel. Sie sind der wichtigste Beitrag zur Schätzung der damaligen ständischen Verhältnisse in Bezug auf den Grundbesitz, so wie zur Genealogie und zur historischen Topographie von Böhmen überhaupt. Meine Excerpte aus diesen Büchern, 33 Bogen MS. in Fol., welche ich hier beilege, reichen jedoch nur vom J. 1358 bis 1399, da der mittlerweile eingetretene Todesfall des letzten Prager Fürsterzbischofs und die anderweitige Anstellung des damaligen Archivars mir die Fortsetzung der Arbeit unmöglich machten.

Den Anfang meiner handschriftlichen *Geschichte von Böhmen*, die ersten zwei Abschnitte des ersten Buches enthaltend, hatte ich die Ehre, Sr. Exc. dem Herrn Oberstburggrafen vor mehreren Tagen persönlich zu überreichen; diese Bogen haben zugleich die Bestimmung, eine Beilage zum gegenwärtigen gehorsamsten Bericht zu bilden. Auch diese Arbeit hat mich mehr Mühe und Zeit gekostet, als ich vermuthet hatte. Die Origines Celticae & Germanicae, die ich gründlich kennen zu lernen verpflichtet war, sind, zumal bei dem Zwielicht, welches von neueren Forschern darüber hundertfach ausgegossen wurde, leider kein Studium für ein Jahr, geschweige denn für einen Winter. Die Origines Slavicae, an die ich jetzt gehen werde, sind zwar an sich noch schwieriger und verwickelter: aber glücklicherweise habe ich in diesen schon seit Jahren mehr studirt als in jenen.

25.

Bericht vom 9 October 1833.

Meine heurigen historischen Reisen und Forschungen sind mit dem günstigsten Erfolg belohnt worden; denn es gelang mir, eine, nicht bloss dem Umfange, sondern vielmehr dem Inhalte nach, ansehnliche Masse neuer historischer Quellen und Notizen zu entdecken und zu sammeln.

Am 7 Juli d. J. verliess ich Prag, um diesmal zunächst die Archive Schlesiens, eines ehemaligen böhm. Kronlandes, kennen zu lernen. Auf dem Wege hielt ich mich zuerst im gräfl. Kinsky'schen Familienarchive zu Chlumec, dann in dem der ehemal. Fürsten von Piccolomini zu Nachod auf; an beiden Orten, insbesondere aber am letzteren, fand ich viel weniger Wichtiges (aus älterer Zeit), als zu vermuthen stand, obgleich man mich alles Vorhandene sehen liess.

Am 11 Juli traf ich in Glatz ein, das mir, als einst zum eigentlichen Böhmen gehörig, interessant werden zu müssen schien. Nachdem ich jedoch von den dortigen Geschichtskundigen erfahren, dass auch die Glatz'schen Archive nach Breslau abgeführt worden sind, fuhr ich über Frankenstein und Nimptsch sogleich nach Breslau ab, wo ich den 12 Juli ankam.

Das kön. schlesische Provincial-Archiv in Breslau enthält die Ueberreste der grossen Archive, nicht allein des alten kaiserl. Oberamtes und der Kammer, als der ehemals höchsten Behörden Schlesiens, sondern auch aller geistlichen Stifter, des Bisthums, der meisten ehemaligen schlesischen Fürstenthümer, und vieler Städte. Die Zahl der Bohemica daselbst seit dem J. 1330, wo Schlesien an Böhmen kam, ist unerschöpflich; doch haben dieselben meist nur auf Schlesien Bezug, und das wichtigste davon ist bereits durch den Druck bekannt. Es konnte daher nicht meine Absicht sein, in die Bearbeitung dieser Schätze einzugehen; ich beschränkte mich auf die Bohemica vor 1310. zum Behufe des beabsichtigten Diplomatars. Auch die Breslauer Universitätsbibliothek enthält für uns manche schätzbare Handschriften, die ich grösstentheils excerpirte. Endlich fand ich in der Rehdigerschen Bibliothek am Elisabethanum, so wie in der des Magdalenäums, gute, bisher unbekannte Handschriften böhmischer Chronisten, die bei einer künftigen Herausgabe der Scriptores rer. Boh. unentbehrlich sein werden.

Ein Zufall machte mich aufmerksam, dass in dem, dem Herzog von Braunschweig-Lüneburg gehörigen Fürstenthum Oels noch alte Bohemica vorhanden sein dürften. Ich begab mich also am 20 Juli dahin, und wurde durch die Entdeckung angenehm überrascht, dass das Archiv der ehemaligen Herren von Podiebrad, so wie der Nachkommen unseres Königs Georg, sich dort befinde; leider nur noch im Ganzen etwa 300 Urkunden, von denen mir aber schon viele aus Abschriften vorher bekannt waren. Bei näherer Einsicht ergab es sich, dass auch Reste des Archivs der schon im XV Jahrh. ausgestorbenen mächtigen Herren von Častolowic daselbst vorhanden sind. Der dortige Regierungspräsident von Cleinow bewilligte mir den Gebrauch dieser Schätze ohne viele Schwierigkeit; und ich arbeitete nun mit dem angestrengtesten Fleisse vier Tage und Nächte hindurch, so dass es mir möglich ward, alles Bedeutendere daselbst zu erschöpfen. Vorzüglich angenehm sind die Aufschlüsse über die Landesschulden nach K. Georgs Tode, die so viele Verhandlungen veranlassten, und worüber unsere Historiker noch nicht hatten ins Klare gelangen können.

Am 27 Juli Abends verliess ich Breslau, und gelangte über Liegnitz, Görlitz, Zittau und Reichenberg am 30 Juli nach Prag zurück.

Den 5 Aug. begab ich mich über Petersburg in das Stift Tepl, dessen älteste Urkunden (vor 1310) und Handschriften ich bis zum 11 Aug. copirte, und darauf am 13 Aug. wieder zurückkehrte.

Endlich den 19 Aug. fuhr ich neuerdings von Prag ab, um das fürstl. Schwarzenberg'sche Archiv zu Wittingau nochmals, und zwar jetzt schon zum viertenmale, zu besuchen. Diesmal wollte ich daselbst nur die Urkunden vor 1310 copiren: doch da deren Zahl geringer war, als ich erwartete, so hielt ich auch in den historischen Acten aus dem XV Jahrh. Nachlese. Indessen ist die Zahl derjenigen, welche man seit meinem letzten Aufenthalte 1828 dort auffand, so ausnehmend gross, ihr Inhalt so bedeutend, dass ich mich alsobald von der Nothwendigkeit überzeugte, künftig noch einen fünften mehrmonatlichen Besuch dort abzustatten. Da meine Redactionsgeschäfte meine Anwesenheit in Prag nothwendig machten, so kehrte ich schon am 9 Sept. von dort zurück.

26.

Bericht vom 16 April 1834.

Die Früchte meines im verflossenen Winter angewandten Fleisses im Sammeln und Bearbeiten der Materialien zur böhmischen Geschichte lege ich hiemit gehorsamst zur hohen Einsicht vor. Es sind:

1. Von meiner handschriftlichen *Geschichte von Böhmen*, das erste Buch, Abschnitt 1—3, 60 Seiten in Folio, worin die Geschichte bis auf Samo und bis ins VII Jahrh. herab geführt ist. Da ich in den bereits früher vorgelegten ersten 32 Seiten des MS. viele Zusätze und Verbesserungen angebracht, und Manches überarbeitet habe, so nehme ich mir die Freiheit, dieselben nochmals beizufügen. — Endlich, durch das Gewirre der Origines gentium und der Völkerwanderung, auf positiven und festen historischen Boden gelangt, hoffe ich künftig in Bearbeitung des historischen Stoffes schnellere Fortschritte zu machen. —

2. *Neuere Urkundenabschriften, 68 Stück.* Darunter befinden sich einige bis dahin unbekannte, von hohem historischen Werthe aus dem XI Jahrhunderte, welche der Sammler eines mährischen Diplomatars, Prof. Boček in Olmütz, aufgefunden und mir mitgetheilt hat, und wofür ich ihm meine sämmtlichen Moravica zur Benützung überliess. Zum Behufe dieses gegenseitigen Austausches kamen wir in der verflossenen Charwoche in Königgrätz zusammen, und arbeiteten daselbst mehre Tage. Die Zahl der von mir bisher für die h. H. Stände gesammelten Urkundenabschriften beträgt daher:

Aus den Archiven in Wien 175, München 68, Breslau 20, Oels 17, Mähren überhaupt 15, Prag 91, Wyšehrad 83, Wittingau 133, Stift Tepl 30, Stift Ossek 28, Budweis u. Chlumec 2, aus gedruckten Quellen 84, zusammen 746 Stück.

3. *Historische Excerpte*, zum Behufe der älteren böhmischen Geschichte, aus fremden Chronisten, Fortsetzung der bereits vor Jahren begonnenen und vorgelegten, aber noch nicht beendigten Arbeit. Solche Excerpte sind für den Geschichtschreiber schlechterdings unerlässlich, wenn er bei der künftigen Bearbeitung sicher und fest auftreten, und die historischen Massen sowohl vollständig und klar auffassen, als auch vortragen will. Ohne diese Vorarbeit könnte auch das umfassendste Gedächtniss den Stoff nicht gehörig

bewältigen; und der Schriftsteller, der nicht selbst klar sieht, könnte auch für seine Leser kein klares Bild der Vorzeit entwerfen.

27.

Bericht vom 8 October 1834.

Die Früchte meines, im verflossenen Sommer auf das Einsammeln von historischen Materialien verwendeten Fleisses lege ich hiemit gehorsamst zur hohen Einsicht vor. Es sind im Ganzen 419 St. Copien von Urkunden, Briefen und Acten aus dem VIII—XVI Jahrhunderte; deren nicht über ein Zehntel den vorigen Geschichtforschern bekannt waren. Ferner 5 Bogen Excerpte. Ich kann die Bemerkung im Allgemeinen nicht unterlassen, dass diese Arbeit als eine wesentliche Bereicherung und Erweiterung unserer böhm. Geschichtskunde anzusehen ist, indem darin mitunter sehr wichtige und interessante Aufschlüsse vorzüglich über die grossen Ereignisse des XV Jahrh. enthalten sind.

Im Monate Mai studirte ich vorzüglich die alten Capitularien der fränkischen Könige, worin ich einige nicht unerhebliche Daten zur Geschichte Böhmens während der karolingischen Periode fand; ferner die Monumenta Boica, den Adamus Bremensis u. dgl. m. Am 3 Juni machte ich meinen ersten archivarischen Ausflug nach *Worlik*, welcher über meine Erwartung belohnt wurde; ich blieb dort bis zum 10 Juni, worauf mich mein Redactionsgeschäft für den Rest des Monats an Prag fesselte. Am 4 Juli reiste ich über Kuttenberg nach *Sedlec*; das beim dortigen Oberamte aufbewahrte alte Archiv des ehemaligen Sedlecer Stiftes gewährte gleichfalls eine lohnende Ausbeute. Dagegen wurde meine Hoffnung auf Kuttenberg getäuscht, dessen älteste vorhandene Urkunden sowohl bei dem k. k. Bergamte als auf dem Rathhause nicht über die zweite Hälfte des XV Jahrh. hinaufreichen.

Am 14 Juli begab ich mich nach *Leitmeritz*: aber auch dort fand ich weniger, als zu erwarten stand. Das Archiv des Domcapitels war für jene Zeit, eingetretener Umstände wegen, unzugänglich; das des Magistrats ist für die ältere Geschichte unergiebig. Ich arbeitete also einige Tage lang in der bischöflichen Bibliothek, wo die einst vom geschichtkundigen Bischofe Grafen von Waldstein angelegten historisch-literarischen Sammlungen von mir mit Vortheil benützt worden sind. Das Archiv des Domcapitels werde ich noch im Laufe dieses Monats wieder besuchen.

Am 28 Juli reiste ich über *Lowositz*, wo ich nur Eine Urkunde zu copiren hatte, nach *Tetschen*, wo ich am 30 und 31 Juli arbeitete. Die dortigen Archive reichen nicht bis in die Periode der Přemysliden hinauf; aber in der gräfl. Thun'schen Bibliothek fand ich Pelzels schätzbare Vorarbeiten zu einem böhm. Diplomatar der älteren Zeiten, bestehend aus 642 St. Urkundenabschriften von den Jahren 824 bis 1544. Die mir noch fehlenden Stücke dieser Sammlung sollen mir nächstens zum Copiren nach Prag mitgetheilt werden.

In *Dresden*, wo ich am 1 Aug. ankam, erlangte ich die Gewissheit, dass das dortige kön. Regierungs-Archiv an alten Bohemicis reich ist, und dass nach den im Personalstande desselben eingetretenen Veränderungen mir der Zutritt dazu ohne Schwierigkeit gewährt werden wird. Da jedoch zu dieser Zeit, wegen der vorgenommenen Concentrirung mehrerer Archive und Veränderung des Locals, keine Arbeit daselbst vorgenommen werden konnte, so musste ich meinen Besuch dahin auf das nächste Jahr verschieben. Den 7 Aug. kehrte ich also nach Prag zurück, nachdem ich noch vorher neuerdings Dux und Ossek besucht hatte.

Am 12 Aug. reiste ich ins *Krumauer* Archiv ab, das sich minder ergiebig zeigte, als zu hoffen war; den 17 machte ich einen Besuch in *Hohenfurt*. Der dortige würdige Hr. Prälat *Schopper* hatte die Gefälligkeit, mir das fleissig geschriebene Urkundenbuch des Stiftes nach Prag zur Benützung mitzutheilen; ich verglich es zuvor mit den Originalien, und verbesserte die wenigen unrichtigen Lesarten desselben.

Am 19 Aug. kehrte ich, schon zum fünften Male, zum unerschöpflichen *Wittingauer* Archiv zurück, und arbeitete daselbst mit dem angestrengtesten Fleisse 3 volle Wochen lang, ohne noch den dortigen überreichen historischen Stoff bewältigt zu haben. Am 8 Sept. begab ich mich von da nach *Neuhaus*, wo ich noch die ältesten Urkunden des dortigen gräfl. Archivs copirte, und dann am 11 Sept. in Prag wieder eintraf.

Hier war es eine meiner ersten Sorgen, die von dem Sedlecer Amte an das k. k. Fiscalamt abgegebenen alten Urkunden zu benützen. Zugleich fand ich es unerlässlich, ein Verzeichniss meiner bisher gesammelten Copien zu verfertigen, wovon ich die ersten Hefte nächstens vorlegen werde. Die Zahl der vor dem J. 1831 für mich geschriebenen steigt auf 1155 St.; die der seit 1831 für die hochl. HH. Stände gesammelten auf 1165 Stück; beider zusammen also auf 2320 St.

28.

Bericht vom 3 März 1835.

Ueber meine, seit dem letzten gehorsamsten Berichte vom 8 Oct. 1834 vorgenommenen und ausgeführten historischen Studien und Arbeiten kann ich diesesmal eine nur unvollständige Rechenschaft ablegen, da ich erst einen kleinen Theil der durch weitläufige Forschungen bereits gewonnenen Resultate zu Papier zu bringen im Stande war. Indessen lege ich auch dieses Wenige, acht Bogen MS. (Seiten 61—92), welche die Geschichte Böhmens vom VII bis zur zweiten Hälfte des IX Jahrh. fortführen, gehorsamst zur hohen Einsicht vor.

So sehr mich die im Publicum mündlich oft geäusserte Ungeduld, wenigstens *einen* Band meiner Geschichte im Drucke zu erhalten, freuen muss, da sie von lebhaftem Interesse an demjenigen Gegenstande zeugt, dem ich alle meine Zeit und Kräfte widme: so flösst sie mir doch auch nicht geringe Besorgniss ein, dass die für jene Wünsche offenbar zu langsamen Fortschritte meines Werkes von Einigen, denen entweder die Schwierigkeiten der Sache selbst, oder die Nothwendigkeit und der Umfang des von mir bis jetzt Geleisteten unbekannt sind, einer Nachlässigkeit oder gar absichtlicher Verzögerung von meiner Seite zugeschrieben werden könnten. Ich bitte daher, mich darüber kurz erklären zu dürfen.

Die älteste Geschichte Böhmens, unter den Přemysliden, ist auch nach den grossen Verdiensten, welche vorzüglich Dobner um die kritische Sichtung ihres factischen Theiles sich erworben, selbst diesem factischen Theile nach noch lange nicht im Klaren, und bedarf einer gründlichen Revision. Was aber den moralischen Theil betrifft, das alte Volksleben in Böhmen, die Veränderungen in der bürgerl. und Justitzverfassung, in der Landesverwaltung und ihren einzelnen Zweigen, in Sitten, Gebräuchen u. s. w. — so hat bekanntlich kein bisheriger böhm. Geschichtschreiber auch nur den Versuch gewagt, dieselben in ihrer Gesammtheit, nach den Forderungen der Wissenschaft, darzustellen. Der Hauptgrund dieses so auffallenden, im In- und Auslande so oft gerügten Mangels lag wohl nur in der Dürftigkeit unserer alten Quellen in Bezug auf diese Gegenstände.

Als ich daher im J. 1831 von den hochlöbl. HH. Ständen mit dem Auftrage beehrt wurde, eine neue Geschichte des Landes zu bearbeiten, trat für mich die Nothwendigkeit ein, entweder nach dem Beispiele meiner Vorgänger diese Mängel unserer Geschichte auf sich beruhen zu lassen, oder aber den ersten Versuch zu deren Beseitigung zu unternehmen. Ich wählte unbedenklich das Letztere, als allein verträglich mit dem Nutzen der Geschichte, den Fortschritten der Wissenschaft, der Ehre der HH. Stände als Beförderer des Werkes, und meiner eigenen Ehre als Geschichtforscher und Schriftsteller. Deshalb musste ich mich vor Allem zur Anlage eines allgemeinen Diplomatars von Böhmen (laut meines gehors. Berichtes vom 8 Juli u. 8 Nov. 1831) entschliessen, und habe die mühsame Arbeit bis jetzt mit Beharrlichkeit verfolgt. Sie hat mir auch schon wesentliche Hilfe geleistet, obgleich die diesfällige Armuth unserer vaterländischen Archive ihre Erfolge sehr verringern musste. Und gelangte ich einmal in ein Archiv, so durfte ich mich nicht allein auf die Přemysliden-Periode beschränken, sondern ich musste wenigstens bis zum Anfang des XVI Jahrh. herab alles auszubeuten suchen, was dort für die Geschichte zu gewinnen war. Auf diese Art habe ich bereits 1285 St., grösstentheils eigenhändige, Abschriften von historisch interessanten alten Urkunden, Briefen u. s. w. zusammengebracht, die in den Jahren 1823—1830 für mich gesammelten 1155 St., ferner eine bedeutende Anzahl von Excerpten, hier nicht mitgerechnet.

Soll ich meinem Auftrage, die ganze Geschichte Böhmens in 4 bis 5 Octavbände zu fassen, gehörig nachkommen, so muss, nach meiner Schätzung des vorhandenen historischen Stoffes, der erste Band die ganze Přemysliden-Periode bis 1310 umfassen, oder wenigstens bis auf K. Otakars II Tod 1278 herabreichen. Ich muss mich daher kurz fassen, und mit Beseitigung aller Polemik im Texte, nur die Resultate meiner kritischen Forschung bündig darstellen, — wie dies auch das Bedürfniss des Publicums und die Regeln der historischen Kunst erheischen. Dieses entbindet mich jedoch keineswegs der Nothwendigkeit, meine Forschungen selbst auf eine noch breitere und tiefere Basis zu gründen, als alle böhm. Geschichtschreiber vor mir gethan. Wenn ich daher, neben der bisherigen Anlage des Diplomatars, die böhm. Geschichte auf 23 Bogen bis zur Taufe Bořiwoy's herabführte, so wird mich hoffentlich Niemand der Nachlässigkeit zeihen wollen, der da bedenkt, dass meine Vorgänger, Pubička einen, Dobner sogar zwei Quartbände brauchten, um diese Periode zu schildern; insbesondere wenn man sich durch Vergleichung der Arbeit überzeugen wollte, dass es kaum eine Seite in meinem MS. gibt, wo nicht eigene neue, mitunter mühsam gewonnene Aufschlüsse über die Ereignisse der Vorzeit vorgetragen worden wären. Um die Geschichte bis zu Ende des XIII Jahrh. herabzuführen, brauchte Pubička 14, Dobner 30 Jahre; jener fasste diese Periode in 5, dieser in 7 Quartbände: ich werde sie in 6 Jahren (bis 1836) abthun und noch daneben nicht allein das oftbesprochene Diplomatar zu Stande bringen, sondern auch einen Vorrath wichtiger Materialien für die folgenden Perioden gesammelt haben.

Die übrigen Arbeiten, welche ich unter Einem zur hohen Einsicht vorlege, sind

1) *120 St.* Urkundenabschriften, grösstentheils aus dem Archive des Hohenfurter Stiftes, dann aus den Sammlungen der hiesigen Universitätsbibliothek, des böhm. Museums, und aus dem Archive des Leitmeritzer Domcapitels, welches ich im verflossenen November nochmals besucht hatte.

2) 10 Bogen Excerpte aus dem Liber VI Confirmationum, — als Fortsetzung der im Winter des J. 1833 unternommenen Arbeit.

3) Drei Hefte von Urkundenverzeichnissen, zur Uebersicht eines Theiles der in meinem Besitze bis jetzt befindlichen historischen Materialien überhaupt.

29.

Bericht vom 12 März 1836.

In der Beilage lege ich meine seit einem Jahre gemachten historischen Studien — in wiefern sie darlegbar sind, — als Fortsetzung der mir aufgetragenen Arbeiten, in Folgendem gehorsamst zur hohen Einsicht vor:

1) Der Geschichte von Böhmen, zweiten Buches, fünften und sechsten Abschnitt, (S. 93—146 in Fol.)

2) An Urkundenabschriften 306 Stück, womit die Zahl sämmtlicher bisher seit 1831 copirten Urkunden auf 1591 Stück gestiegen ist.

3) Die Fortsetzung der Excerpte aus den Libri Confirmationum von 1410—1436, womit diese Arbeit geschlossen ist.

4) Eine Probe meiner historischen Excerpte für Böhmen, auf losen Zetteln, wie ich sie seit einem Jahre anzulegen für nothwendig fand. Bei der sich immer mehr häufenden Masse von Daten, die kein Gedächtniss mehr zu umfassen vermag, musste ich mich entschliessen, künftig eine jede Notiz auf einen besonderen Zettel zu schreiben, und diese Zettel, nach ihrem Inhalte und nach bestimmten Schlagwörtern, alphabetisch und chronologisch zugleich zu ordnen. Ich legte besondere Serien an 1) für historische Daten, 2) für archäo-

logische, 3) für genealogische, 4) für topographische Notizen, 5) für Aemter und Würden und 6) für gemischte Urkunden. Die Beilage enthält die genealogische Serie allein.

Ich hege das Vertrauen, Ein hochlöbl. Landesausschuss werde selbst in dem hier Dargelegten die Beweise meines beharrlichen Fleisses nicht verkennen, obgleich es bei weitem nicht Alles andeuten kann, was ich seit einem Jahre und darüber geforscht, erstrebt und bearbeitet habe. Aufschlüsse, die man gesucht und *nicht* gefunden, Ansichten, die man geprüft und verworfen hat, konnten nur manchmal mit kurzen Worten berührt werden, obgleich sie den Forscher viele Zeit gekostet haben.

Insbesondere ist der sechste Abschnitt des zweiten Buches meiner Geschichte — die Schilderung der inneren Zustände Böhmens vor der Bekehrung des Volkes zum Christenthume, — der schwierigste, schwächste, und dennoch, wie ich glaube, der verdienstlichste Theil meines ganzen Werkes. Die Vorstudien dazu beschäftigten mich seit mehren Jahren; denn, um sicherer zu gehen, und nicht etwa Traumbilder aufzustellen, musste ich sämmtliche Veränderungen der böhmischen alten Verfassung und der öffentlichen Zustände nicht von oben herab, sondern von unten hinauf verfolgen, und daher vom XV, mir bereits früher bekannt gewesenen, Jahrhunderte an stufenmässig in das XIV, XIII, XII Jahrhundert u. s. w. hinaufsteigen. Einen Beleg solcher Studien liefern meine hieher gehörigen Aufsätze in der von mir redigirten Zeitschrift Časopis česk. Museum, insbesondere die Beiträge zur Kenntniss der altböhmischen Rechtsverfassung und Gerichtsordnung (Pomůcky ku poznání staročeského práwa i řádu saudního) im vierten Hefte des Jahrgangs 1835, wo die Hauptzüge der Verfassung, wie sie im XII und in der ersten Hälfte des XIII Jahrh. bestand, dargestellt worden sind.

Krankheiten, die mich in den Monaten Mai, Juni und Juli des verflossenen Jahres wiederholt heimsuchten, hinderten mich an mehren beabsichtigten Archivreisen. Ich unternahm, zu Ende August, bloss eine Reise in den Chrudimer Kreis, wo ich in Leitomyšl des Olmützer Prof. Boček mährisches Diplomatar benützen und mit ihm einen vortheilhaften Austausch von Urkunden treffen konnte. Das Archiv von Pardubic, das ich überdies besuchte, zeigte sich für meine Zwecke wenig fruchtbar.

Da nunmehr, mit den ersten zwei Büchern, die grössten Schwierigkeiten meines historischen Werkes überwunden sind, und da der erste Band, wie ich mich schon jetzt überzeugt habe, nicht mehr als drei Bücher (— das dritte Buch soll Böhmen unter den Herzogen J. 895—1197 darstellen —) enthalten darf, wenn er nicht zu voluminös werden soll; da ich endlich dieses dritte Buch im Laufe des nächsten Sommers, wenn Gott mir Leben und Gesundheit schenkt, vollenden kann nnd werde: so kann ich nicht umhin, vorläufig zu bemerken, dass der Druck des ersten Bandes meiner Geschichte von Böhmen wenigstens im Monate Juni l. J. werde begonnen, und mit Ende August d. J. vollendet sein können.

IV.

Einige Acten über meine römische Reise 1837. *)

Bericht an den böhmischen Landesausschuss vom 20 März 1837.

30.

Alle seit dem J. 1834 wiederholten Versuche, Abschriften von Urkunden zur böhm. Geschichte aus dem vaticanischen Archive in Rom zu erhalten, haben bis auf den heutigen Tag keinen Erfolg gohabt. Nicht dass es den dortigen Behörden und Archivsvorstehern an Willen gebräche, sie erheben zu lassen: sondern hauptsächlich aus dem Grunde, weil es dort an Männern fehlt, welche solche Arbeit zu unternehmen Neigung und Fähigkeit hätten. Bei der dadurch gewonnenen Ueberzeugung, dass wenn man aus jenem Archive etwas erhalten wolle, man es selbst holen müsse, wurde ich von meinen Collegen, den Mitgliedern der k. böhm. Gesellschaft d. Wissenschaften aufgefordert, die Reise dahin zu diesem Zwecke selbst zu unternehmen. Obgleich ernste Rücksichten mir dieses an sich nicht wünschenswerth machten, so musste doch meine Ueberzeugung von der

---

*) Den wissenschaftlichen Bericht über diese Reise habe ich in einem besonderen Aufsatze: „Literarische Reise nach Italien im Jahre 1837" ɔc. (in den Abhandlungen der kön. böhm. Gesellschaft der Wissenschaften im J. 1838, 123 S. in 4,) geliefert.

Unentbehrlichkeit neuer historischer Aufschlüsse für das nächste Buch meines zweiten Bandes der böhm. Geschichte, und somit das Gefühl meiner Pflicht alle jene Rücksichten zurückdrängen, und mich zur Unternehmung einer solchen Reise um so mehr bestimmen, als ich einsah, dass ohne diese Reise selbst die von den hochlöbl. HH. Ständen, so wie von den zwei gelehrten Vereinen des Vaterlandes diesem Zwecke bereits gewidmeten Summen ein vergebliches Opfer bleiben würden. Doch erst das am 10 d. M. von Rom erhaltene Schreiben Sr. Excellenz des dortigen k. k. Hrn. Botschafters an Se. Exc. den Grafen Kaspar Sternberg brachte jenen Entschluss zur Reife, indem es sich über die Frage des Erfolgs einer solchen Unternehmung bejahend erklärte.

Ich bringe es daher hiemit gehorsamst zur hohen Kenntniss, dass ich mit Wissen und Willen Sr. Exc. des Hrn. Oberstburggrafen die beschlossene Reise schon im Laufe des heutigen Tages anzutreten gedenke. An Ort und Stelle angelangt, werde ich nicht unterlassen, über den Fortgang meines Geschäfts alsbald gehorsamst den weiteren Bericht abzustatten.

31.
Schreiben aus Rom vom 15 April 1837, an den Oberstburggrafen Grafen Chotek.

Nach einer durch die äusserst ungünstige Witterung sehr beschwerlichen Reise gelangte ich am 4 d. M. nach Rom, und machte an demselben Tage alsogleich meine gehorsamste Aufwartung bei Sr. Exc. dem k. k. Botschafter Grafen *Lützow*, der mich mit der äussersten Güte aufnahm, sich in meiner Angelegenheit ungesäumt mit dem Präfecten des vatic. Archivs Msgr. *Marini* in Correspondenz setzte, und am 7 April mich persönlich bei demselben aufzuführen und zu empfehlen die Güte hatte. Schon bei der ersten Unterredung mit diesem Prälaten ward ich inne, dass sich meinem Unternehmen viel grössere Schwierigkeiten entgegenstellten, als ich nach den Vorgängen mit einigen deutschen Gelehrten zu finden gehofft hatte. Sowohl in den Umständen als auch in den Personen hat in neuerer Zeit Manches sich geändert; Ranke's Indiscretionen und Potters treuloses Benehmen haben dem alten Misstrauen neue Nahrung gegeben, und man ist jetzt weniger als je geneigt, fremde Gelehrte, welcher Art und Gesinnung sie immer sein mögen, ins Archiv zuzulassen. Gleichwohl konnte und wollte Msgr. Marini Sr. Excellenz dem Herrn Botschafter keine abschlägige Antwort geben; er versprach in unbestimmten Ausdrücken Alles, was nur immer in seiner Macht stehe, und beschied mich auf den folgenden Tag wieder zu sich.

Als ich am 8 April zu dem Msgre. kam, zeigte er mir die Kataloge des vatic. Archivs, und zwar die auf die Bohemica bezügliche Abtheilung derselben; es sind eigentlich kurze, nur zufällige Bemerkungen, die irgend ein Geschichtforscher des XVII Jahrh. für sich im Archive gemacht hat, und die das Wesentliche in den Urkunden oft gar nicht berühren; etwas Unvollkommeneres lässt sich in dieser Art nicht denken. Ich konnte die Bitte nicht unterlassen, dass er mich doch die Quellen selbst sehen lassen möchte. Nach mehren Bedenklichkeiten, deren Gründe nur halb angedeutet wurden, versprach Msgr. mir die Gewährung meiner Bitte, und bestellte mich zu diesem Zwecke auf den 10 April zu sich.

Wahrscheinlich in Folge höherer Einwirkung zeigte endlich am 10 April Msgr. Marini sich freundlich und offen. Von Bedenklichkeiten in der Sache selbst war jetzt nicht mehr die Rede, es handelte sich nur noch um die Form, und die ganze Sache wurde endlich eine reine Geldfrage. Monsignore gab mir in dieser Hinsicht sehr weitläufige und bestimmte Aufklärungen, deren Grundhältigkeit sich nicht verkennen liess, und deren Offenheit mich sogar zu Dank verpflichten musste. Es gilt als Regel, wenn man die Erlaubniss erlangt hat, Urkundenabschriften aus dem vatic. Archive zu erheben, dass dieselben von Niemand Anderem als den dabei Angestellten verabfolgt werden dürfen, wofür ihnen an Taxgebühren 5 Scudi für jede einzelne Urkunde gezahlt werden sollen. Msgr. sagte, die Archivsbeamten stehen in *seinem* Solde, und werden von der Regierung weder angestellt noch bezahlt; zwar habe diese zwei Archivsbeamte ernannt, allein diese geniessen ihre Stelle als Sinecure, und seien ganz unbrauchbar, da sie die alten Schriften nicht einmal lesen können. Wenn er nun auch, aus Rücksicht für Se. Excellenz den Grafen Lützow, zu meinen Gunsten eine Ausnahme machen wolle, so könne er die Rechte seiner Beamten dabei doch nicht hintansetzen; er erkenne selbst an, dass jene Taxen zu hoch und für wissenschaftliche Institute unerschwinglich seien, auch verlange er sie nicht von mir, aber er müsse dennoch auf einer Sicherstellung für angemessene Entschädigung iu vorhinein bestehen. Als ich ihm eröffnete, dass ich beauftragt sei, eine solche Entschädigung, die sich ohnehin von selbst verstehe, zu leisten, erklärte er, dass er sich diesfalls nicht an mich, sondern allein an Se. Excellenz den Herrn Botschafter halten wolle; ich sei ein blosser Privatgelehrter, und sollte daher in diesem Puncte ganz und gar aus dem Spiele bleiben. Demzufolge übergab er mir einen Brief, eine Art Ultimatum an Se. Excellenz den Herrn Botschafter, und erklärte, dass von dessen Beantwortung allein mein ganzer Erfolg im vatic. Archive abhängen werde. Zugleich zeigte er mir nicht allein die Regesten Honorius III, sondern auch mehre Briefe böhmischer Könige an den heil. Stuhl, und darunter einen unter *goldener Bulle* von Přemysl Otakar I; — ein Tantalusmahl für mich, da er mir nicht einmal sie zu lesen gestattete. Ueberdies erzählte er mir umständlich, welche Geschenke und Auszeichnungen er von verschiedenen Regierungen für ähnliche Dienste erlangt habe, darunter die glänzendste eine Pension von jährlichen 200 Pfund Sterling von der englischen Regierung ist; und unterliess es nicht, auch Beispiele anzuführen, wie er einzelne von fremden Diplomaten dringend empfohlene Gelehrte zwar Anfangs zugelassen, bald aber, da keine Entschädigung für sie garantirt wurde, ohne Weiteres wieder ausgeschlossen habe.

War es mir auch gleich Anfangs klar geworden, dass ich ohne die so eifrige und nachdrückliche Verwendung Sr. Excellenz des Herrn Botschafters hier nichts ausrichten würde: so stellte sich diese Ueberzeugung jetzt als eine positive Thatsache heraus, indem es nunmehr von der blossen Erklärung Sr. Excellenz abhing, ob von dem vatic. Archive einiges Licht für die dunkelste Periode unserer Geschichte zu erlangen sei. Se. Excellenz nahm keinen Anstand, in Msgr. Marini's Forderungen einzugehen und ihm eine angemessene Vergütung in einem Briefe zuzusichern, den ich am 11 April dem Msgr. überbrachte, und der mich endlich zu dem so sehnlich gewünschten Ziele führte. Jetzt erst durfte ich die Regesten und die bis dahin aufgefundenen Urkunden in die Hand nehmen und lesen. Tags darauf, am 12 April, begann ich meine Copien. Msgr. Marini erzählte mir an diesem Tage, der Staatssecretär Capaccini habe ihm eröffnet, wie Se. Heiligkeit auf das Ansuchen des k. k. Herrn Botschafters in Hinsicht meiner zu entscheiden geruhte, dass ich zwar nicht ins Archiv selbst einzulassen sei, dass aber Msgr. Marini mir in seiner Wohnung die Benützung der verlangten Acten nach seinem eigenen Ermessen gestatten könne. Am 13 April zeigte Msgr. Marini mir das Decret, welches ihm von dem Staatssecretariat in Hinsicht meiner zugekommen war, und demjenigen fast gleich lautet, welches mir an demselben Tage von Sr. Excellenz dem Hrn. Botschafter mitgetheilt wurde, und dessen Copie ich hier beischliesse. *) Einer solchen Vergünstigung, wie sie mir jetzt zu Theil werde, habe sich einst nur Pertz zu erfreuen gehabt, und wir beide bildeten eine Ausnahme von der allgemein beobachteten Praxis.

So forsche ich denn seit dem 12 April in den unvergleichlichen Schätzen des vatic. Archivs mit all' dem Eifer und der Thätigkeit, welche der Gegenstand verdient und die Umstände heischen. Ueber den materiellen Werth meiner Ausbeute werde ich später zu berichten die Ehre haben. Schon seit dem 8 April besuchte ich auch die vaticanische Bibliothek: doch hat ihres Präfecten Msgr. Mezzofanti Krankheit mich bisher wenig Erhebliches dort auffinden lassen. Eine interessante Entdeckung, die ich gleich Anfangs machte, betrifft nicht die böhmische, sondern die bulgarische und altslawische Geschichte.

32.

Schreiben des mährischen Landesgouverneurs, Grafen Ugarte, an mich nach Rom.

Ueber die von Ihnen in Folge der an Sie gerichteten Aufforderung des mährisch-ständischen Ausschuss-Mitgliedes und Prälaten Cyrill Napp abgegebene Erklärung, gelegenheitlich der im Vaticanischen Archive zu Rom für die Geschichte Böhmens zu pflegenden Nachforschungen, auch Abschriften jener Urkunden besorgen zu wollen, welche für die Geschichte Mährens von Interesse sind, wenn Ihnen von den mährischen Ständen ein Beitrag zu den Kosten dieser Unternehmung geleistet wird, hat der mährisch-ständische Landesausschuss in Vertretung der Stände Mährens beschlossen, Ihnen gleich dermal einen Vorschuss von dreihundert Gulden C. M. zur Bestreitung der im erwähnten Interesse Mährens zu machenden Auslagen zu bewilligen, und Ihnen eine weitere dem Werthe Ihrer Bemühungen und Lieferungen angemessene Remuneration zuzusichern.

Indem ich Sie hievon mit der Einladung in die Kenntniss setze, Ihre schätzbaren Nachforschungen hiernach auch auf das Interesse der Geschichte Mährens richten und die Ausbeute derselben mir nach Ihrer Rückkehr aus Rom mittheilen zu wollen, ersuche ich gleich-

---

*) S. Literar. Reise nach Italien S. 7.

zeitig Seine Excellenz den k. k. Herrn Botschafter Grafen v. Lützow, Ihnen auch in dieser Angelegenheit die Unterstützung angedeihen zu lassen, und den erwähnten Vorschuss gegen Empfangsbestätigung zu verabfolgen.

Sehr angenehm würde es mir übrigens sein, von Ihnen noch aus Rom von Zeit zu Zeit Auskünfte über den Erfolg Ihrer Bemühungen zu erhalten.

Brünn am 12 April 1837.

Vom k. k. mährisch-schlesischen Landespräsidium.

Ugarte m. p.

33.

Antwort an den Grafen Ugarte, aus Rom vom 13 Mai 1837.

Ew. Excellenz Schreiben vom 12 April d. J. habe ich nebst dem Vorschuss von 300 fl. C. M. aus den Händen Sr. Exc. des k. k. Herrn Botschafters Grafen Lützow am 6 d. M. richtig empfangen. Indem ich für diese so ausgezeichnete Gnade hiemit meinen innigsten Dank abstatte, werden Ew. Exc. es mir zu Gute halten, wenn ich nicht umhin kann, zugleich meine lebhafteste Freude darüber zu bezeugen, dass ich die hochlöbl. Herren Stände Mährens, meines ersten Vaterlandes, mit denen meines zweiten, in Förderung der Künste und Wissenschaften, und namentlich der vaterländischen Geschichte, so edel wetteifern sehe. Was ich mit meinen wenigen Kräften zur Erreichung eines so schönen Zweckes beitragen kann, werde ich zu leisten immer redlich bemüht sein. Ich habe gleich beim Anfange meiner Arbeiten im vatic. Archive zwischen den Bohemicis und den Moravicis keinen Unterschied gemacht, und beide um so mehr mit gleichem Fleisse bearbeitet, als sie ohnehin mit einander innig verbunden sind und stets in einander fliessen; ja, wenn ich die seit einem Monate hier gemachte Ausbeute übersehe, scheint mir der mährische Theil derselben den streng böhmischen zu überwiegen. In dieser Weise werde ich nun auch weiter fortfahren. Ich gebe mich dabei dem Vertrauen hin, dass Ew. Exc. und der hochlöbl. mährische ständische Landesausschuss es mit Nachsicht aufnehmen und gewähren werden, dass ich alle specielleren Angaben über den Erfolg meiner hiesigen Nachforschungen auf eine spätere Zeit verschiebe. Ich habe seit einem Monate weit über

20.000 Urkunden durchgesehen, gegen 160 derselben vollständig copirt und noch eine ansehnliche Zahl darüber excerpirt; ich arbeite, mit Ausnahme der Feiertage, täglich von früh Morgens bis fast in die Nacht hinein, um nur bei der so beschränkten Zeit meines Hierseins so viel historischen Stoff als möglich zu gewinnen; ich wünsche daher jedes andere Lesen und Schreiben jetzt zu vermeiden, um meine durch so viele Anstrengung geschwächten Augen möglichst zu schonen. Für jetzt beschränke ich mich nur auf die Angabe, dass ich die päpstlichen Regesten des XIII Jahrhunderts vollständig durchsehe, um alle Bohemica und Moravica darin zu erschöpfen und somit jede künftige Revision derselben für uns unnöthig zu machen; und dass ich bereits bedeutende neue Aufschlüsse, vorzüglich über die Geschichte König Otakars II und des Bischofs Bruno von Olmütz, hier gewonnen habe.

Doch ist es vor Allem meine Pflicht, Ew. Exc. über die Bedingungen Bericht zu erstatten, unter welchen mir die Forschungen im vatic. Archive gestattet worden sind. Als ich die Reise hieher unternahm, hatte ich ganz irrige Vorstellungen davon, und hätte auch wahrscheinlich herzureisen unterlassen, wenn ich genauer unterrichtet gewesen wäre. Nach den hier bestehenden Vorschriften darf Niemand im Archive selbst lesen und copiren, sondern die Archivbeamten sollen alle Wünsche der Parteien befriedigen, wofür sie an Copirungs- und Vidimirungstaxen *fünf Scudi* für jede einzelne Urkunde zu beziehen haben. Da nun die Repertorien des vaticanischen Archivs über alle Vorstellung schlecht sind, so können die Parteien unter solchen Umständen allerdings weder gut noch wohlfeil bedient werden; und Mähren wäre dabei um so schlimmer gefahren, als man zugleich alle auf die „Dioecesis Moraviensis" in Schottland bezüglichen Urkunden, und eine Menge „Meranica", die für Moravica verschrieben sind, zu bezahlen gehabt hätte. Ich verdanke es ganz allein der eifrigen und nachdrücklichen Verwendung Sr. Excellenz des Herrn Grafen Lützow, dass bei mir so, wie einst bei Pertz, eine Ausnahme gemacht, und der Archivspräfect Msgr. Marino Marini unterm 11 April d. J. von dem Herrn Staatssecretär Capaccini *ermächtigt* wurde, „a prestarsi, fin dove i regolamenti dell' archivio il comportano, ai desiderj del rispettabile letterato Boemo." Monsignore Marini verlangte aber, bevor er mich zur Arbeit zuliess, eine Sicherstellung darüber, dass er und seine Beamten für die ihnen gebührenden Taxen angemessen entschädigt werden; und diese Sicherstellung nahm er nicht von mir an, sondern verlangte sie von Seite Sr. Excellenz des Herrn Botschafters selbst, indem er erklärte, dass er mit mir, einem blossen Privatgelehrten, in diesem Puncte nichts zu thun haben wolle. Se. Excellenz nahm keinen Anstand, ihm diese Sicherstellung schriftlich zu geben, und sich in dieser Hinsicht persönlich zu verbinden. Da ich solchergestalt bei dieser Geldfrage ganz ausser dem Spiele bleibe, so fand ich es auch in der Ordnung, diejenigen 300 fl. C. M. welche mir von Seite der hochlöbl. Herren Stände Mährens zugedacht waren, ganz zur Disposition Sr. Excellenz des Herrn Botschafters zu stellen, indem ich für die Hin- und Herreise und den hiesigen Aufenthalt ohnehin schon von Böhmen aus versorgt bin. Ja, ich darf es nicht unterlassen, Ew. Excellenz gehorsamst zu bitten, dass Hochdieselben sich über die an Msgr. Marini zu leistende Entschädigung selbst mit dem Herrn Botschafter in ferneres Einverständniss setzen wollten. Da ich unter solchen Umständen sogar fürchten muss, ja nicht zu viel zu copiren, so habe ich hier auch keinen Copisten zu meiner Hilfe gesucht, und beschränke mich auch, bei minder interessanten Acten, auf blosses Excerpiren, welches mir bisher gratis nachgesehen wurde. Die stets einzeln vidimirten Copien deponire ich jedesmal bei Sr. Excellenz dem Herrn Botschafter, der sie mit Couriergelegenheit ins Vaterland zu senden versprochen hat.

34.

Bericht an den böhmischen Landesausschuss, vom 30 September 1837.

Nach sechsmonatlichen Reisen endlich zur häuslichen Ruhe zurückgekehrt, habe ich die Ehre, über die Zwecke und Ergebnisse dieser Reisen meinen gehorsamsten Bericht im Nachstehenden zu erstatten.

Die in der Mitte des Junimonats in Rom, wegen Annäherung der Aria cattiva, gewöhnlich erfolgende Schliessung aller wissenschaftlichen Sammlungen bis zum Herbste, nöthigte mich meine Arbeiten daselbst aufzugeben, nachdem ich im vaticanischen Archive die päpstlichen Regesten bis zum Jahre 1306 herab, d. i. bis zum Erlöschen des Přemyslidenstammes in Böhmen, vollständig durchgearbeitet, in der vaticanischen Bibliothek aber alle Bohemica, denen ich nur immer auf die Spur kommen konnte, durchgesehen und

benützt hatte. Am 20 Juni d. J. verliess ich Rom, und traf über
Civita Vecchia mit dem Dampfschiffe Francesco I am folgenden Tage
schon in Livorno und Pisa, Tags darauf aber in Florenz ein. Bei
6tägigem Aufenthalt in dieser Stadt besuchte ich auch deren bedeutendere Bibliotheken und sah ihre MS. Verzeichnisse durch: doch
fand ich darin keine Bohemica von solchem Belange, dass ihr Studium
lohnend erschienen wäre. Glücklicher war ich in der Ambrosiana
in Mailand, wo ich vom 30 Juni bis 6 Juli arbeitete. In Venedig
erwiesen die Hoffnungen auf das Archiv der ehemaligen Republik
sich gänzlich täuschend, da aus älterer Zeit dort nur höchst Un-
bedeutendes für mich zu gewinnen war. In der St. Marcusbibliothek
dagegen fand und excerpirte ich (8—14 Juli) eine bisher unbekannte
handschriftliche Geschichte des Hussitenkrieges, die jedoch leider nur
bis zum Jahre 1422 herabreicht.

Se. Excellenz der k. k. Botschafter Graf Lützow hatte die
Güte, meine ganze römische literarische Ausbeute, um grösserer
Sicherheit willen, mit k. k. Couriergelegenheit nach Verona zu
senden, von wo sie mit der k. k. Post an den Herrn Hofrath Krtička
Ritter von Jaden in Linz gelangte. Ich begab mich daher, da kein
anderes schnelles Fortkommen möglich war, über Triest und Wien
nach Linz, wo ich am 22 Juli meine Handschriften wohlerhalten
antraf, Tags darauf das gräflich Stahrenbergsche (auch für uns
interessante) Archiv zu Riedeck besuchte, und endlich am 25 Juli
in Wittingau die Meinigen wiedersah, und mit ihnen einige Tage zu
meiner Erholung zubrachte.

Von den 274 Scudi 62 bajocchi, welche das Haus Torlonia in
Rom auf den von hier ihm eingesendeten ständischen Wechsel zahlte,
behielt Se. Excellenz der Herr Botschafter 200 Scudi für Rechnung
des Archivspräfecten Msgr. Marini, und übergab das Uebrige mir zu
meinem Unterhalt in Rom. Nun hätten zwar weder jene 200 Scudi
zur Befriedigung der Ansprüche des Präfecten, noch diese 74 zu
meinem Lebensunterhalte hingereicht: allein da ich später von dem
mährisch-schlesischen Herrn Landesgouverneur, Grafen von Ugarte,
mit der Aufforderung, im vaticanischen Archive auch Abschriften
derjenigen Urkunden zu besorgen, welche für die Geschichte Mährens
von Interesse sind, zugleich ein Honorar von 300 fl. im Voraus
erhielt, und dieses eventuell, zuerst ganz, dann aber, als das Ganze
nicht benöthigt wurde, 150 fl. C. M. davon dem Herrn Botschafter
für Msgr. Marini freiwillig zur Disposition stellte: so wurde
Se. Excellenz dadurch in den Stand gesetzt, diesen Prälaten noch

während meiner Anwesenheit in Rom gänzlich zu befriedigen. Nach meiner Rückkehr aus Italien hielt ich es daher für um so nöthiger, eine Reise nach *Brünn* zu unternehmen, als mich dahin nicht allein die Pflicht der Dankbarkeit, sondern auch die Nothwendigkeit rief, mit dem neuernannten Historiographen der mährischen Herren Stände, Professor Boček, zu conferiren, und ihn zur Mittheilung seiner neueren wichtigen Entdeckungen für unsere ältere Geschichte zu vermögen. Mit ihm gemeinschaftlich entwarf ich ein Verzeichniss derjenigen von mir im vaticanischen Archive gemachten Urkundenabschriften und Excerpte, welche auch für mährische Geschichte Interesse haben, und deren Verabfolgung ins mährisch-ständische Archiv verlangt wird. Da aber fast alle diese Moravica zugleich auch Bohemica, und für uns daher unentbehrlich sind, so erklärte mir der hochwürdige Prälat und mähr.-ständ. Ausschussmitglied, Herr Cyrill Napp, mündlich, dass man sich mit hierorts gemachten und bei dem hochlöblichen böhmisch-ständischen Landesausschusse vidimirten Copien zufrieden stellen werde.

Eine zweite Reise, nach *Dresden* nämlich, wurde mir aus zweierlei Gründen eben so dringend nothwendig: erstens, weil ich erst in Rom erfahren hatte, dass die bei Baluze fehlenden Regestenbücher des Papstes Innocenz III (1198—1216) von Brequigny und du Theil in Paris 1791 herausgegeben worden sind, ich daher deren Bearbeitung in Rom unterliess, und nun, da diese höchst selten gewordene Ausgabe in keiner Prager Bibliothek zu finden ist, sie in der königl. Bibliothek zu Dresden suchen musste; zweitens, weil ich gegründete Hoffnung hatte, in das dortige Hauptstaatsarchiv, das vor wenig Jahren noch so unzugänglich war, nunmehr eingelassen zu werden; — welches auch, zu wesentlichem Nutzen unserer älteren Geschichtskunde, wirklich erfolgte. Ich copirte und excerpirte daselbst viele auf Böhmen sich beziehende Urkunden des XI bis XV Jahrhunderts, und leitete die Copirung anderer für uns dort ein.

Der wissenschaftliche Ertrag dieser meiner Reisen ist, wie ich behaupten darf, ansehnlich; die Leser des zweiten Bandes meiner Geschichte, an dessen Bearbeitung ich so eben gehe, werden die Früchte meiner italienischen Reise, insbesondere an der Geschichte der beiden Otakare, hoffentlich mit Vergnügen wahrnehmen. Eine mehr ins Detail eingehende Würdigung der gemachten Ausbeute zu liefern, ist in einem kurzen Berichte, wie der gegenwärtige, unmöglich Ich beschäftige mich aber mit der Abfassung eines umständlicheren wissenschaftlichen Berichtes für den Druck, um damit zugleich anderweitigen Ansprüchen und Erwartungen zu entsprechen, und werde solchen Bericht noch vor dessen Drucklegung zu hoher Einsicht und Genehmigung gehorsamst vorlegen.

35.

Bericht des Landesausschusses an den böhmischen Landtag dd. 5 März 1838.

Hochlöbliche vier Herren Stände!

Die von den Herren Ständen bereits im Jahre 1831 beschlossene Herausgabe einer vaterländischen Geschichte durch den rühmlichst bekannten Geschichtforscher Franz Palacky ist durch das Erscheinen des ersten bis zum Jahre 1197 nach Chr. reichenden Bandes, welcher während der denkwürdigen Krönungsperiode die Presse verliess, ins Leben getreten.

Wenn jedoch auch die seither durch Herrn Palacky veranlassten Forschungen in mehreren Archiven des In- und Auslandes eine hinreichende Ausbeute an historischen Quellen für die Periode der ältesten Geschichte Böhmens bis zum 12 Jahrhunderte lieferten, so wurde doch demselben für die Fortsetzung seines Werkes die Lücke der Chronisten in der ersten Hälfte des 13 Jahrhundertes um so fühlbarer, als dieser Mangel aus den bekannten bisher durchforschten Archiven nicht zu ersetzen war.

Die Aufmerksamkeit unseres Geschichtforschers lenkte sich daher auf die noch unausgehobenen reichhaltigen Schätze des vaticanischen Archivs, und der durch Verwendung Sr. Excellenz des Herrn Grafen von Sternberg der k. böhm. Gesellschaft der Wissenschaften zugekommene „Index monumentorum regnum Bohemiae spectantium e schedis tabularii Vaticani egestus", belehrte den Forscher über die Reichhaltigkeit der für seinen Zweck aus dieser unerschöpflichen historischen Fundgrube möglichst zu fördernden Ausbeute. Nachdem jedoch vermöge einer von Sr. Excellenz dem k. k. Herrn Botschafter am päpstlichen Stuhle, Grafen von Lützow, der k. k. böhm. Gesellschaft der Wissenschaften gemachten Eröffnung, die persönliche Intervention Palacky's in Rom zur Hebung und Sammlung der erforderlichen geschichtlichen Notizen für unerlässlich erklärt wurde, so setzte sich der Landesausschuss diesfalls ins Einvernehmen mit der k. böhm. Gesellschaft der Wissenschaften, beschloss die unter dem

20 März 1837 erfolgte Absendung Palacky's nach Rom, und leistete auf diese Ausgaben einen Kostenbeitrag von 600 fl., welcher jedoch nur für Honorirung des päpstlichen Archivspräfecten Msgr. Marini von Sr. Excellenz dem Herrn Botschafter verwendet wurde, und daher in keiner Beziehung zur Deckung der Gesammtkosten des Unternehmens ausgereicht hätte, wenn nicht von der k. böhm. Gesellschaft der Wissenschaften und vom vaterländischen Museum zur Bestreitung der Mittel die Concurrenz geleistet worden wäre.

Der Landesausschuss gibt sich demnach die Ehre, die hochlöblichen Herren Stände von dieser zur Förderung der vaterländischen Geschichtforschung getroffenen Verfügung in die Kenntniss zu setzen, und ein Exemplar des von Palacky herausgegebenen gedruckten Berichtes seiner italienischen Reise mit dem Bemerken vorzulegen, dass die Ergebnisse der Forschungen Palacky's im vaticanischen Archive aus dem dem Berichte angeschlossenen Verzeichnisse der copirten Urkunden zu entnehmen sind, und dass der praktische Nutzen dieser Reise demnächst bei der Erscheinung des 2 Bandes seiner vaterländischen Geschichte der Mit- und Nachwelt ersichtlich gemacht werden wird.

Schliesslich beehrt man sich den hochlöblichen Herren Ständen zu eröffnen, dass der gefertigte Oberstburggraf es nicht unterliess Sr. Excellenz dem Herrn Botschafter Grafen von Lützow, welcher seinen Einfluss zur bestmöglichsten Förderung der ganzen Angelegenheit höchst erfolgreich zu verwenden die Güte hatte, im Namen der hochlöblichen Herren Stände eine dankbare Anerkennung in einem eigenen Schreiben auszusprechen.

V.

Nachweise über den mir verliehenen Historiographentitel.

Die nächste Veranlassung zur Wiederaufnahme der Verhandlungen über meine Anstellung als böhm. ständischer Historiograph gab der Nachfolger des Grafen Saurau im Amte des k. k. obersten Hofkanzlers, Graf Anton Friedrich Mitrowský von Nemyšl († 1842,) der Hauptförderer der *mährischen* Geschichtforschung seiner Zeit. Er setzte die Ernennung des für die mährische Geschichte thätigen Prof. Anton Boček († 1847) zum mährisch-ständischen Historiographen schon im Jahre 1836 durch, und forderte dann, als der erste Band meiner Geschichte von Böhmen erschienen war (1836), den Grafen Kaspar Sternberg in einem vertraulichen Schreiben auf, die böhmischen Stände zur Erneuerung des Ansuchens über meine Anstellung zu vermögen, da ich meine Eignung dafür durch jenes Werk bewiesen hätte, und die Stimmung bei Hofe diesfalls eine günstigere geworden sei. Offenbar lag ihm zunächst daran, die Stellung eines mährischen Historiographen durch den Parallelismus in Böhmen zu befestigen. Ich erhielt dem zu Folge den Wink, in dieser Beziehung neuerdings einzuschreiten, und that solches in einem Schreiben an den Grafen Chotek, als Präsidenten des böhmischen Landesausschusses (dd. 21 Januar 1838,) folgenden Inhalts:

36.

Ew. Excellenz!

Als vor neun Jahren die hochlöblichen HH. Stände dieses Königreichs die Mittel in Erwägung zogen, wie die vaterländische Geschichte in bessere Aufnahme zu bringen wäre: beschlossen sie in ihrer Zusammenkunft am 13 April 1829, neben anderen Massregeln, auch meine Anstellung in der Eigenschaft eines ständischen Historiographen auf Lebenszeit. Dieser ausserordentliche Beweis der besonderen Gnade der hochlöblichen HH. Stände für mich bestimmte mich eben so, wie die persönlichen Aufforderungen mehrer hochgestellten Männer unseres Vaterlandes, mein ganzes Leben fortan einzig und ausschliesslich den Studien dieser Geschichte zu widmen; in welchem Entschlusse ich mich auch durch die spätere Nichterfüllung der geschöpften Hoffnungen keineswegs irre machen liess, und noch bis auf den heutigen Tag beharre. Indessen kann ich nicht umhin zu bekennen, dass meine noch immer precäre Stellung mich mit zunehmenden Jahren immer mehr beunruhigt und mir zu Gemüthe führt, dass ich nicht allein gegen das Vaterland, sondern auch gegen mich selbst und gegen die Meinigen Pflichten zu erfüllen habe. Dass es nicht in der Absicht und dem Sinne der hochherzigen HH. Stände liege, einen Mann, der mit Hintansetzung jeder lockenden Carrière sich ganz dem Dienste des Landes opferte, bei vorgerücktem Alter darben und zu Grunde gehen zu lassen, daran habe ich nie einen Augenblick gezweifelt: doch ist auch der Wunsch verzeihlich, darüber ein Wort der Zusage und Versicherung zu vernehmen.

Da es mir nun von meinem Freunde Prof. Boček in Olmütz urkundlich bekannt ist, dass derselbe von den mährischen HH. Ständen als ihr Historiograph bestellt worden ist, und diese Anstellung auch die allerhöchste Sanction erhielt; da also dieser Umstand zum Beweise dient, dass die Anstellung von Historiographen allerhöchsten Ortes jetzt weniger Schwierigkeiten unterliegt, als es vorher der Fall war, da den böhmischen HH. Ständen wohl schwerlich verweigert wird, was den mährischen ist bewilligt worden: so wage ich hiemit die unterthänigste Bitte an Ew. Excellenz, dass Hochdieselben den Beschluss der hochlöblichen HH. Stände vom 13 April 1829 hinsichtlich meiner, der durch die allerhöchste Entscheidung vom 18 Juni 1830 ohnehin nur vertagt, nicht verworfen worden war, wieder in Verhandlung zu nehmen und zum erwünschten Ziele zu leiten die Güte haben.

Jetzt, da bereits der erste Band meiner böhm. Geschichte dem Publicum vorliegt, werden die hochlöblichen HH. Stände selbst beurtheilen, ob ich im Stande sei, etwas für bessere Förderung dieser Geschichte zu leisten, und ob meine historischen Ansichten und Gesinnungen irgend eine Gewähr des Guten in sich tragen. Mir drängt sich dagegen die Ueberzeugung mit jedem Jahre lebendiger auf, dass ich alle anderen Geschäfte, ausser der Historiographie, aufgeben muss, wenn ich den sich ins Unendliche mehrenden Stoff der Forschung bewältigen und den billigen Erwartungen der hochlöblichen HH. Stände nur einigermassen entsprechen soll.

Was in der Sache weiter verhandelt wurde, ist mir gänzlich unbekannt geblieben. Nur so viel weiss ich, dass das Programm der auf den 2 April 1838 berufenen ständischen Landtagsversammlung unter seinen acht Puncten auch den folgenden enthielt:

„5. Der Landesausschuss trägt an, dass bei Sr. k. k. Majestät die allerunterthänigste Vorstellung wegen Anstellung eines ständischen Historiographen zu überreichen wäre."

Als ich im folgenden Winter 1838/39 mit meiner Familie abermals in Rom (und Neapel) verweilte, wurde ich vom k. k.

Botschafter Grafen Lützow durch die Zustellung des nachfolgenden kurzen Decrets (im Original) angenehm überrascht:

37.

„Seine Majestät haben mit allerhöchster Entschliessung vom 24 November v. J. Ihnen über hierortigen Antrag den Titel eines böhmisch ständischen Historiographen allergnädigst zu verleihen geruht, wovon Sie in Folge h. Hofdecrets vom 29 November v. J. (Zahl 30462) zur angenehmen Wissenschaft in die Kenntniss gesetzt werden."

Prag am 26 Jänner 1839.

Vom böhmisch ständischen Landesausschusse.

Chotek m. pr.   Bohusch m. pr.

Der nächsten böhmischen Landtagsversammlung am 13 April 1840 wurde dieser Gegenstand im Programm mit folgenden Worten bekannt gemacht:

„11. Der Landesausschuss zeigt an, dass Seine k. k. Majestät dem zur Herausgabe einer böhmischen Geschichte von den hochlöblichen Herren Ständen beauftragten Franz Palacky den Titel eines böhmisch ständischen Historiographen allergnädigst zu verleihen geruht haben."

VI.

Einige Acten aus den Jahren 1840–1850.

Um diese Schrift nicht zu einem grossen Umfang anwachsen zu lassen, und auch um nicht zu viel in Monotonie zu verfallen, stelle ich die Publication meiner an den böhmischen Landesausschuss eingereichten ordnungsmässigen Berichte ein, und beschränke mich fortan auf die Mittheilung nur solcher Eingaben, welche besondere Momente oder Zwischenfälle behandelten. Ohne kürzere archivarische Ausflüge, zumal im Inneren des

Landes, zu erwähnen, erlaube ich mir nur im Allgemeinen anzuführen, dass ich längere Reisen und Studien in den Jahren 1841 und 1843 in Wien, 1843 (Jun. Jul.) in Schlesien, in Berlin und der Lausitz, 1846 (Mai bis Juli) in Ungarn, Oesterreich, Deutschland bis an den Rhein und in Berlin etc., 1849 (Aug. Sept.) in Bayern, Basel, Frankfurt a. M., Bamberg etc. unternommen habe.

38.
Antrag auf Herausgabe des Archiv český.
(Dd. 22 Februar 1840.)

Hochlöbl. ständ. Landesausschuss!

Schon seit achtzehn Jahren fast unausgesetzt mit Einsammlung von genauen Abschriften der für unsere Geschichte interessanteren Urkunden und Briefe beschäftigt, war ich bisher so glücklich, einen bedeutenden Schatz derselben von bereits vielen tausend Stücken zusammenzubringen. Diese Sammlung hat zunächst den Zweck, mir bei der Bearbeitung der Geschichte zu dienen: es ist aber wünschenswerth, dass eine so reiche und wichtige historische Quelle auch dem Publicum zugänglich gemacht werde, damit diejenigen Landsleute, die Lust dazu fühlen, sich an solchem Material zu Geschichtforschern heranbilden können, und ich baldmöglichst aufhöre, der Einzige im Lande zu sein, der eine etwas umfassendere Kenntniss seiner Geschichte besitzt.

Die von mir gesammelten Documente sind bis zum XIV Jahrh. herab insgesammt in lateinischer Sprache geschrieben. Gegen Eude dieses Jahrhunderts fing man aber an, sie auch böhmisch abzufassen, und im XV und XVI Jahrh. wurde die böhmische Sprache in den vaterländischen Urkunden und Briefen fast ausschliesslich gebraucht.

An die Herausgabe des älteren lateinischen Diplomatars durfte ich bis jetzt nicht denken. Vollständigkeit der Sammlung ist dafür das Hauptgesetz, — ich aber musste meine Zeit nicht so sehr der Vervollständigung des Diplomatars, als vielmehr der Bearbeitung der Geschichte widmen. Auch wäre es unklug gewesen, mit dem mährischen Diplomatar zu gleicher Zeit zu concurriren, welches eben auf Kosten Sr. Excellenz des Hrn. Oberstkanzlers Grafen Mitrowsky in Druck erscheint.

Ein anderer Fall ist es mit den späteren böhmisch geschriebenen

Documenten. Hier ist vollständige Mittheilung absolut unmöglich, weil sich Millionen von Urkunden aus dem XV und XVI Jahrhunderte erhalten haben; daher wird, was und wie viel man immer geben mag, stets nur eine Auswahl aus dem vorhandenen Vorrath sein. Man kann damit anfangen, wo und wann man will.

Ich wünsche aber mit der Herausgabe der in böhmischer Sprache geschriebenen Urkunden und Briefe noch im Laufe dieses Jahres zu beginnen, und zwar aus folgenden Gründen:

1) Weil ich in demjenigen Bande meiner Geschichte, der noch im Laufe dieses Jahres erscheinen und bis zum Jahre 1408 herab reichen soll, bereits viele dieser bisher unbekannten Urkunden werde citiren müssen, und es immer misslich für mich ist, mich auf etwas zu berufen, was keinem meiner Leser bekannt sein kann.

2) Weil der künftige dritte Band meines Werkes beinahe ganz auf solche Grundlagen gebaut sein wird, ich daher nicht zeitlich genug anfangen kann, die Uebersicht des Materials mir durch dessen Drucklegung selbst zu erleichtern.

3) Weil die meisten dieser Documente, zumal die Briefe, mit Recht als Muster echtböhmischer Diction gelten, und ihre Veröffentlichung schon desshalb von allen Freunden der böhmischen Literatur lebhaft gewünscht wird.

4) Weil diese Arbeit für mich nicht zeitraubend werden, und mich in der Bearbeitung der Geschichte nicht zurücksetzen kann, da ich dabei nichts mehr zu thun haben werde, als die schon lange fertigen Abschriften noch einmal copiren zu lassen und den Druck derselben zu überwachen.

Es scheint mir am zweckmässigsten, dieses Werk unter dem allgemeinen Titel „Archiv český" in einzelnen Heften von circa 15 Bogen im Quartformat, deren etwa 5 je einen Band zu bilden hätten, herauszugeben. Die Auflage brauchte nicht grösser, als zu 500 Exemplaren veranstaltet, und nur bei dem ersten Hefte um etwas stärker gemacht werden, da bei der ersten Versendung gewöhnlich einzelne Exemplare in Verlust gerathen.

Der hochlöbliche Landesausschuss äusserte zwar einiges Bedenken, ob die k. k. Censur ein solches Werk unbeschädigt zulassen werde, doch gab er in seinem Erlass vom 30 März 1840 seine Einwilligung „für den Fall, wenn das historische Interesse der Sammlung durch die Amtshandlung der Censursbehörde nicht gelitten haben wird." Da dieser Fall nicht eintrat, indem ich der Censur keine Actenstücke vorlegte, die sie hätte beanständen können, so erschienen vom „Archiv Český" Band I im J. 1840, II 1842, III 1844, IV 1846; die weitere Herausgabe wurde im J. 1853 „auf unbestimmte Zeit verschoben."

39.
Apologetisches Schreiben an den Oberstburggrafen Grafen Chotek.
(Dd. 24 Februar 1842).

Vor Kurzem ist mir unter den Acten des hochlöbl. landständischen Ausschusses jenes Rescript vorgewiesen worden, in welchem Se. Excellenz der Herr Oberstkanzler Ew. Excellenz empfahl, auf ein rascheres Fortschreiten meiner Geschichte von Böhmen zu dringen. Nun tragen Ew. Excellenz mir auf, die Gründe, warum ein rascheres Fortschreiten meinerseits nicht möglich ist, um so mehr schriftlich einzureichen, als sich selbst inmitten der hochlöbl. HH. Stände einzelne Stimmen des Verdachts vernehmen lassen, dass ich meine Arbeit absichtlich zu verzögern suche, um nur den mir ausgeworfenen Jahrgehalt von 1000 fl. C. M. länger geniessen zu können.

Es war tröstend für mich, in dem Tone selbst, in welchem mir der Auftrag ertheilt wurde, die Gewähr zu finden, dass Ew. Excellenz persönlich weit entfernt sind, jenen Verdacht zu theilen. Gleichwohl kann ich es vor Ew. Excellenz und vor der Welt nicht bergen, dass mir diese Sache sehr wehe thut. Noch ist mir von Seiten der hohen HH. Stände kein Zeichen der Anerkennung meiner bisherigen Leistungen zu Theil geworden, und schon sehe ich mich genöthigt, mich gegen eine schnöde Zumuthung zu rechtfertigen!

Ich muss aber zuvörderst geradezu in Abrede stellen, dass mein historisches Werk über Böhmen nicht rasch genug fortschreite; im Gegentheil dürften competente, sachkundige Richter mir den Vorwurf der Uebereilung mit besserem Grunde machen können. Als die hohen HH. Stände mich mit dieser Arbeit beauftragten, war es gewiss nicht ihre Meinung, dass ich nur aus den bisher gedruckten 100 Werken über böhm. Geschichte ein 101 compiliren sollte, ohne zu den eigentlichen Quellen zurückzugehen und die wesentlichen Gebrechen und Mängel aller jener Werke wenigstens nach Möglichkeit zu heben; auch hätte ich zu einer blossen Compilation weder meine

Feder, noch meinen Namen hergegeben. Es ist aber nicht meine Schuld, dass das Studium der vaterländischen Geschichte in Böhmen heutzutage mehr im Argen liegt, als bei irgend einem cultivirten Volke Europa's; nicht meine Schuld, dass Niemand sich die Mühe genommen hat, mir in der Geschichte der inneren Zustände Böhmens, der Verfassung und Verwaltung, der Rechtsalterthümer, der artistischen und industriellen Cultur u. dgl. vorzuarbeiten, oder auch nur die nothwendigen Quellen dazu zu sammeln: ich könnte vielmehr darüber Klage führen, dass mir in Böhmen allein eine Arbeit aufgebürdet worden, in welche in anderen Ländern die Regierungen mit Akademieen und Lehranstalten sich zu theilen pflegen, dass ich nicht nur in so vielen Fächern mir selbst die Bahn brechen, den Anfang und das Ende leisten, sondern auch selbst noch zur Aufsuchung von Quellen in aller Welt herumreisen, mir den Copisten selbst machen, und in einer Person Handlanger und Baumeister zugleich sein muss. Wenn nun die Durchforschung eines einzigen Gegenstandes (z. B. der Veränderungen der Reichsverfassung) oft ein ganzes Menschenleben in Anspruch nimmt, um nur zu einem festen Resultat darüber zu gelangen: so kann man sich vorstellen, welche Mühe das Aufstellen der Endresultate so vieler Forschungen, die ich insgesammt ab ovo beginnen musste, verursache. Da ich aber nicht um eines Jahrgehaltes willen, sondern aus Liebe zur Sache, mich diesem so mühsamen und ausgedehnten Geschäfte gewidmet habe, so unterziehe ich mich der unerlässlichen Arbeit auch von jeher mit einem Eifer und einer Anstrengung, über welche mir von meinen Angehörigen und Freunden häufig sogar Vorwürfe gemacht werden. Auch klage ich keineswegs darüber, dass die hochl. HH. Stände von mir die reife Frucht verlangen, und mir die Sorge selbst überlassen, woher ich den Samen nehmen und wie ich ihn pflanzen, pflegen und zur Blüthe bringen soll: nur zu der Bitte glaube ich vollkommen berechtigt zu sein, dass man mir die zu solchem Acte unerlässlich nothwendige Zeit gönne, und mir keine Zauberei zumuthe.

Allerdings habe ich mich durch vieles Zureden bewegen lassen, im Januar 1840 das Secretariat bei der k. böhm. Gesellschaft der Wissenschaften, und im Juni 1841 die Geschäftsleitung bei der Gesellschaft des vaterl. Museums zu übernehmen, und ich kann nicht läugnen, dass die Geschäfte der beiden Gesellschaften mir manche Stunde rauben: allein da beide diese wissenschaftlichen Vereine das Studium der vaterländischen Geschichte in ihren Wirkungskreis aufgenommen haben; da ich beiden unentgeltlich diene, und nicht erfolglos bei ihnen zur besseren Aufnahme eben des bisher so sehr vernachlässigten historischen Studiums mitwirke: so werden die hochlöbl. HH. Stände mir es wohl ohne Schwierigkeit zugestehen, dass die Uebernahme dieser Geschäfte mich meiner nächsten Aufgabe keineswegs entzogen hat.

Dasselbe gilt auch von der seit 1 $\frac{1}{2}$ Jahren von mir besorgten Herausgabe des Archiv český, welches, abgesehen von seiner anderweitigen hochwichtigen Bedeutung, als ein unerlässlicher unmittelbarer Vorbau meines historischen Werkes anzusehen ist.

Uebrigens bitte ich Ew. Excellenz ehrfurchtvoll, die Rechner unter den hochl. HH. Ständen darauf aufmerksam zu machen, dass meine bisherigen Leistungen den Domesticalfond keineswegs so sehr drückten, als dieselben sich vorgestellt haben mögen. Ich habe bis jetzt in 2 $\frac{1}{2}$ Jahren jedesmal einen Band der Geschichte vollendet. Die Kosten des Domesticalfonds beliefen sich dabei auf 2500 fl. C. M. an Honorar, und auf 8—900 fl. an Druckkosten eines Bandes; zusammen also auf 3350 fl. für den Band. Die Auflage pr. 2000 Exemplaren wurde bisher von den HH. Ständen zu 1 fl. netto verkauft, und hat bereits vollen Absatz gefunden, indem von dem ersten Bande gar keines, von dem zweiten nur noch wenige Exemplare übrig sind. Somit lösen die HH. Stände, nach Abschlag der mir bewilligten 40 Gratisexemplare, 1960 fl. C. M. für jeden Band ein; das heisst, über 1000 fl. mehr, als die Druckkosten desselben Bandes betragen hatten. Es hätte aber nach der beim Buchhandel insgemein üblichen Regel jeder Band um den noch immer billigen Preis von 2 fl. netto (oder 3 fl. im Ladenpreise) verkauft werden können; und in diesem Falle hätte der ständ. Domesticalfond 3920 fl. C. M. für jeden Band gelöst, d. h. er hätte bei jedem Bande noch 570 fl. in Baarem gewonnen. Denn dass die hochlöbl. HH. Stände meine Geschichte so ungewöhnlich wohlfeil verkaufen, darin erweisen sie nur dem Publicum allein einen Gefallen.

Von einer absichtlichen Verzögerung meines Werkes, um den Jahrgehalt von 1000 fl. nur länger zu geniessen, konnte bei mir bis jetzt um so weniger die Rede sein, je weniger ich es mir hatte beifallen lassen, dass die hochl. HH. Stände ihre durch den Beschluss vom 13 April 1829 hinsichtlich meiner erklärte Willensmeinung ändern, und mich nach Vollendung meines Werkes würden darben lassen wollen. Ich kann das auch jetzt nicht und nimmermehr glauben, und sehe ihrer diesfälligen Entschliessung für die Zukunft, wie von jeher, vertrauensvoll entgegen.

40.

Zur Disposition über die von mir gesammelten Urkunden-Abschriften.

a) *Meine Eingabe vom (13 April 1842 und) 20 Sept. 1844.*

Hochlöbl. ständ. Landesausschuss! Das bei jeder Forschung in der Geschichte von Böhmen sich herausstellende erste und unabweisliche Bedürfniss eines allgemeinen Diplomatars der älteren Zeitperiode, und der bisherige Mangel eines solchen, hat mich schon im J. 1831 genöthigt, an die Sammlung desselben selbst Hand anzulegen, wie meine gehorsamsten Eingaben vom 8 Juli und 8 Nov. 1831 darüber umständlicher berichten. Bis zum Jahr 1836 war diese Sammlung auf 1591 Stück Abschriften gestiegen, und dürfte sich seitdem auf volle 2000 St. gehoben haben; diejenigen 1155 St., die ich bereits vor 1831 für mich gesammelt hatte, nicht mitgerechnet. Alle diese Abschriften, so wie auch die aus dem vaticanischen Archive mitgebrachten, befinden sich bis jetzt bei mir.

Als hierauf im J. 1841 von der Gesellschaft des vaterländischen Museums mir die Leitung ihrer Geschäfte anvertraut wurde, fand ich mich veranlasst, dem Verwaltungsausschusse auch das Geschäft der Anlage eines allgemeinen böhmischen Diplomatars dringend zu empfehlen. Der Verwaltungsausschuss bewilligte die dazu nothwendigen Auslagen, wenn ich mich der Leitung des ganzen Geschäfts unterziehen wolle; was ich zu thun keinen Anstand nahm. Daher wird seit dem November 1841 auf Museumskosten an der Herstellung jenes Diplomatars gearbeitet.

Zu Anfange des verflossenen Jahres 1843 erboten sich überdies acht der vornehmsten und hochsinnigsten Mitglieder unseres hohen Adels, (namentlich die Fürsten Karl Auersperg, Franz Gundacker Colloredo, Gustav Lamberg, Johann Lobkowic und Karl Schwarzenberg, dann die Grafen Ed. Clam-Gallas, Friedrich Deym und Christian Waldstein,) durch eine unter einander eingeleitete Subscription auf sechs Jahre, mir zu Besoldung zweier Gehilfen bei dem Sammeln dieses Diplomatars die nöthigen Fonds anzuweisen. *) So bin ich

---

*) Auf Verlangen des Grafen Friedrich Deym hatte ich in den Monaten Februar und März 1843 einem Verein von 20 Mitgliedern des böhm. höheren Adels bei dem Fürsten Karl Schwarzenberg mehrere Vorträge

nunmehr in den Stand gesetzt, vier Individuen mit dem Abschreiben aller wichtigeren Quellen der böhmischen Geschichte und Literatur nach einem ausgedehnteren Massstab zu beschäftigen. Die Früchte dieses in so erfreulicher Weise belebten Sammelfleisses werden alle im vaterländischen Museum deponirt, indem auch die genannten grossmüthigen Herren Subscribenten in diese Bedingung in vorhinein willigten.

Nun fordert es die Ordnung der Sache selbst, dass das so gesammelte Diplomatar nach und nach ein Ganzes bilde und an einem Orte beisammen sei; auch wäre es einerseits zu mühsam und kostspielig, anderseits nicht lohnend genug, wenn alsogleich zwei von einander unabhängige Diplomatare, das eine bei dem ständischen Historiographen, das andere bei dem Museum, angelegt werden sollten.

Ich wage daher, als ständischer Historiograph und als Geschäftsleiter des vaterländischen Museums, hiemit die ehrfurchtvolle Bitte, ob die hochlöbl. Herren Stände nicht geneigt wären, die oben erwähnten bei mir befindlichen circa 2000 St. Urkundenabschriften, welche gegenwärtig ihr Eigenthum sind, dem vaterländischen Museum unter der Bedingung zu schenken, dass sie dem jeweiligen ständischen Historiographen jedesmal zur Benützung offen bleiben sollen.

b) *Note des böhm. Landesausschusses „an den Vorstand des böhmisch-vaterländischen Museums."* (*N. E. 3464.*)

Die hochlöbl. Herren Stände Böhmens haben über eine vom Landesausschuss gutächtlich vorgelegte Bitte des ständischen Historiographen Franz Palacky in ihrer Versammlung vom 21 April l. J. (1845) beschlossen, die von dem genannten Historiographen Behufs der Verfassung der vaterländischen Geschichte gesammelten Urkunden-Abschriften dem vaterländischen Museum unter der Bedingung zu schenken, dass selbe dem jeweiligen ständ. Historiographen zur jedesmaligen freien Benützung offen bleiben.

Hievon hat der Landesausschuss die Ehre, den Vorstand des böhm. vaterländischen Museums mit dem Bemerken in die Kenntniss zu setzen, womit es gefällig sein wolle, sich wegen Ueberkommung dieser

---

gehalten über die Entwickelung der staatsrechtlichen Verhältnisse Böhmens in den Jahren 1620—1792. Bei dieser Gelegenheit nahmen die böhmischen Cavaliere Kenntniss von den Zuständen und Bedürfnissen der böhm. Geschichtforschung, und trugen mir jene Hilfe von selbst an.

Documente mit dem Historiographen Palacky ins Einvernehmen zu setzen.

c) *Indorsat zum Obigen.*

Wird dem ständischen Historiographen Hrn. Franz Palacky auf seine Eingabe vom 20 Sept v. J. zur Wissenschaft und Darnachachtung mitgegeben.

Prag am 2 August 1845.
   Vom ständ. Landesausschusse.
              Walter m. pr.

41.

Verhandlungen mit der k. k. Censur bezüglich der Geschichte des Johann Hus.

Da das ehemals so wichtige Institut der Censur nunmehr gottlob! auch in Oesterreich veraltet ist, und es in Kurzem Niemanden mehr geben wird, der dessen Walten und Einfluss auf die literarische Production aus eigener Erfahrung würdigen könnte, so dürften nachstehende Actenstücke, die darüber Licht verbreiten, nicht ohne Interesse sein. Das Manuscript meiner Geschichte von Böhmen musste von jeher bis zum J. 1848 an die oberste k. k. Censurbehörde nach Wien eingesendet werden. Da jeder Theil des MS. dort Monate lang der Erledigung harren musste, so hatte der Oberstburggraf Graf Chotek schon bei Einreichung des Abschnitts, der die Jahre 1061—1092 umfasste, sich angeboten, die Censur in Prag selbst zu besorgen, und hatte eine Probe seines Verfahrens dabei an eben diesem Abschnitte geliefert: aber es kam eine abweisliche Entscheidung, und zum Beweise, dass er dabei nicht mit gehöriger Umsicht verfahren sei, wurden in meinem MS. eine Menge Verstösse gegen Gott weiss welche Gesetze und Rücksichten vorgefunden, die er unbemerkt gelassen hatte. Man hat damit wohl nur constatiren wollen, dass Provinzial-Einsicht in solchen Dingen ungenügend und unzulässig war: denn in den folgenden Abschnitten meiner Geschichte verfuhr die Wiener Censur in der Regel ziemlich glimpflich mit mir. Erst bei den Anfängen der Hussitengeschichte nahm sie eine veränderte Haltung an. Auseinander zu setzen, was und wie viel mir in der Geschichte der Jahre 1403—1414, (welche ich am 25 November 1843 in die Censur eingeleitet, am 5 April 1844 zurückerhalten habe), gestrichen und geändert wurde, wäre nicht nur lang, sondern auch langweilig; nur das eine Factum will ich anführen, dass mir zur Charakterisirung des Johann Hus im J. 1407 (III, 1, Seite 215) die Worte „Hartnäckigkeit, unbiegsamer Eigensinn und Rechthaberei" von der Wiener Censur aufoctroyirt worden sind; in meinem MS. war nichts davon gestanden. Die, wenn auch noch so masshaltende, Schilderung der zu Anfange des XV Jahrhunderts in allen Stufen der Hierarchie eingerissenen ausserordentlichen Corruption wurde nicht gestattet; der Hussitismus musste eine Wirkung ohne Ursache sein. Freilich sollte Hussens Bösartigkeit, „Hartnäckigkeit und Rechthaberei" einen hinreichenden Erklärungsgrund abgeben.

Am 30 Juni 1844 reichte ich diejenigen Abschnitte meiner Geschichte in die Censur ein, welche von Hus und dem Concil von Constanz bis zu K. Wenzels Tode (1414—1419) handelten und begleitete sie mit folgender Bitte: „Die Vollendung des beiliegenden Heftes MS. zur Geschichte von Böhmen ist durch mannigfache häusliche Leiden des Verfassers, namentlich aber durch eine langwierige schwere Krankheit seiner Gattin, um mehrere Monate verspätet worden. Diese Leiden nöthigen ihn auch, für den nächstkommenden Winter ein milderes Clima aufzusuchen. Er erlaubt sich daher die ehrfurchtvolle Bitte an die hohe Censurbehörde um Beschleunigung dieses MS., soweit sie nur immer möglich ist, damit er noch vor seiner auf den Anfang October festgesetzten Abreise aus Böhmen den Druck desselben veranlassen und überwachen könne."

Bei Behandlung dieses MS. schlug die Wiener Censur einen ungewöhnlich milden Weg ein; freilich erwies sich derjenige, den der betreffende Censor (Prof. theol. Scheiner, später Domherr bei St. Stephan in Wien) empfohlen hatte, unpraktikabel. Er hatte nämlich, (wie ich später aus dem Munde eines höher gestellten Censurbeamten selbst erfuhr), auf gänzliche Unterdrückung meines Werkes angetragen, was höheren Orts doch etwas zu stark erschien, so dass man den heiklichen Fall vor den Fürsten Metternich zur Entscheidung brachte; dieser entschied aber, man solle „missliebige Raisonnements" von meiner Seite streichen, wirkliche Facta jedoch zu berichten dürfe mir nicht verwehrt werden. Von einem gänzlichen Verbot meines Werkes konnte dann keine Rede sein.

Am 30 September 1844 wurde mir vom „k. k. böhmischen Landespräsidium" folgende Zuschrift (Nr. 6769) zugestellt:

41. a

An den ständischen Historiographen Herrn Palacky.

Die im Anschlusse zurückfolgende Fortsetzung der Geschichte Böhmens, welche das 3 Heft des III Bandes oder das 5 und 6 Capitel des VI Buches in sich begreift, hat der Censur zu mehreren Bemänglungen Anlass gegeben.

Es ist ein wesentliches Erforderniss, dass die Geschichte Böhmens, sonach auch die hussitische Periode in derselben, so geschrieben sei, dass die katholischen Leser auf ihrem Standpunkte, von welchem aus sie mit ihrer Gesammtkirche den Huss, sein Treiben und seine Verurtheilung ansehen, nicht irregeleitet werden.

Das Kapitel V, welches die Geschichte des Hus während des Constanzer Conciliums enthält, konnte nicht ganz unbemängelt bleiben.

Obwohl in mehreren Stellen, besonders eingänglich die Stellung des Hus als eines sich aufwerfenden Reformators zu dem Concilium nicht unrichtig bezeichnet wird, so kann man doch nach Durchlesung des Ganzen nicht verkennen, dass Hus immer doch als der, wenigstens durch die Form des Conciliargerichtes Verletzte, Beeinträchtigte und dadurch Leidende geschildert wird, für welchen das Rechtgefühl der Leser mehr oder weniger in Anspruch genommen, und somit Partei für Hus gemacht wird. Dies Letztere wird auch dadurch effectuirt, dass Hussens Ankläger geradezu als von blosser Leidenschaft getriebene Eiferer dargestellt, und in der gerichtlichen Procedur gegen Hus Einzelnheiten hervorgezogen werden, welche die Theilnahme für Hus erwecken, obwohl derlei Einzelnheiten ebenso der historischen Sicherheit ermangeln, wie gewisse andere, welche man häufig zum Beweise für Hussens Starrsinn anzuführen pflegt, die aber alle fallen gelassen wurden. Es wurde hier auf mehrere Einzelnheiten hingewiesen, die, so unscheinbar sie auf den ersten Anblick zu sein scheinen, doch entweder abzuändern oder wegzulassen sind, um einigermassen den Totaleindruck des Ganzen zu mildern und katholischen Lesern erträglich zu machen.

S. 2. Das Bezeichnete. Der Ausdruck „Papstthum," dessen Bedeutung im protestantischen Munde bekannt ist, wird gern gebraucht.

S. 3. Die eingeklammerte Stelle. Es ist hier angedeutet die Missbilligung der an Hus genommenen Strafe.

S. 5—6. Auffallend muss es erscheinen und katholische Leser verwirren, dass der S. 5 angeführte katholische Bischof und Inquisitor von Böhmen an Hussens Orthodoxie gar nicht den geringsten Zweifel hegt, ihm sogar ein Zeugniss zu Gunsten seiner Rechtgläubigkeit ausstellt, während die Bischöfe in Constanz ihn seiner Heterodoxie wegen verurtheilen. Zu welchem Zwecke wird dieser Zwiespalt des Urtheils über Hus geltend gemacht? — Eine Aufklärung in dieser Beziehung wäre nothwendig, um katholische Leser nicht irre zu leiten.

S. 15 stehen Hussens Ankläger in einem sehr schiefen Lichte zu Gunsten des Angeklagten da, wenn es heisst, „sie, die Eiferer, hätten die Mehrzahl der Anwesenden (in Vorhinein) einzunehmen gewusst."

Die, Seite 18 und 19 folgende, Darstellung der Gegner des Hus und ihres Benehmens ist nur zu Gunsten Hussens. Dasselbe auch S. 20, wo die Aeusserung des Papstes so absichtlich hervorgezogen, und seine Schwäche blank gestellt wird. Hus erscheint blos als ein Opfer der Partei. Der Ausdruck in der Note **) „Hus sei zu den Dominikanern gesteckt worden" hätte füglich hinwegbleiben können.

S. 24 heisst es: dem König Sigmund sei die höhere Bedeutung des Hus verschlossen geblieben, und der Sinn des Folgenden läuft klar darauf hinaus: Sigmund habe seine Ehre bezüglich des versprochenen freien Geleits aufgeopfert den Wünschen und Leidenschaften der Cardinäle und Bischöfe. Es geht aus dem Ganzen klar hervor, dass man den König Sigmund mit seinem Versprechen in die Enge kommen lässt, ohne zu erwägen, dass der freie Geleitsbrief kein Schutzbrief der Schuld des Hus war. — Hus erscheint hier schon als Märtyrer.

S. 25 wird ganz besonders zur schiefen Charakterisirung der Richter des Hus hervorgehoben, dass die Beeidigung der Zeugen gegen Hus gerade damals im Gefängnisse vor Hus vor sich gegangen sei, als dieser im heftigsten Paroxysmus seiner Krankheit gewesen sei. Auch heisst es auf derselben Seite, die Commissäre hätten gegen Hus die Formen des Rechts zwar bewahrt, aber nicht die im Kirchenrecht vorherrschende Milde. Dieselbe Gesinnung spricht sich auch darin aus, dass S. 25, 26 bemerkt wird, es sei dem Hus als Ketzer kein Anwalt zugestanden worden.

S. 26 soll Hus, der früher scharfsinnig und gelehrt geschildert wird, die Tragweite seiner Behauptungen nicht erkannt haben.

S. 27 wird durch den Ausdruck „allerdings" zugegeben, dass Hussens Anhänger mangelhafte Kenntniss der Urzustände des Christenthums hatten; die übrige Bedeutung dieses „allerdings" liegt offen da.

S. 41. Was die Aeusserung über die wunderbarste Fügung des Schicksals rücksichtlich der Einkerkerung des abgesetzten Papstes Johann XXIII ausdrücken soll, leuchtet aus der Darstellung des Ganzen ein.

S. 45 wird es in der Note *) auffallend gefunden, dass für Hus keine Entlastungszeugen zugelassen worden.

S. 59 wird zu Hussens Gunsten die von einem der Sache des Hus günstigen Schriftsteller berichtete Sage vom Erröthen des Königs Sigmund beigebracht, als Hus mit Berufung auf den Geleitsbrief ihn in der Sitzung anblickte.

S. 60. Mit welcher Beziehung das ganz Specielle über die von Hus gerügte Uneinigkeit der Bischöfe wegen der Zerstörung seiner Tonsur vorgebracht wird, ist kaum zu verkennen. Es soll wohl nur die böswillige Ironie des Hus wiederholt werden. Warum wurden nicht andere Specialia angeführt, die Hus von einer anderen Seite charakterisiren: z. B. sein Schwanken u. dgl.

S. 62 kömmt vor: „dass der in allen diesen Scenen bewiesene Muth des Hus selbst seinen entschiedensten Gegnern laute Bewunderung abnöthigte." — Die katholische Kirche erkennt in allem diesen nicht sowohl unerschütterlichen Muth, sondern auf tiefe Verblendung gebauten Trotz und Starrsinn. Selbst S. 10 wird bekannt, dass Hussens schwache Seite die Sucht nach Beifall der Menge war.

Das Capitel VI enthält die Darstellung des Eindrucks, welchen die Constanzer Verurtheilung des Hus auf Böhmen machte. S. 66 heisst es, dass K. Wenzel und die K. Sophie es übel aufgenommen. Wenn es aber in der Mitte heisst: „Man hat es (bei K. Wenzel) nur einem Reste u. s. w. zu verdanken, dass er sich nicht gegen die katholische Kirche erklärte, so kann unter diesem „man" nur die katholische Kirche oder ihre Glieder verstanden werden; — welche Beziehung dies aber habe, liegt am Tage.

S. 70 in der Mitte wird der Ausdruck: „alt hergebrachtes hierarchisches System" gebraucht, während die Sache selbst das wahre Princip der katholischen Kirche betrifft.

Von S. 79 bis 85 folgt eine Charakteristik des Hieronymus von Prag. Dieselbe ist wörtlich genommen aus einem brieflichen Berichte, welchen von Constanz aus der damalige päpstliche Secretär Poggio Bracciolini abgefasst haben soll. Dieser Bericht bezeichnet den Hieronymus, von welchem doch selbst im vorigen Hefte nicht das beste Zeugniss gegeben wurde, und welcher in der That nicht die besten Zeugnisse der Geschichte für sich hat, — als einen Mann der Bewunderung, als Philosophen, als ausgezeichneten Charakter u. s. w. Wohl wird auch dessen Heterodoxie erwähnt, allein das Ganze der Schilderung ist das Gemälde und die Apologie eines Mannes, dessen Verlust noch jetzt betrauert werden sollte. Diese Schilderung ist hier nicht am Platze, weil sie das Urtheil jener, die in der Geschichte minder bewandert sind, irreleitet.

S. 85—86 liest man ein Schlussurtheil über das peinliche Verfahren gegen Hus und Hieronymus, von dem man kaum wünschen kann, dass es der allgemeinen Menge der Leser ohne Unterschied zu Gesichte komme. Es heisst ausdrücklich, das Concilium habe durch die Verurtheilung Hussens beim Volke an Autorität verloren.

Zufolge des Polizeipräsidialschreibens vom 19 September l. J. werden Sie aufgefordert, das vorliegende Manuscript nach dieser von der k. k. Censur-Hofstelle gegebenen Andeutungen zu modificiren, und dasselbe sodann wieder anher vorzulegen.

Prag, am 27 September 1844.

Vom k. k. böhmischen Landes-Präsidium.

Salm m. p.

41. b)

Antwort dd. 1 October 1844.

Hohes k. k. Landespräsidium!

In dem Umstande, dass die hohe k. k. Censurhofstelle die von dem Censor in den das Constanzer Concilium betreffenden Capiteln meiner Geschichte von Böhmen bemerkten Mängel, vor einer definitiven Schlussfassung, noch mir zur Kenntniss und zur Behebung zustellen liess, erkenne ich mit dem innigsten Danke die diese hohe Hofstelle leitende Humanität und Gerechtigkeitsliebe. Auch bin ich von ganzem Herzen willig und bereit, den Erwartungen, zu welchen ein so mildes Verfahren berechtigt, nach Möglichkeit zu entprechen. Dürfte ich in irgend Etwas mein Bedauern äussern, so läge es vorzüglich darin, dass mir das hohe Decret darüber nicht eher als gestern Nachmittag zur Kenntniss gekommen ist. Da meine auf übermorgen, den 3 Oct., bestimmte Abreise nach Italien durch einen Zusammenfluss von Umständen und durch bereits getroffene Anstalten unaufschiebbar geworden, so fehlt mir nicht allein die nöthige Musse, sondern auch die gehörige Geistesstimmung, um meine Antwort gründlicher zu fassen. Um so mehr darf ich vielleicht um Nachsicht bitten, wenn in meine Entgegnung sich wider Willen etwas einschleichen sollte, was mehr einem gereizten Gefühl, als einer ruhigen Ueberlegung zuzuschreiben wäre.

Den von der hohen Hofstelle aufgestellten Grundsatz, dass meine Geschichte Böhmens, und namentlich die der hussitischen Periode, so geschrieben sein müsse, dass der katholische Leser durch sie in seinem Glauben nicht gekränkt, noch irregeleitet werde, — diesen Grundsatz erkenne ich von jeher in seinem ganzen Umfange an, er hat mich bisher immer geleitet, und soll mir auch ferner heilig bleiben. Darum habe ich auch die in Frage stehenden Capitel meines Werkes noch vor deren Einleitung in die Censur mehreren katholischen Freunden mit der Bitte vorgelesen, mich aufmerksam zu machen, wenn in meiner Erzählung etwas vorkäme, was einem fromm und mild gesinnten Katholiken Anstoss geben müsste. In dieser Beziehung kömmt jede gegründete Belehrung und Zurechtweisung selbst meinen Wünschen entgegen, und ich werde nie Anstand nehmen, ihr Folge zu leisten. Sollen daher die von dem Herrn Censor gemachten Bemängelungen etwa den Sinn haben, mir antikatholische Tendenzen zur Last zu legen, — und nach ihrer gesammten Fassung scheint dieses leider! wirklich der Fall zu sein, — so muss ich Solches als ein gänzliches Verkennen meiner oft ausgesprochenen und nie verleugneten Gesinnung bezeichnen, das bei einem gerechten und unbefangenen Richter niemals hätte Platz greifen sollen.

Das Constanzer Concilium, und die Ereignisse, die es veranlassten und begleiteten, namentlich der damalige tiefe Verfall der Kirchendisciplin, zu deren Hebung es berufen wurde, bilden bekanntlich den wundesten Fleck der gesammten römischkatholischen Kirchengeschichte. Mich hat die Nothwendigkeit, gerade die kitzlichsten Partieen dieses Gemäldes hervorzuheben, von jeher um so mehr genirt, je weniger es in meiner Willkühr lag, zu bestimmen, was ich sagen oder verschweigen sollte. Da der ganze Hussitismus nur durch Reaction gegen vielfache damalige Missstände, welche selbst die eifrigsten Katholiken nicht läugnen, sich bildete, so durfte ich sie nicht ganz unerwähnt lassen; ich trug aber immer dafür Sorge, dass die Schuld einzelner Personen nicht der ganzen Kirche zur Last gelegt werde. Der Hr. Censor erkennt es selbst an, dass ich dagegen auch Hussens schwache Seiten nicht verschwiegen und sein Verhältniss zum Concilium im Ganzen richtig bezeichnet habe; er hätte sich consequent bleiben und zugleich anerkennen sollen, dass ich meine Darstellung nicht absichtlich einseitig und parteiisch für Hus abfasste. Wenn gleichwohl auf Hus bei den einzelnen Vorfällen und Scenen mehr günstiges als ungünstiges Licht fällt, so hat dies einen doppelten Grund:

1) in dem Maasse der vorhandenen historischen Quellen. Jeder Historiker kann nur das erzählen, was ihm aus glaubwürdigen Quellen bekannt ist. Im Detail haben jedoch über Hus fast nur dessen Anhänger berichtet; seine Gegner gingen entweder gar nicht ins Einzelne ein, oder lieferten, wie Ulrich Reichenthal, durch auffallende Verwechslung von Personen, solche Daten, deren Unwahrheit schon bei dem leisesten Hauche kritischen Geistes handgreiflich wird. Der Hr. Censor, der das Vorhandensein gegenseitiger Nachrichten behauptet, die ich unberücksichtigt gelassen haben soll, hätte gut gethan, sie mir näher und ganz deutlich anzugeben: denn ich kenne sie nicht, und fürchte, sein Gedächtniss habe ihm da einen falschen Dienst erwiesen.

2) Der zweite Grund liegt in der unläugbaren Bedeutung und Geltung des Mannes. Nach meiner innersten Ueberzeugung, und ich glaube auch hinzusetzen zu dürfen, nach dem Urtheil jedes *unbefangenen* Richters wollte Hus nur das Gute, wenn gleich die Mittel, wie er es wollte, nicht alle frei von Sünde und somit auch nicht ganz tadellos waren. In diesem Sinne habe ich über ihn mit möglichster Unparteilichkeit zu berichten gesucht, und glaubte, dass mein Bericht sich mit dem wahrhaft frommen katholischen Sinne recht wohl vertragen könne. Habe ich mich darin im Einzelnen geirrt, so gebe ich einer Berichtigung gerne Raum und Folge. Ich kann aber unmöglich glauben, dass es eine unerlässliche Forderung des Katholicismus sei, alles Thun und Wollen des Hus a priori unbedingt zu verdammen, ihn durchaus nur schwarz zu malen und alle ihm günstig scheinenden Momente, auch wenn sie historisch vollkommen gesichert

sind, zu unterdrücken. Eine so einseitige und ungerechte Darstellung wäre keine Geschichte mehr, sondern nur eine Parteischrift. Leider scheint der Hr. Censor etwas der Art von mir zu verlangen. Sollte aber diese Befürchtung gegründet sein, so thäte es mir leid, erklären zu müssen, dass ich einer so gestellten Forderung nimmermehr Folge leisten kann und werde. Lieber lasse ich mein ganzes Werk fallen, und ziehe die Hand von aller Geschichte ab. Denn auch ein Historiker hat seine hohen umfassenden Pflichten, die ihm eben so heilig sein müssen, wie z. B. einem Professor der Dogmatik oder einem Inquisitor die seinigen. Ich bin aber vollkommen überzeugt, dass eine solche Forderung, wenn auch vielleicht von manchem Zeloten wirklich gemacht oder unterstützt, dennoch nicht im Sinne der hohen Censurhofstelle liege noch liegen könne, da letztere sich dadurch mit ihren eigenen Gesetzen und Erklärungen, so wie mit ihrer ganzen Vergangenheit in Widerspruch setzen würde. Selbst jene milde Gesinnung, welche die Zuweisung der Censur-Bemängelungen an mich verordnete, bürgt mir dafür, dass eine glückliche Erledigung dieser Sache bei meinem übrigens guten Willen möglich ist.

Nach Erklärung dieser meiner Grundsätze und Ansichten im Allgemeinen, gehe ich zu der mir befohlenen Modificirung der bemängelten Stellen im Einzelnen über.

Seite 2 (= 308 im Druck). Mit der Streichung des Wortes „Papstthum," und was damit zusammenhängt, bin ich um so mehr einverstanden. je weniger ich die anstössige Bedeutung desselben kannte oder beabsichtigte. *)

Seite 3 (= 309, Zeile 3 v. u.) Auch die hier eingeklammerte Stelle hielt ich und halte sie noch für arglos. Ist sie das nicht, so mag sie immerhin wegbleiben. **)

Seite 5—6 (= 311—312). Der bemerkte Widerspruch zwischen der Erklärung des Inquisitors in Böhmen und dem Urtheil des Concils ist ein notorisch bekanntes Factum, das ich nur zu berichten, nicht zu erklären hatte. Solche Widersprüche sind ja weder an sich unmöglich, noch sonst unerhört. Liegt darin wirkliche Gefahr für den

---

*) Ich hatte geschrieben: (Zwecke des Concils): 1) „Zurückführung des dreifachen auf ein einiges Papstthum."

**) Es hatte geheissen: .. gelangen konnten: daher sie auch das einzige sichere Mittel verfehlten, die Wirksamkeit des Gegners für immer unschädlich zu machen."

katholischen Leser, so möge die ganze dieses einzelne Factum betreffende Stelle gestrichen werden.

Seite 15 (= 320—21.) Das auf dieser Seite bemerkte „schiefe Licht" weiss ich mit dem besten Willen nicht anders zu wenden. Die Thatsache ist vollkommen richtig und das Urtheil durch alle folgende Erzählung begründet. Da es dem Katholicismus nicht präjudicirt, so bitte ich es, wo möglich, stehen zu lassen.

In der auf Seite 18—20 (=324—26) gegebenen Darstellung folgte ich den einzig vorhandenen Quellen, wie ich musste. Dass sie mehr für als gegen Hus spricht, ist nicht meine Schuld; ich könnte vielfache Beweise dafür anführen, dass ich jene Darstellung noch in katholischem Sinne gedämpft, keineswegs aber etwas Unliebsames absichtlich hervorgehoben habe.*) Den Papst Johann XXIII aber, den die Kirche seiner Würde förmlich für unwürdig erklärt und abgesetzt hat, glaubte ich nicht ängstlich in Schutz nehmen zu müssen. Den Ausdruck in der Note **) (S. 20 = 326 Note 438) habe ich geändert; es handelt sich dort nur um Berichtigung einer Zeitangabe.

Unter der S. 24 (= 329) beanständeten „höheren" Bedeutung Hussens meinte ich nichts als seinen welthistorischen Ruf und Namen, den seine Gegner selbst nicht läugnen. Gleichwohl habe ich die Stelle weggestrichen, damit sie keinen Anstoss gebe. Die vom Hrn. Censor gleich darauf versuchte weitere Deutung meines Sinnes muss ich aber geradezu in Abrede stellen und erlaube mir auf Seite 52, Note *) und **) (= 357, Note 464, 465) hinzuweisen, wo meine Ansicht in dieser Sache klar ausgesprochen ist.

S. 25 (= 330) sind meine Worte: „Es muss eben so anerkannt werden, dass die Commissäre alle Formen des Rechts gegen Hus beobachteten, wie sich anderseits nicht läugnen lässt, dass diese Formen da, wo es sich um den Verdacht der Ketzerei handelte, nicht der sonst im Kirchenrecht vorherrschenden Milde entsprachen." Was läge wohl in dieser Bemerkung Feindseliges gegen die Kirche? Diese hat ja gegen die Ketzer, als solche, niemals milde sein wollen, hat an diesem Grundsatze von jeher festgehalten, ihn oft öffentlich ausgesprochen. Dass nun wesentliche Facta in diesem Sinne referirt wurden, war nothwendig, und ich wüsste nicht, wie sie weggelassen werden könnten. **)

---

*) Nichtsdestoweniger wurde die Schilderung der Scene zwischen Hus und M. Didacus (S. 324) zum Drucke nicht zugelassen.

**) Die Erwähnung des „heftigen Paroxysmus" wurde dennoch gestrichen.

Seite 26 (= 331). Widersprüche zwischen den Worten und Handlungen Hussens habe ich an mehreren Orten hervorgehoben, ihm Mangel an Orientirung vorgeworfen u. dgl. Darum kann diese Bemerkung wohl kein wesentliches Gewicht haben.

Seite 27 (= 332) wird dem Worte „allerdings" eine „übrige Bedeutung" zugeschrieben, die ich, so wahr mir Gott helfe! nicht einmal zu ahnen weiss. Möge daher das unselige Wort immerhin gestrichen bleiben. *)

S. 41 (= 346). Die Aeusserung über die „wunderbare Fügung des Schicksals" etc. macht von meiner Seite um so weniger Ansprüche, je öfter sie von anderen Historikern vor mir schon gemacht worden ist, so dass man sie eher noch als trivial bezeichnen könnte. Ich strich sie daher weg. Die Thatsache selbst aber durfte ich nicht ganz unerwähnt lassen, da sie mit früheren und späteren Angaben als nothwendiges Mittelglied zusammenhängt.

S. 45 habe ich die anstössige Note weggestrichen, obgleich ich glaube, dass sie in der Billigkeit vollkommen begründet ist.

S. 59 (= 364). Das Erröthen Sigmunds, das von dem Herrn Censor auffallender Weise als blosse „Sage" bezeichnet wird, ist ein aller Welt bekanntes Factum, von welchem ich nicht einsehe, wie es Sigmund präjudiciren könne, da es eher für als gegen ihn zu sprechen scheint.

S. 60 (= 365). In der hier bemängelten Stelle will der Herr Censor mir eine „Beziehung" unterschieben, welche meiner Absicht vollkommen fremd war. Ich wollte hier, wie an anderen Orten, nur nicht ganz detail- und farblos berichten, unterdrückte übrigens oder dämpfte von selbst mehrere Umstände, die mir nicht wesentlich und doch in irgend einer Weise anstössig erschienen. Daher kostete es mich auch keine Ueberwindung, die ganze Stelle zu streichen. Die anderen angedeuteten „Specialia", wie Hussens „Schwanken" u. dgl. hätte ich recht gerne angeführt, wenn sie mir nur bekannt gewesen wären: aber ich kenne sie bis zur Stunde noch nicht, und der Herr Censor hat es unterlassen, hinzuzusetzen, in welcher glaubwürdigen Quelle ich sie zu schöpfen habe. Sollte übrigens in dem Vorwurfe des „Schwankens" und dem des „Starrsinns" nicht ein directer Widerspruch liegen?

---

*) Ich hatte geschrieben: — „aus ihrer allerdings vielfach mangelhaften Kenntniss der Urzustände des Christenthums."

Die S. 62 (= 367) gerügte Bemerkung habe ich ohne Weiteres gestrichen.

Die Angaben auf S. 66 (= 372) sind historisch und zum Ganzen wesentlich nothwendig. Es wird S. 88 und 89 (= 391) weiter erzählt, wie das Concilium gegen König Wenzel und Königin Sophie, als offene Ketzerbeschützer, sogar den Process förmlich einleiten wollte; und S. 106 wird nachgewiesen, dass Wenzel erst im Februar 1419 von den Hussiten gänzlich sich abwendete. Ich sehe in Alledem nichts, was von der Censur beanständet werden müsste. In dem Wörtchen „man" hat der Herr Censor wieder eine Bedeutung gesucht, die darin nicht liegt, wenigstens von mir nicht beabsichtigt wurde; ich habe es daher durch eine andere einfache Wendung der Rede ersetzt.

Den auf S. 70 (= 377) befindlichen Ausdruck habe ich nach dem Sinne des Herrn Censors modificirt.

Der gegen die Schilderung der letzten Tage des Hieronymus von Prag auf S. 79—85 (= 385—388) erhobene Anstand setzt mich in Verlegenheit. Ich war froh, durch Einwebung des von einem Augenzeugen und Mitrichter des Verurtheilten gelieferten Berichtes meiner Erzählung mehr Mannigfaltigkeit und Leben geben zu können. Das Ganze jetzt noch umzuarbeiten ist mir bei der Kürze der Zeit absolut unmöglich. Mit Erstaunen bemerke ich aber, dass der Herr Censor die Echtheit des Briefes von Poggio Bracciolini (mit den Worten „abgefasst haben soll") in Zweifel ziehen will, was vor ihm noch keinem Menschen beigefallen war. Schon Aeneas Sylvius (der nachmalige Papst Pius II) bezieht sich in seiner böhmischen Geschichte auf diesen weltbekannten Brief, der von einem berühmten päpstlichen Secretär verfasst, mit k. k. Censurbewilligung in älterer und neuerer Zeit mehrmals gedruckt, unmöglich so antikatholisch sein kann, als es nach den Bemerkungen des Herrn Censors scheinen möchte. Und wenn nun die heutigen katholischen Theologen, bei Würdigung ihrer Gegner, noch um so viel ängstlicher sich zeigen, als Päpste und päpstliche Secretäre des XV Jahrhunderts, soll ich da nicht meinen, dass ihre Aengstlichkeit doch wohl zu weit geht? Ich glaube, eine gerechte Anerkennung der geistigen Vorzüge auch der Gegner könne einer guten Sache niemals schaden, sondern müsse vielmehr nützen, da sie das Zeichen eines überlegenen Geistes ist. Ich habe übrigens selbst den Brief Poggio's an einigen Stellen abgekürzt, und so mögen denn auch andere Stellen mehr, die anstössig werden könnten, daraus entfernt werden; ich werde mich dieser Massregel, wenn sie durchaus nothwendig ist, in Gehorsam fügen.

Das auf S. 85 und 86 (=388—389) angeführte Schlussurtheil ist ein wohlerwogenes, begründetes, und meinerseits durchaus wohlgemeintes. Ich sehe durchaus nicht ein, was in dem notorischen Factum, dass das böhmische Volk die Auctorität des Conciliums verkannte, für die Kirche präjudicirend sein kann. Es thäte mir sehr leid, wenn meine Bemerkungen hier gestrichen werden müssten, obgleich ich mich jeder höheren Entscheidung ruhig unterwerfen werde. Nur wage ich noch die Bitte, dass diese Entscheidung nicht mehr von dem bisherigen Herrn Censor abhängig gemacht werde, der mir in der That viele ganz falsche Absichten zu unterschieben bemüht war, sondern von einem anderen verständigen Manne, der mit dem nöthigen katholischen Eifer auch etwas christliche Liebe zu paaren weiss, und dem nicht alle Toleranz ein Gräuel ist. Sollte hintennach in meiner Abwesenheit wider alles Vermuthen noch irgend eine Arbeit in dieser Angelegenheit von meiner Seite nothwendig werden, so habe ich dazu meine jüngeren Freunde und Gehilfen, die Herren Wenzel Tomek und Karl Erben, an meiner Statt unbedingt bevollmächtigt, und den hochlöblichen böhmisch-ständischen Landesausschuss bereits schriftlich gebeten, alle solche Arbeiten ihnen auftragen zu wollen.

Der Ton, in welchem meine Antwort vom 1 October 1844 gehalten war, hat den k. k. Polizeipräsidenten Grafen Sedlnicky sehr unangenehm berührt: er decretirte, dass mir „das Unangemessene meiner Schreibart nachdrücklich zu verheben sei." Am 7 Nov. erliess er darüber ein Präsidialschreiben an das k. k. böhmische Landespräsidium, und dieses forderte am 16 Nov. (Zahl 7738) den Landesausschuss auf, mir diese Rüge zu ertheilen. Einem Beschlusse vom 16 Dec. 1844 gemäss lehnte der Landesausschuss dieses Ansinnen ab, da ich „kein ständischer Beamter" sei, sondern nur für ein Honorar die Bearbeitung der Geschichte Böhmens übernommen habe; daher sei der Inhalt des h. Polizeipräsidialschreibens vom 7 Nov. mir „durch die betreffende Personalbehörde zu intimiren."

Als ich daher am 8 Mai 1845 von meinem Winteraufenthalt in Nizza nach Prag zurückgekehrt war, wurde ich von der k. k.

Stadthauptmanschaft und Polizeidirection am 10 Mai mit folgender Zuschrift (Nr. 15) zurechtgewiesen.

41. c)

„Zu Folge des herabgelangten hohen Polizei-Präsidial-Schreibens vom 7 November 1844 wurde am 16 November 1844 das von dem ständischen Historiographen Franz Palacky zur Censur vorgelegte Manuscript der Geschichte Böhmens (3 Heft des 3 Bandes) dem k. k. Bücherrevisionsamte zur Amtshandlung zugestellt.

Die Aeusserung, welche Palacky über die bei der Censursverhandlung vorgekommenen Anstände erstattet hat, wurde Sr. Excellenz dem Herrn Polizeipräsidenten vorgelegt, und Se. Excellenz haben hierüber bemerkt, dass der gereizte Ton, in welchem die Aeusserung abgefasst war, und die in derselben erhaltenen leidenschaftlichen Ausdrücke gegen den Censor jenes Manuscripts, der mit umsichtiger und unparteiischer Gewissenhaftigkeit seine Pflicht erfüllte, durchaus nicht an ihrem Platze waren, und dass daher dem Palacky das Unangemessene seiner Schreibart nachdrücklich zu verheben sei.

Wovon sie in Gemässheit eines h. Landes-Präsidial-Decrets vom 22 Jänner 1845 (Z. 15) verständigt werden."

Prag am 8 Mai 1845.

Muth m. pr."

42.

Verhandlungen des böhm. Landtags am 4—6 Mai 1846.

a) Antrag des Landesausschusses auf Bewilligung eines Reisepauschals.

Hochlöbliche vier Herren Herren Stände!

Der ständische Historiograph Palacky hat in der nebenliegenden Eingabe gebeten, ihm Behufs einer im Interesse der vaterländischen Geschichtsforschung zu unternehmenden Reise eine Unterstützung von 300 fl. zukommen zu lassen.

Bereits mit Diaetalbeschluss vom 7 März 1831 wurde dem Historiographen Palacky neben seinem Gehalte für die Verfassung der vaterländischen Geschichte ein Reisepauschale für drei Jahre und zwar für jedes derselben mit 200 fl. Behufs der zur Durchsicht in- und ausländischer Archive und zur Sammlung von Urkundenabschriften aus denselben zur Benützung bei der von ihm im Auftrage der Herren Stände unternommenen literärischen Ausarbeitung vorzunehmenden Reisen bewilligt. Palacky hat die verwilligte Beihilfe redlich benützt und einen Schatz historischer Denkmale gesammelt, welche in dem unter dem Titel „Archiv Český" von ihm herausgegebenen böhmischen Diplomatar die Anerkennung des gebildeten Publicums theils directe fanden, theils in der, seinem vaterländischen aus diesen Originalurkunden geschöpften Geschichtswerke gewordenen beifälligen Anerkennung der literärischen Welt entsprechend gewürdigt wurden.

Mit Diaetalbeschluss vom 28 März 1836 haben die Herren Stände die Verfügung des Landesausschusses, mit welcher dem Historiographen Palacky Behufs einer im historischen Interesse über Anregung der Gesellschaft der Wissenschaften zur Durchsicht des Vaticanischen Archivs unternommenen Reise nach Rom ein Reisepauschale von 600 fl. angewiesen wurde, zur genehmigenden Wissenschaft genommen. Nach dem von Sr. Excellenz, dem kais. österr. Botschafter am päpstlichen Stuhle, Grafen von Lützow, durch dessen gefällige Intervention Palacky in das Archiv gelangte, dem fürgewesenen Herrn Oberstburggrafen übermittelten Ausweise, wurde das genannte Reisepauschale nur auf Honorirung des päpstlichen Archivspraefecten Marini für alle von Palacky erhobenen voluminösen und für die Geschichte des XII, XIII, und XIV Jahrhunderts äusserst wichtigen Urkundenabschriften verwendet, so dass Palacky's Reisespesen allein in den Reisebeiträgen der Gesellschaft der Wissenschaften und in dem von den Mährischen Herren Ständen ihm zugekommenen Honorar von 300 fl. ihre Deckung fanden, welchen mit Bewilligung des Landesausschusses aus den von Palacký gesammelten archivalischen Schätzen vidimirte Copien ausgestellt wurden. Die von allen Autoritäten so sehr gewürdigten Sammlungen aus dem Vaticanischen Archive, welche auch mit Diaetalbeschluss vom April 1845 dem vaterländischen Museum mit Vorbehalt des Benützungsrechtes für den jeweiligen ständischen Historiographen geschenkt wurden, haben die Herren Stände auf diese Art wohlfeil acquirirt.

Gegenwärtig, wo Palacky mit dem bereits herausgegebenen 4 Bande seiner Geschichte mit dem Tode k. Wenzel IV im J. 1419 zur Bearbeitung des Hussitenkrieges schreiten will, glaubt derselbe es nicht unterlassen zu dürfen, das für die vaterländische Geschichte des Hussitenkrieges vorzugsweise wichtige Archiv der erloschenen markgräflich brandenburgischen Linie, von dessen Existenz in Bamberg unser Historiograph erst in der Neuzeit Kenntniss erhielt, und dessen Zutritt nur mittelst Erlaubniss Sr. Majestät des Königs von Bayern in München zu erlangen ist, nicht unbesucht lassen zu dürfen, auch wurde derselbe auf die archivarischen Schätze des Stiftes Mölk in Oesterreich durch den k. k. geheimen Archivar Kaltenbäk aufmerksam gemacht, welche er ebenso wie die in Pest in der von Jankowicsischen Sammlung befindlichen Regestenbücher Kaiser Sigmunds für unsere Geschichte auszubeuten gedenkt, und stellt demnach die Bitte, dieses sein Vorhaben durch Verleihung eines Reisebeitrages von 300 fl. zu unterstützen.

Bei der mächtigen Unterstützung, welche von Seiten der Herren Stände dem Werke Palacky's zu Theil wird, und bei dem in Lezteren mit Recht gesetzten Vertrauen zur Wahl aller Mittel für die Förderung des von so vielen achtbaren Intelligenzen gewürdigten vaterländischen Geschichtswerkes, glaubt der Landesausschuss nicht nur in den Ausspruch Palacky's auf nothwendige Benützung der erwähnten historischen Quellen submittiren zu müssen, sondern erlaubt sich auch in Beachtung des gewiss nicht unbescheidenen Zifferansatzes der gebetenen Unterstützung den hochlöblichen Herren Ständen den Antrag auf Verwilligung eines Reisepauschals für Palacky im Betrage von 300 fl. ex dom. zu unteriegen.

Prag am 20 April 1846.

    Vom ständischen Landesausschusse.

    Salm m. p.   Bohusch m. p.

b) Landtagsverhandlung am 5 Mai 1846.

Se. Excellenz Herr *Landtagsdirector* stellte an die Herren Stände die Anfrage, ob in dieser Beziehung von irgend einer Seite etwas vorzubringen sei? — worauf Se. Excellenz der Herr *Oberst-Landkämmerer* (Graf J. M. Thun) das Wort nahm, um an den Antrag des Landesausschusses, den Hochdieselbe unterstützen müsse, noch eine andere Motion zu knüpfen. Es existire ein für Palacky's Zwecke sehr erspriessliches, im Buchhandel vergriffenes, auch bei den Antiquaren selten vorfindiges Werk, das in Prag nirgend aufgetrieben werden konnte, nämlich „Mansis Conciliensammlung", 31 Foliobände stark, dessen Antiquarpreis zwischen 2—300 Thaler zu stehen komme.

Die Acquisition dieses Werkes sei höchst wünschenswerth, wenn es dem Historiographen gelänge, dieses Werk auf seinen

Reisen aufzutreiben und anzukaufen. Unter diesen Umständen spricht sich Votant dafür aus, dass Palacky, indem seinem Ansuchen willfahrt wird, unter einem ermächtigt werde, dieses Quellenwerk — im Falle des Vorfindens — auf Kosten der Herren Stände anzukaufen. Herr Johann Ritter von *Neuberg* erklärte sich mit dem Antrage des Landesausschusses sowohl, als mit jenem Sr. Excellenz des Herrn Vorvotanten vollkommen einverstanden, und ersuchte noch Nachstehendes geltend machen zu dürfen. Palacky beziehe als Historiograph der Herren Stände Alles in Allem 1000 fl. ohne Material, Hilfsmitteln, Aushilfsindividuen. Von diesem Allem sei Palacký, so sehr er dessen benöthige, mit *gar nichts* versehen, und daher sogar genöthigt, mit Aufopferung seiner kostbaren, für höhere Berufsarbeiten bestimmten Zeit, für sich selbst zu copiren. Dieser Mann stehe ganz allein, auf sich selbst beschränkt da, von auswärtigen Historikern darum, weil er die Wahrheit und weil er sie aus vor ihm unbenützten Quellen schreibt, angefeindet. Wohl sei es daher der Würde der böhmischen Geschichte und der Herren Stände angemessen, die Munificenz der letzteren nicht auf die bescheiden gestellte Ziffer des Unterstützungswerbers zu beschränken, sondern selbe wo möglich zu verdoppeln, das von dem Herrn Vorvotanten angezeigte höchst schätzbare Werk von ihm, Palacky, ankaufen zu lassen, und des Letzteren Lage so viel immer möglich zu erleichtern. Es habe sich ein Verein von wissenschaftliebenden hochherzigen Patrioten gebildet, die dem Historiographen Palacky durch eine Anzahl Jahre 600 fl. Unterstützung zuwendeten, mit deren Hilfe Palacký zwei Adjuncten, Erben und Tomek, besoldete, durch deren Hilfe es ihm möglich wurde, die 4000 Urkunden, welche die hochlöbl. Herren Stände nach gemachtem Gebrauche dem Museum zuwendeten, abschreiben zu lassen.

So eine Unterstützung sollten die Herren Stände nicht Privaten überlassen, sondern diesem Vereine auf einige Zeit durch Subscribirung jährlicher 600 fl. C. M. für Besoldung 2 Copisten um so mehr beitreten, als sie hiebei nicht zu Schaden kommen würden, da der Ertrag der Geschichte Palacký's, deren 1 Theil bereits vergriffen ist, sie hiefür entschädigt, und hiedurch die Herausgabe der vaterländischen Geschichte wesentlich beschleunigt werden würde, einer Geschichte, deren Ladenpreis zu dem durch die häufige Nachfrage am besten nachgewiesenen gediegenen inneren Gehalte in gar keinem Verhältnisse steht.

Se. Durchlaucht Herr Fürst *Salm* seinerseits schloss sich den sämmtlichen vor ihm gemachten Anträgen des Landesausschusses sowohl, als des Herrn Grafen Thun Excellenz und Herrn Oberstlandschreibers Ritter von Neuberg in der Gänze an, und meinte nur in Bezug auf die Herholung des Fonds auf die Dispositionsgelder hinweisen zu müssen.

Auch Herr Friedrich Graf *Deym* vereinigte sich gleich ihm mit den früheren Anträgen zwar in der Hauptsache, nur meinte er, Mansi's Werk solle aus den Depositengeldern angeschafft, und in Bezug auf die Sustentirung zweier Copisten sich nicht dem Privatverein beigeschlossen, sondern nebst dem Gehalte des Historiographen per 1000 fl. noch ein weiterer Betrag von jährlichen 600 fl. C. M. für einen ihm beizugebenden Adjuncten votirt, schliesslich aber dem Palacky zu den von ihm bescheidenerweise angesuchten 300 fl. noch weitere 200 fl., in allem also 500 fl. C. M.. und zwar dieser Mehrbetrag namentlich zur Besorgung der benöthigten Copien und sonstigen Nebenausgaben verwilligt werden; nach welchen sämmtlichen Anträgen sich Herr Johann Ritter von *Neuberg* hierauf sogleich reformirte.

Herr Albert Graf *Nostitz* erklärte sich gleichfalls mit allen diesen Anträgen einverstanden, nur mit dem Ankaufe von Mansi's Werk, welches man da, wo es existirt, für Palacky nöthigerweise auch excerpiren lassen könne, wolle sich Herr Votant nicht befreunden, weil dasselbe kein Gegenstand für die Herren Stände sei, nach von Palacky genommenem Gebrauche im ständischen Landhause aufbewahrt, unnöthigerweise der Lesewelt und den Geschichtsforschern ganz entzogen werden würde, wenn die Herren Stände nicht etwa zugleich beschliessen, das Werk nach gemachtem Gebrauch dem Museum oder der Bibliothek zu schenken.

Se. Durchlaucht Herr Fürst *Salm* bestritt endlich diese abweichende Meinung des Herrn Vorvotanten durch die Entgegnung, das in Frage stehende Werk, das wegen des höheren Kostenbetrages nicht leicht von irgend Jemand als den Herren Ständen angeschafft werden kann, dürfte etwa, bis es von Palacký für seine Zwecke ausgebeutet ist, als ständisches Eigenthum in der Bibliothek des Museums deponirt werden, weshalb Se. Durchlaucht die Kosten pr. 200—300 Thaler aus den disponiblen 3000 fl. beantragen müsse, und dies zwar darum, weil man hiezu keine weitere Erlaubniss benöthigt, ansonst der günstige Zeitpunct zum Ankauf verzögert werden könnte.

Nachdem der Gegenstand von Sr. Excellenz dem vorsitzenden

Oberstlandhofmeister reassumirt worden war, wurde durch Aufstehen per eminenter majora beschlossen, nebst dem Historiographen noch einen diesem beizugebenden, von ihm allenfalls auch zur Copirung zu verwendenden Adjuncten mit einem Gehalte jährlicher 600 fl. C. M. ex domestico anzustellen, und dem Historiographen nicht nur die von ihm gewünschte Reiseunterstützung per 300 fl. C. M., sondern nebstbei noch auf Nebenauslagen 200 fl. C. M. ex domestico ohne Verrechnung zu bewilligen.

Weiter wurde nach gehaltener förmlicher Umfrage mit 27 gegen 20 Stimmen der Beschluss gefasst, den Historiographen Palacky zu beauftragen, das zu seinen Zwecken dienende Werk Mansi's Conciliensammlung auf Kosten der Stände, falls er dasselbe auf seiner Reise antrifft, anzukaufen. Dieses Werk im Preise von 500 fl. C. M. sei aus den Dispositionsgeldern des Jahres 1846 zu bezahlen, und nach von Palacky gemachtem Gebrauche in der Museumsbibliothek mit Vorbehalt des ständischen Eigenthumsrechtes zu deponiren.

Wovon der Landesausschuss durch Protokollauszug zu verständigen ist.

43.

Eingabe an den Landesausschuss über die Nothwendigkeit historisch-topographischer Studien und die Ernennung eines Adjuncten.

(Dd. 5 April 1847).

Der von den hochlöblichen Herren Ständen des Königreichs in ihrer Versammlung am 4 Mai 1846 aus eigenem Antrieb gefasste, und mir durch Decret *dd.* 30 Nov. 1846 (Zahl 5706) bekannt gemachte Entschluss, mir in meinen, die Geschichtforschung Böhmens umfassenden Arbeiten, durch Votirung einer Summe von 600 fl. C. M. jährlich, die wünschenswerthe Personalaushilfe zu verschaffen, — hat nicht allein als grosssinniger Beweis der Aufmerksamkeit und Sorgfalt, welche die hochlöbl. HH. Stände der vaterländischen Geschichte überhaupt zuwenden, sondern auch als Zeichen ihrer huldvollen Anerkennung und Berücksichtigung der Schwierigkeiten des mir obliegenden Geschäftes, mich, den ehrfurchtvoll Gefertigten, mit der innigsten Freude und Dankbarkeit erfüllt.

Da die hochlöbl. Herren Stände somit meinen Wünschen selbst auf die grossmüthigste Weise zuvorgekommen sind, so bleibt mir, ausser der Pflicht der Dankbarkeit, die ich wohl durch fortgesetzte eifrige Bemühung in dem mir angewiesenen Geschäfte am besten zu erfüllen hoffe, nur noch die Aufgabe, zuerst mit kurzen Worten anzugeben, weshalb und wozu ich der mir bewilligten Personalaushilfe jetzt in der That sehr bedarf, und dann die geeigneten Individuen dazu in Vorschlag zu bringen.

Schon vor anderthalb Jahren habe ich mich entschliessen müssen, zunächst zur Ermittelung der einstigen Lage so vieler Hunderte längstverschollener alter Herrenburgen und Rittersitze Böhmens, in umfassende und detaillirte historisch-topographische und genealogische Studien über das ganze Land und dessen sämmtliche althistorische Geschlechter einzugehen, — eine Arbeit von ausserordentlichem Umfange, deren Nothwendigkeit ich zwar von jeher lebhaft gefühlt, deren Schwierigkeit und Endlosigkeit mich jedoch bis dahin immer abgeschreckt hatte. In der That handelt es sich da um die Detailgeschichte von etwa 1000 Familien und 15.000 Ortschaften, und zunächst um deren individuelle historische Bestimmung und Bezeichnung, damit ihre einstige Identität oder Verschiedenheit genau erkannt werde.

Ich verkenne es keineswegs, dass eine solche Arbeit, die wohl das ganze Leben eines Menschen ausschliesslich in Anspruch nehmen könnte, und deren endlose Detailfragen oft von ganz untergeordneter Bedeutung sind, bei mir viel von derjenigen Zeit absorbirt, die man lieber der allgemeinen Landesgeschichte zugewendet sehen möchte: doch wie sehr ich das auch selbst fühle und beklage, so habe ich mich der Nothwendigkeit desselben dennoch nicht entziehen können, aus nachstehenden Gründen:

1) Böhmens alte topographische Verhältnisse haben zuerst durch den Hussitenkrieg, dann noch ungleich mehr durch den dreissigjährigen Krieg, sich in einer Weise und in einem Umfange geändert, wie sich solches Niemand, der nicht in die Details dieser Forschung eingegangen ist, wohl auch nur vorzustellen vermag. Wenn man bedenkt, dass das ganze Land ehemals, ausser den vielen befestigten Städten, noch an 400 Herrenburgen (hrady) und an 2000 feste Rittersitze (twrze) zählte, (und diese Annahme dürfte eher zu niedrig als zu hoch sein): so wird man sich vorstellen können, dass Böhmen einst von Befestigungen strotzte, die zumal in der Hussitenepoche, (wo man noch kein so wirksames Schiesspulver und keine leicht beweglichen Kanonen besass,) auf den Gang eines inneren Krieges

den wichtigsten Einfluss übten. Ein grosser Theil jener Festungswerke ist aber schon im Hussiten-, das Uebrige dann wieder im 30jährigen Kriege und seitdem in der Art zerstört worden, dass jetzt oft kaum mehr Spuren der alten Befestigungen noch aufzufinden sind. Da ich nun genöthigt bin, im nächsten Bande meiner Geschichte, der den Hussitenkrieg umfassen wird, die Belagerung und Zerstörung so vieler längstverschollenen Burgen und Vesten umständlich zu schildern, so will und darf ich dem Beispiele meiner Vorgänger nicht folgen, welche die Lage derselben gewöhnlich durch blosse Conjectur nach ohngefährer Assonanz aufs Gerathewohl bestimmten, daher sich und ihre Leser unzähligemal täuschten. Ich habe bereits die Erfahrung gemacht, dass auch noch so eifrige partielle Studien in diesem Fache nicht vor Missgriffen schützen können; ihre Entdeckung hat mir daher die Ueberzeugung aufgedrungen, dass ein detaillirtes topographisches Studium des alten Böhmens in seinem ganzen Umfange unerlässlich ist, wenn man diesfalls jemals zu voller Wahrheit, Klarheit und Sicherheit gelangen will. Da ich aber nicht warten konnte, bis jemand Anderer das Werk unternimmt, so musste ich es ungesäumt selbst in Angriff nehmen.

2) Durch die vorzüglich seit dem 30jährigen Kriege erfolgte Germanisirung mehrerer Kreise und Gegenden Böhmens sind die alten böhmischen Ortsbenennungen in denselben meist in Vergessenheit gerathen: und doch kommen in alten Urkunden meistens nur jene altböhmischen Namen vor. Daraus folgt, dass uns eine Menge alter Urkunden unverständlich bleibt, so lange die Identität der alten böhmischen mit den neueren deutschen Ortsnamen nicht ermittelt und kritisch gesichert ist. Das fleissige Einsammeln von alten Urkunden ist die erste Bedingung jedes Fortschritts in unserer Landesgeschichte: was nützen aber Urkunden, die man nicht verstehen kann? Und da überdies zwei Drittheile der jetzt deutschen Orte solche Namen führen, welche nur aus dem Böhmischen erklärt werden können: so ist es auch nicht ohne Gewicht und Interesse, ihre ursprüngliche böhmische Wortform zu kennen.

3) Endlich ist eine topographisch-historische Kenntniss des Vaterlandes auch ein dringendes Bedürfniss. Die neueste und vollständigste topographische Beschreibung des Landes durch J. G. Sommer liefert den Beweiss, dass nur wenige Dominien auf dem Lande die Geschichte der zu ihnen gehörigen Ortschaften bis über den 30jährigen Krieg hinaus verfolgen und angeben können, und dass aus der historischen Glanzperiode des Landes für $^{19}/_{20}$ der gegenwärtigen Ort-

schaften Böhmens entweder keine oder nur falsche Daten vorhanden sind; und doch sind alte localhistorische Notizen, nach täglicher Erfahrung, diejenigen Mittel, welche die Theilnahme der betreffenden Bewohner an der allgemeinen Landesgeschichte überall am meisten anregen; daher wahre Hebel der Vaterlandsliebe, des Patriotismus. Die allgemeine Landesgeschichte wird dadurch, dass so viele tausend Orte durch ihre Specialgeschichte daran Theil nehmen, erst ein rechtes Gemeingut des Volkes: um so weniger darf ich daher die auf solche topographische Studien verwendete Zeit als zwecklos oder als verloren betrachten.

Durch die bisherige anderthalbjährige rastlose Bemühung habe ich bereits für mehr als 10.000 alter Ortschaften Böhmens bestimmte und feste Haltpuncte gewonnen, und somit mehr als zwei Drittel der ganzen Arbeit abgethan. Ich schmeichle mir mit der Hoffnung, dass wenn einst das Ganze vollendet und herausgegeben sein wird, ich dem Lande damit einen wesentlichen Dienst werde geleistet und zugleich den Beweis geliefert haben, dass ich weit entfernt, mir mein Geschäft leicht und bequem machen zu wollen, mich vielmehr gerne opferte, wo immer eine schwierige aber unerlässliche Arbeit zu unternehmen war. Der durch die dadurch herbeigeführte Verspätung des nächsten Bandes meiner Landesgeschichte für das Publicum entstehende Verlust dürfte mit dem anderweitigen Gewinn kaum im Verhältnisse stehen: denn wenn nicht etwa eine Krankheit dazwischen kömmt, darf ich die Vollendung dieses nächsten Bandes, des letzten, der noch namhafte materielle Schwierigkeiten darbietet, binnen Jahr und Tag bestimmt zusichern.

Die hochlöblichen HH. Stände geruhen aus dieser Darstellung selbst zu entnehmen, wie erwünscht mir die von ihnen grossmüthig votirte Personalaushilfe sein müsse. Sie wird mich in den Stand setzen, nicht nur das historisch-topographische Werk früher und vollständiger zusammenzustellen, sondern auch andere dringende Arbeiten zum Besten der vaterländischen Geschichte zu unternehmen, ohne dabei dem Hauptwerke allzuviel von meiner Zeit entziehen zu müssen.

Für die Stelle des mir zur Hilfe sein sollenden Adjuncten kann ich nun mit gutem Gewissen in meinem Vorschlag keinem Anderen den Vorzug geben, als dem durch mehrere historische Leistungen von Werth bereits rühmlich bekannten Herrn Wenzel Wladiwoj *Tomek*, ausserord. Mitglied d. k. böhm. Gesellschaft d. Wissensch. und Secretär des Museums-Comités für böhm. Sprache u. Literatur. Er hat sich der vaterländischen Geschichte von Jugend auf mit besonderer Vorliebe zugewendet und darin bereits mehr gründliche Studien gemacht, als irgend ein Anderer; er verbindet mit dem vor Allem unerlässlichen ausdauernden Fleiss auch andere ausgezeichnete Geistesgaben, die dem Historiker nöthig sind; er dürfte auch, wie die Verhältnisse jetzt stehen, am meisten geeignet sein, das von mir begonnene historische Werk, im Falle meines frühen tödtlichen Abgangs, seinem Ende zuzuführen.

Sollten jedoch die hochlöbl. Herren Stände aus anderweitigen mir unbekannten Gründen diesem Vorschlag keine Folge zu geben befinden, so könnte ich nur noch einen vaterländischen Gelehrten zu jener Stelle empfehlen, nämlich Herrn Karl Jaromir *Erben*, Assistenten beim hiesigen Museumsarchive und Actuar der k. böhm. Ges. d. Wiss. Auch er hat sich bereits eine nicht geringe Kenntniss der Quellen unserer Geschichte zu eigen gemacht, und zugleich einige historische Abhandlungen geliefert, die eben so von Fleiss als von glücklicher Combinationsgabe zeugen. Auch er berechtigt daher zu schönen Hoffnungen für die vaterländische Geschichte, zumal wenn es ihm vergönnt wäre, sich derselben gänzlich zu widmen.

Ausser diesen zwei Männern wüsste ich für jetzt keinen dritten, den ich berechtigt wäre, den hochlöbl. HH. Ständen an diesem Orte auch nur zu nennen. Denn mit blossen Dilettanten in der Geschichte, oder mit solchen, die erst der Anstellung wegen sich den historischen Studien zu widmen beabsichtigten, wäre meines Erachtens weder der vaterländischen Geschichte, noch den h. HH. Ständen, noch auch mir selbst gedient.

Schliesslich beehre ich mich noch gehorsamst anzuzeigen, dass ich Mansi's grosse Collectio conciliorum in 31 Foliobänden, auf dessen Ankauf mir die h. HH. Stände 500 fl. C. M. zu bewilligen geruhten, bei allen Antiquaren in Deutschland gesucht habe, und zuerst in Berlin, dann in München mir die Hoffnung gemacht wurde, es für den Kaufpreis von 400 fl. C. M. zu erhalten, dass aber die mir darüber gegebene Zusage bis auf den heutigen Tag noch nicht in Erfüllung gekommen ist. Auch habe ich die Ehre anzuzeigen, dass der neue Abdruck der ersten Abtheilung des zweiten Bandes meiner Geschichte von Böhmen in diesen Tagen zu Ende geht.

44.
Aus den Landtagsprotokollen vom 19 Mai 1847.

5 Gegenstand.

Landesausschuss überreicht die a. h. Entschliessung vom 24 October 1846, dann das Hofkanzleidecret vom 26 Juni v. J. hinsichtlich der dem ständischen Historiographen in der ständ. Versammlung vom 6 Mai v. J. bewilligten Beiträge mit dem Antrage, dass nunmehr der ständische Historiograph aufzufordern wäre, den zu seinen Handen aufzunehmenden Adjuncten in Vorschlag zu bringen, um hiernach das Weitere verfügen zu können.

Zuerst las Herr *Ritter von Bergenthal* das beiliegende schriftliche Votum vor, in welchem bemerkt wird, dass es sich zwar nicht verkennen lasse, dass das Unternehmen des ausgezeichneten Historiographen Palacky mit einem ausserordentlichen Aufwande an Zeit und Mühe verbunden sei, dass jedoch bei dem Umstande, wo demselben eine so namhafte Aushilfe und Unterstützung zu Theil wurde, der Wunsch sich nicht unterdrücken lasse, dass mit diesem auch für den historischen Boden der ständ. Verhältnisse wichtigen Werke mit aller nur möglichen Beschleunigung vorgeschritten werde, und stellt den Antrag: die Herren Stände wollen beschliessen, dem Landesausschusse aufzutragen, ihrem Historiographen Palacky, aus Anlass der ihm von Hochdenselben zuerkannten und a. h. genehmigten Personal-Aushilfssumme jährl. 600 fl. C. M., ihren Wunsch zu erkennen zu geben, die Fortsetzung der Herausgabe der böhm. Geschichte auf alle nur mögliche Art zu beschleunigen.

Herr *Johann Graf Lažanský* glaubt den Antrag seines Herrn Vorvotanten mit einigen Worten unterstützen zu müssen. Die vaterländische Geschichte zu pflegen und deren Kenntniss durch gelungene Werke immer mehr zu verbreiten, sei eine würdige Aufgabe der Stände: denn die Geschichte sei ja die Amme, aus welcher man in der Jugend die Milch der Vaterlandsliebe trinke. Die vaterländische Geschichtschreibung, die so grossartige Momente unserer Vergangenheit darstelle, sei eines der wichtigsten Institute, das die Herren Stände fördern sollten, und für welche es daher durchaus nicht gleichgiltig sein könne, ob es vollendet werde oder nicht. Seines Dafürhaltens aber könne Niemand zur Vollendung des so rühmlich begonnenen Werkes befähigter sein als Palacky, den er sehr schätze; weshalb Herr Votant um so mehr für das an Palacky zu stellende

Ansuchen — das schöne Werk bald zu vollenden — stimmen müsse, als auch er wie jeder Sterbliche nicht mit Bestimmtheit auf ein Greisenalter rechnen könne.

Herr Ritter *von Bohusch* bemerkte, Palacky habe bereits den 5 Theil der Geschichte Böhmens, welcher den Abschluss des Hussitenkrieges bespricht, theilweise fertig und der Censur übergeben.

Herr Ritter *von Neuberg* glaubte, das Votum des Herrn Ritter von Bergenthal dürfte die Meinung hervorbringen, als sei Palacky nicht mit dem gewünschten Fleisse vorgegangen. Gegen diesen Vorwurf müsse er Palacky in Schutz nehmen, aber man könne sich nicht der sicheren Hoffnung hingeben, dass das Werk ganz werde vollendet werden. Palacky arbeite auf einem wüsten Felde, er habe zu diesem grossartigen Werke allein den Stoff sammeln müssen, auch sei er in der Bearbeitung desselben bei einem Momente angelangt, wo politische Rücksichten ihm die Fortsetzung erschweren. Auch arbeite Palacky nicht blos an der Geschichte, sondern auch an denjenigen Materialien, welche zum Verständniss der Geschichte absolut nothwendig seien. Es dürfte ihm daher physisch unmöglich sein. Uebrigens sei dem Herrn Votanten bekannt, dass jener Theil der Geschichte, welcher die Periode des Hussitenkrieges umfasse, zum Drucke vorbereitet liege.

Seine Durchlaucht Fürst *Salm* bemerkte, er sei im Allgemeinen mit dem Antrage des Herrn Ritter von Bergenthal einverstanden, jedoch solle dies in einer Form geschehen, die kein Misstrauen in die Thätigkeit des Palacky ausspreche. Es sei blos der Wunsch auszusprechen, dass er nunmehr die begonnene Arbeit beschleunige, daher keine Betreibung im strengsten Sinne, sondern mehr als eine Anerkennung seines Eifers; — worauf Herr Ritter *von Bergenthal* bemerkte, dass sein Schlussantrag eben dahin laute, diesen Wunsch auszusprechen.

Herr Friedrich *Graf Deym* glaubt, dass Kunst- und wissenschaftliche Werke sich nicht durch Betreibungen fördern lassen. Erst jetzt, wo ihm ein Adjunct bewilligt sei, dürfte zu erwarten sein, dass er sein begonnenes Werk früher vollenden wird. Dieser Adjunct aber soll kein ständ. Beamte sein, der unabsetzbar wäre, sondern die Wahl und die Aufnahme sei ganz allein dem Palacky zu überlassen. Dies sei die einzige Art, den Eifer des Adjuncten zu beleben und es wäre in dem zu fassenden Beschluss mit aufzunehmen, dass der Adjunct kein ständ. Beamte sein müsse. Palacky habe übrigens ein sehr weites Feld betreten, seine Arbeit müsse erst der

Censur unterlegt werden; und ob Alles werde veröffentlicht werden dürfen, das sei noch sehr zweifelhaft. Herr Votant beantrage daher, dass bei der Eröffnung, dass ein Adjunct zur Disposition des Palacky gestellt sei, auch zugleich die Erwartung ausgesprochen werde, dass ihn dies in den Stand setzen werde, noch schneller als bisher seine Arbeiten zu beschleunigen. Unter Einem aber sei Palacky zu ersuchen, alle bisher gesammelten Urkunden und Materialien von Zeit zu Zeit den Herren Ständen vorzulegen, welche sodann paginirt und gesiegelt in das Museum oder in das ständ. Archiv hinterlegt und aufbewahrt werden sollen, damit die Herren Stände wenigstens das geistige Eigenthum Palacky's besitzen möchten, und es wäre daher:

1) der a. h. Orts bewilligte Adjunct dem Palacky seiner Disposition anheim zu stellen, so dass er ihn aufnehmen und wieder entlassen kann;

2) die Erwartung auszusprechen, dass die vermehrten Kräfte es ihm möglich machen werden, seine Arbeiten zu beschleunigen, und

3) zu ersuchen, dass Palacky seine gesammelten Urkunden und Materialien den Herren Ständen übergebe, damit selbe entweder im ständ. Archiv oder ins Museum hinterlegt werden könnten.

Herr Johann *Graf Lažanský* erklärte: Alles, was Herr Graf Deym so eben gesagt habe, habe ihn zu seinem Antrage geleitet, und dass daher dem Palacky der Wunsch auszusprechen wäre, dass er das so gut und ruhmvoll begonnene Werk auch selbst vollende.

Herr *Ritter von Bohusch* bemerkte: Was den vom Herrn Friedrich Grafen Deym gestellten Antrag betreffe, dass nämlich der bewilligte Adjunct kein ständischer Beamte sei, sondern dem Palacký zur freien Disposition gestellt werde, so sei Herr Votant mit diesem Antrage vollkommen einverstanden, und wünsche nur, dass man über die Frage, ob dieser Adjunct ein ständischer Beamte sei oder nicht, einen Beschluss fasse; sowohl der Landesausschuss als auch Palacky haben es anders verstanden.

Se. Excellenz der Herr Landtagsdirector erklärte hierauf, dass er die 3 Anträge des Herrn Friedrich Grafen Deym zur Abstimmung bringen werde, und stellte demnach die Frage: Sind die Herren Stände einverstanden, dass der dem Historiographen beizugebende Adjunct mit dem jährlichen Gehalte von 600 fl. C. M. kein ständischer Beamte sein solle, sondern dass die Aufnahme und Entlassung desselben ganz allein dem Palacky überlassen sei?

Wurde durch Aufstehen per unanimia beschlossen, dass der dem Historiographen beizugebende Adjunct kein ständischer Beamte, sondern dass ihm die Aufnahme des Adjuncten mit dem jährlichen Gehalte von 600 fl. C. M. ganz allein zu überlassen sei.

Ferner stellte Se. Excellenz der Herr Vorsitzende die Frage: Sind die Herren Stände damit einverstanden, dass Herrn Palacky dies mitgetheilt und ihm hiebei der Wunsch ausgesprochen werde, sein Werk so schnell als möglich der Vollendung zuzuführen?

Herr Friedrich *Graf Deym* stellte jedoch in Bezug auf die Anweisung des diesem Adjuncten bewilligten Gehaltes per 600 fl. C. M. die Frage, von welcher Zeit ihm dieser Gehalt anzuweisen wäre? Herr Votant glaube, dass die Anweisung vom 1 Juni l. J. bewilligt werden sollte.

Se. Excellenz der Herr Landtagsdirector jedoch meint, dass die Anweisung des Gehaltes des Adjuncten vom Tage seines Dienstantrittes zu erfolgen habe, während Herr Ritter von *Bohusch* glaubt, dass demselben der Gehalt vom Tage der allerh. Entschliessung anzuweisen wäre, und dies um so mehr, weil Palacky bereits provisorisch zwei Individuen erhält, welche daher schon arbeiten; welchen Antrag Herr Ritter von *Neuberg* als eigentlicher Antragsteller um so mehr unterstützte, weil ihm auch bekannt sei, dass Palacky bereits zwei Individuen durch 1 Jahr lang, z. B. Erben und Tomek, verwende, und weil es in der Regel Norm sei, dass allerhöchsten Orts bewilligte Gehalte und Remunerationen immer vom Tage der allerh. Entschliessung angewiesen werden.

Herr *Friedrich Graf Deym* aber entgegnete: Er wisse, dass Palacky aus der Cassa eines Vereines, dem Votant sehr nahe stehe, bereits 1500 fl. zur Unterhaltung dieser Individuen bezogen habe, und glaube daher dem Palacky zu sagen, dass er vom 1 Juni l. J. für einen Adjuncten 600 fl. aus dem Domesticalfonde erheben könne.

Herr Albert *Graf Nostitz* glaubt, dass die Herren Stände dadurch dem eigentlichen Zwecke entgegenhandeln würden. Man sollte dem Palacky die Vertheilung dieser 600 fl. C. M. zur freien Disposition stellen, und sie ihm vom Tage der allerh. Entschliessung bewilligen, worauf Herr Friedrich *Graf Deym* seinen Antrag wegen Anweisung dieser 600 fl. vom 1 Juni l. J. zurücknahm.

Wurde durch Aufstehen per unanimia beschlossen: den Gehalt des Adjuncten pr. 600 fl. C. M. vom Tage der allerh. Entschliessung, d. i. vom 24 October 1846, aus dem ständischen Domesticalfonde anzuweisen, und bei der Eröffnung an Palacky zugleich die Erwartung auszusprechen, dass er hiedurch in den Stand gesetzt werden dürfte, die Fortsetzung der Herausgabe der böhmischen Geschichte möglichst zu beschleunigen.

Endlich stellte *Se. Excellenz der Herr Landtagsdirector* die Frage: ob Palacky zu ersuchen sei, alle von ihm gesammelten, auf die Geschichte Böhmens Bezug habenden Urkunden und Manuscripte von Zeit zu Zeit den Herren Ständen zu übergeben?

Wurde durch Aufstehen per unanimia beschlossen, den ständischen Historiographen zu ersuchen, alle von ihm gesammelten und auf die Geschichte Böhmens Bezug habenden Urkunden und Manuscripte von Zeit zu Zeit den Herren Ständen nach gemachtem Gebrauche zur Disposition zu übergeben, die dann paginirt und gesiegelt entweder ins Museum oder ins ständische Archiv zu hinterlegen seien.

Wovon der Landesausschuss mittelst Protokollsauszuge zu verständigen ist.

Graf Friedrich Deym hatte bei der Stellung seines dritten Antragspunctes vergessen oder ausser Acht gelassen, dass über die Reponirung meiner Urkunden-Abschriften bereits durch einen Landtagsbeschluss vom 21 April 1845 (*siehe oben Nr. 40 b*) entschieden worden war. Als daher der h. Landesausschuss am 12 December 1847 mich anwies, dieselben dem „Museum *oder* dem ständischen Archive zu übergeben", so glaubte ich der früheren Anweisung um so mehr folgen zu sollen, als das ständische Archiv damals zu historischen Zwecken noch gar nicht organisirt war.

VII.

Weitere Acten aus den Jahren 1850—1862.

45.

Bericht vom 12 November 1850.

Hochlöbl. stand. Landesausschuss! Indem der gehorsamst Gefertigte das in Abschrift bis jetzt fertige Manuscript seiner Geschichte des Hussitenkrieges hiemit vorzulegen die Ehre hat, findet er sich zugleich veranlasst, über den Fortgang und gegenwärtigen

Stand seiner historischen Arbeiten im Nachstehenden gehorsamsten Bericht zu erstatten.

Schon in meiner gehorsamsten Eingabe vom 5 April 1847 habe ich die Gründe umständlicher besprochen, welche mich nöthigten, in detaillirte topographisch-historische Studien über ganz Böhmen einzugehen und damit eine Arbeit von ausserordentlichem Umfange zu unternehmen, die zwar Andere vor mir längst hätten durchführen sollen, die mir aber im Fortgang meiner Geschichtforschung absolut unentbehrlich geworden war. Kurz vor März 1848 war diese Arbeit so weit gediehen, dass ich das sämmtliche Material, welches diesfalls das Domcapitel, die alte Landtafel und die Lehntafel darbieten, in der Hauptsache als erschöpft und bewältigt ansehen konnte. Um einige diesfalls gewonnenen Resultate dem Publicum baldmöglichst mitzutheilen und damit zugleich zu weiteren vereinten Forschungen anzuregen, legte ich schon zu Ende 1847 ein systematisches Verzeichniss sämmtlicher mir aus den Quellen bekannt gewordenen alten und neuen Namen von noch bestehenden oder auch längst verschollenen Burgen, Vesten, Städten, Märkten, Dörfern u. s. w. in Druck, welches Werk jedoch erst 1848 die Presse verlassen konnte (unter dem Titel „*Popis králowstwí Českého*"), und auch schon bei den seitdem in beiden Landessprachen ämtlich verfassten neuen topographischen Eintheilungen und Kundmachungen als Quelle mit benützt wurde. Eine noch bedeutendere Frucht dieser Studien, eine kurze Monographie über sämmtliche alten Burgen und Geschlechter Böhmens, hoffe ich in nicht allzuferner Zukunft noch ans Tageslicht fördern zu können, da es mir scheint, dass es Schade wäre, wenn die von mir mit Mühe erworbenen Kenntnisse in diesem Fache mit mir einst zu Grabe getragen werden sollten. *)

Inzwischen hatte ich vor dem März 1848 auch bereits wieder an der Fortsetzung meiner Geschichte von Böhmen zu arbeiten begonnen. Das zweite Capitel des VII Buchs, betitelt „Vorspiele des Hussitenkrieges" (1419—1420) hatte ich vollendet, das erste Capitel aber, das eine Schilderung der böhmischen Verfassung und der inneren Zustände des Landes bei K. Wenzels Tode 1419 liefern sollte, erst zum Theil entworfen, überdies eine schon während meines zweimaligen Winteraufenthaltes in Italien 1838—39 und 1844—45 begon-

---

*) Die im J. 1851 begonnene Reaction und meine Entfernung von der Leitung des Museums im J. 1852 liessen das in Aussicht gestellte Werk nicht zu Stande kommen.

nene Ueberarbeitung meines ersten Bandes in böhm. Sprache zum Drucke befördert, als die bekannte *März-Revolution* ausbrach, und wie vieles andere, so auch meine historischen Arbeiten, durch die bekannten Ereignisse, auf längere Zeit zum Stillstand brachte. Erst nach Auflösung des Reichstags in Kremsier konnte ich zu meinen wider Willen verlassenen Studien wieder zurückkehren.

Die Zwischenzeit hatte indessen, wie in den allgemeinen Reichs- und Landes-Verhältnissen, so auch in meinen persönlichen, wesentliche Veränderungen hervorgebracht. Mein bekannter Frankfurter Brief*) hatte so zu sagen die ganze deutsche Welt gegen mich in Harnisch gebracht, die gesammte deutsche Journalistik war mehrere Monate lang nicht müde geworden, mich mit Hohn und Schmach zu verfolgen, und noch heutzutage bin ich ein Gegenstand des Hasses für Diejenigen, die sich mit deutscher Gesinnung vorzugsweise brüsten. Dieser kränkende Umstand einerseits, und anderseits der seitdem zur Geltung gekommene Grundsatz nationaler Gleichberechtigung, mussten mich zu dem Entschlusse drängen, dass ich für immer aus der Reihe der deutschen Historiker schied, und seitdem mein Werk nur in böhmischer Sprache mehr schreiben kann.

Um aber diesen meinen unabänderlichen Entschluss mit den einmal übernommenen Pflichten sowohl gegen den hohen Landesausschuss als auch gegen das nur deutschlesende Publicum möglichst in Einklang zu bringen, habe ich, mit Uebergehung der älteren Perioden, alsogleich die Geschichte des Hussitismus böhmisch zu bearbeiten angefangen, und mein böhm. Original-Manuscript, sobald ein Capitel fertig war, jedesmal alsogleich dem jetzigen k. k. Schulrath Hrn. *Wenzig* zur deutschen Uebersetzung vorgelegt, in der Absicht, dass beide Texte, der deutsche wie der böhmische, gleichzeitig zum Drucke gelangen möchten. Hr. Wenzig ist mit seiner Arbeit, bis auf das letzte Capitel, bereits fertig; ich aber habe an das erste Capitel (die Schilderung der alten böhm. Verfassung,) welches ich im J. 1848 noch unvollendet gelassen, und welches in den böhmischen Exemplaren für jetzt fehlen wird, noch die letzte Hand anzulegen, hoffe jedoch binnen acht Tagen damit auch fertig zu sein. Inzwischen beeilte ich mich, das vollendete böhm. Manuscript, dessen erste Hälfte dem deutschen Publicum schon lange vorliegt, auch im Drucke zu vollenden, um bei der je länger je näher drohenden Wiederkehr der Censur, wenigstens *einen* Theil meines Werkes noch censurfrei heraus-

---

*) Vom 11 April 1848.

geben zu können. Dies ist der Grund, warum in diesen Tagen ein böhm. halber Band von mir, die Hussitenepoche bis zu Žižka's Tode umfassend, früher erscheint, als es im Deutschen geschehen konnte.

Ich bringe diesen Sachverhalt dem hochlöbl. Landesausschusse mit dem Wunsche und der vertrauensvollen Bitte zur Kenntniss, dass Hochderselbe meine jedenfalls patriotische und stets angestrengte Thätigkeit auch in dieser den Umständen gemäss modificirten Gestalt hochgeneigt würdigen und genehm halten möge. Zugleich muss ich aber in Hinsicht des Umstandes, dass die Klagen über die Säumigkeit der Haase'schen Buchdruckerei jetzt allgemein sind, und dass der Wiederabdruck der 2 Abtheilung des 2 Bandes meiner Geschichte, ungeachtet meines wiederholten Drängens, über ein Jahr lang (von Oct. 1849 bis Oct. 1850) sich verzog, den Antrag und die Bitte stellen, dass nunmehr die beifolgende 2 Abtheilung des 3 Bandes entweder einer andern Officin zum Drucke übergeben, oder aber von Seite des hochlöbl. Landesausschusses selbst ein fester schriftlicher Vertrag mit Haase's Söhnen abgeschlossen werde, worin die Zahl der wöchentlich zu liefernden Bogen unter einer Geldstrafe bestimmt werden müsste.

Ferner bringe ich ergebenst zur hohen Kenntniss, dass nachdem ich vor anderthalb Jahren zufällig erfahren, dass in der Stadt *Basel* noch unbenützte Materialien zur Geschichte der Verhandlungen des Basler Concils mit den Hussiten zu finden sind, ich im August 1849 eine Reise dahin unternahm und dort bis zum folgenden Monat verweilte. Diese Unternehmung wurde auch durch die von mir bei dieser Gelegenheit gemachte Entdeckung der bisher gänzlich unbekannten wichtigen Quellenschriften des M. Joh. de Ragusio und Anderer glänzend gelohnt. In Basel kam ich zugleich anderen ähnlichen Werken auf die Spur, welche in *Paris* sich befinden. Da ich jedoch nicht selbst dorthin mich begeben durfte, so sendete ich im Februar l. J. Herrn Tomek an meiner Statt nach Paris, welcher jene Quellen mit Dr. Riegers Hilfe auch glücklich auffand und für mich excerpirte. Die Kosten beider Reisen, so wie einer früheren längeren Sendung desselben Herrn Tomek in die Archive von Eger und Elbogen, bestritt ich aus den mir bewilligten jährlichen Personalshilfsgeldern. Auf solche Entdeckungen gestützt, habe ich der kaiserl. Akademie der Wissenschaften in Wien den Vorschlag gemacht, die Bearbeitung und Herausgabe der Acta conciliorum seculi XV überhaupt, und des Basler Concils insbesondere, zu unternehmen, was auch angenommen und einer besonderen akadem. Commission, deren Mitglied auch ich bin, überwiesen wurde. Seitdem sind die von mir entdeckten Quellenwerke, in Folge diplomatischer Verwendung und Vermittelung, bereits im Original an die Akademie nach Wien gelangt, wo sie vollständig copirt und demnächst gedruckt werden sollen. Die böhmische Geschichte wird auf diese Weise aus den noch unbekannten Werken eines Joh. de Ragusio, Petrus Bruneti, Aegidius Carlerii, Joh. de Turonis und Anderer neuen Glanz erhalten.

Nachdem in letzter Zeit Hr. Tomek vom k. k. Ministerium einen anderweitigen Ruf erhalten, habe ich zwei Drittel der mir durch Decret dd. 12 Juni 1847 (Z. 1593) angewiesenen Personalaushilfe Hrn. Karl Jar. Erben zugewendet, mit dem Auftrage, an dem von mir seit lange vorbereiteten allgemeinen Landesdiplomatar von Böhmen mitzuarbeiten. Ausserdem werden weitere Copirungen im k. k. geh. Archiv in Wien und im Reichsarchiv in München aus jener Hilfe bestritten.

46.

Schriftwechsel wegen meiner Wahl der böhmischen Sprache.

a) Erlass des Landesausschusses vom 30 Dec. 1850.

In Erledigung der von Ihnen gestellten Anträge wegen weiterer Herausgabe der Geschichte Böhmens werden Sie, unter Rückschluss des vorgelegten Manuscriptes, hiemit aufgefordert, die Fortsetzung Ihres Geschichtswerkes in der bisherigen Form erscheinen zu lassen. Prag am 30 December 1850.

   Graf Mittrowsky m. pr.   Bohusch m. pr.

46. b)

Anfrage darüber vom 24 Januar 1851.

Der hohe Erlass vom 30 Dec. 1850 (Zahl 5491,) worin ich, in Erledigung der von mir gestellten Anträge wegen weiterer Herausgabe der Geschichte Böhmens, unter Rückschluss des vorgelegten Manuscriptes aufgefordert werde, „die Fortsetzung meines Geschichtswerkes in der bisherigen Form erscheinen zu lassen," ist mir erst gestern Abends zugestellt worden. Bei der so kurzen Fassung desselben bin ich, mit Rücksicht auf einige auch in öffentliche Blätter gekommene Reden, in Zweifel, ob ich den Auftrag dahin zu verstehen habe, dass das besagte Manuscript in der Buchdruckerei Gottlieb Haase Söhne in derselben Gestalt und Weise gedruckt werden soll, wie die früheren Bände meines Werkes. Zur Vermeidung eines möglichen Missverständnisses erlaube ich mir daher zuvoran die ergebenste Bitte um hochgeneigte nähere Aufklärung darüber.

46. c)

Antwort des Landesausschusses vom 12 März 1851.

Der Landesausschuss hat in dem Erlasse vom 30 Dec. 1850 N. 5491 das Verlangen ausgesprochen, die auf Kosten des Domesticalfonds in Druck zu legende Geschichte Böhmens unbeschadet der *die Originalität des Werkes beurkundenden Form der bereits erschienenen ersteren Bände* auch in Hinkunft der Oeffentlichkeit übergeben zu wissen.

Da der Herr Verfasser die deutsche Sprache als Form der ersten Bände seiner Geschichte Böhmens gewählt haben und diese Form von den Herren Ständen auch angenommen wurde, so muss der Landesausschuss darauf beharren, dass auch die Fortsetzung des Werkes in der begonnenen Form, somit als deutsches Original-Werk des Herrn Verfassers erfolge.

Hiernach wollen Sie sich von selbst bescheiden, unter welchen Bedingungen die Drucklegung veranlasst werden könne, wobei übrigens der Landesausschuss für eine andere Officin, als jene der Gottlieb Haase Söhne sich nicht aussprechen kann, zumalen die genannte Officin in mehrfacher Richtung ihre guten Dienste den Herren Ständen und dem Landes-Ausschusse geleistet hat.

Wenn auch die Neuzeit die Kräfte dieser Officin derart in Anspruch nahm, dass nicht so prompt, wie früher, die dahin gestellten Aufträge effectuirt wurden, so hofft doch der Landesausschuss, dass durch die Schuld derselben die Auflage des Geschichtswerkes nicht verzögert werden wird.

46. d)

Meine Erwiderung vom 1 April 1841.

Der neuere, mir erst am 24 März zugekommene hochlöbl. Erlass vom 12 März l. J. (N. E. 403) verlangt, dass die Fortsetzung meiner Geschichte Böhmens aus dem Grunde auch ferner als deutsches

Originalwerk erscheine, weil ich das Werk in dieser Form begonnen und letztere auch von den Herren Ständen angenommen worden ist. Allerdings haben die Herren Stände mein Werk in dieser Form angenommen, jedoch ohne dieselbe jemals zur Bedingung meiner Wirksamkeit und Stellung überhaupt gemacht zu haben. Denke ich an das Beispiel meines Vorgängers Pubička zurück, der bekanntlich der deutschen Sprache nicht genug mächtig, das lateinische Concept seines Werkes von Studenten ins Deutsche übersetzen liess, so sehe ich, dass die Anstellung eines ständ. Historiographen von Seite der Herren Stände von jeher niemals den Sinn und Zweck gehabt hat, die deutsche Literatur um ein Originalwerk mehr zu bereichern, sondern dass ihr nur die Absicht zu Grunde lag, das Studium und die Kenntniss der so sehr vernachlässigten vaterländischen Geschichte nicht gänzlich verfallen zu lassen, sondern vielmehr in Aufnahme zu bringen. Die Wahl der Sprache war dabei nur von secundärer Bedeutung.

Da ich nun auch die fernere deutsche Bearbeitung meines Werkes, gleichviel wer sie besorge, keinesfalls aus der Hand zu geben, sondern stets zu controliren und wo nöthig selbst zu feilen entschlossen bin, so wird dieselbe auch immer den Werth und die volle Geltung eines Originals haben. Der eben in Druck zu legende Band ist deshalb in der deutschen Bearbeitung sogar vollständiger geworden, als der bereits im November 1850 gedruckte böhmische Text, und zwar nicht allein um das ganze Capitel, welches die Verfassung und die inneren Zustände Böhmens beim Ausbruch des Hussitenkrieges schildert, und in der böhm. Ausgabe fehlt, sondern auch durch mehrere Zusätze, welche ich aus einigen erst in diesem Winter entdeckten Quellen geschöpft und in den deutschen Text verwoben habe.

Es wird dem hochlöbl. Landesausschusse wohl nicht entgehen, dass bei dem Aufschwunge, den die Pflege der böhm. Sprache und Literatur in neuester Zeit genommen, und bei dem als Grundgesetz des Staates proclamirten Princip der Gleichberechtigung der Nationalitäten, die Ansprüche des böhmisch lesenden Publicums, bei einem auf Landeskosten erscheinenden Werke gleiche Berücksichtigung zu finden, weder länger ignorirt noch abgewiesen werden dürfen, zumal die Regierung selbst bei ihren Organen solchen Ansprüchen seit 1848 Rechnung zu tragen beflissen ist. Ich bin als Patriot zu eifersüchtig auf die Ehre Böhmens, als dass ich auch nur denken könnte, die HH. Stände dieses Landes würden die Ersten sein, diesen Grundsatz der Völkergerechtigkeit, der allein den Staatsbau Neu-Oesterreichs dauernd zu erhalten vermag, ausser Acht zu setzen. Wenn ich daher, den seit 1848 veränderten Umständen gemäss, auch in der Publication meines Werkes eine angemessene Veränderung treffe, und den hochlöbl. Landesausschuss einer diesfalls ihn treffenden Pflicht und Sorge freiwillig überhebe, so glaube ich damit nichts weniger als die wohlwollende Anerkennung von seiner Seite verwirkt zu haben.

Hätte ich nicht schon von Jugend auf den festen Vorsatz gefasst, und ihn als Zweck meines Lebens angesehen, meinen Stammgenossen die Geschichte ihres Volkes einst in ihrer Muttersprache zu liefern, so wäre ich wohl kaum jemals böhm. Geschichtschreiber überhaupt geworden. Ich hoffte einst allerdings, erst nach Vollendung des deutschen Textes mit um so mehr Reife an die Bearbeitung des böhmischen gehen zu können; doch verspätet sich diese Vollendung wider mein Vermuthen und meine Absicht, trotz meinem anhaltenden angestrengten Fleisse, durch die inneren Schwierigkeiten des Werkes selbst, und ich müsste schon jetzt meinen Lebenszweck als verfehlt ansehen, wenn ich nicht den eben betretenen Weg eingeschlagen hätte. Dazu kömmt, dass die Quellen der böhm. Geschichte seit der Hussitenepoche vorzugsweise in böhm. Sprache fliessen, daher ihre gelegentliche Reproducirung in derselben Sprache meinem Werke mehr Frische, Eigenthümlichkeit und Kraft verleiht. Freilich wird dadurch auch die Schwierigkeit der deutschen Uebersetzung vermehrt, und somit die Nothwendigkeit für mich erhöht, dieselbe selbst zu überwachen und zu vervollkommnen. Es haben aber überdies namhafte Männer Deutschlands bezüglich meines Werkes die Ansicht offen ausgesprochen, dass es angemessen sei, die Geschichte Böhmens, wenn man sich dabei nicht auf den deutschen Standpunct stellen könne — und das zu thun kömmt es mir wohl nicht zu — lieber in böhmischer als in deutscher Sprache zu bearbeiten.

Aus allen diesen hier nur in äusserster Kürze berührten Gründen und Bemerkungen schöpfe ich die beruhigende Ueberzeugung, dass mein jetziges Beginnen weder mit den Wünschen und Bedürfnissen des Landes, noch mit der Natur der Sache, nicht mit der mir von den HH. Ständen gestellten Aufgabe, noch auch mit den gerechten Forderungen des hochlöbl. Landesausschusses selbst im Widerspruche stehe.

46. e)

Weiterer Erlass vom 13 April 1851.

In dem über die Herausgabe der neuen, die Geschichte des Hussitenkrieges umfassenden Folge Ihres historischen Werkes erstatteten Berichte vom 1 April l. J. haben Sie dem Landesausschusse eröffnet, dass Sie in der Publication Ihres Werkes eine den seit 1848 geänderten Verhältnissen entsprechende Veränderung zu treffen beabsichtigen. In so fern diese beabsichtigte Publication in dem auf Kosten des Domesticalfondes zu verlegenden Geschichtswerke selbst, und nicht auf anderen Wegen in die Oeffentlichkeit treten soll, hält sich der Landesausschuss für verpflichtet, hiemit an Sie das Ersuchen zu stellen, die Form dieser Ansprache an das Publicum vorerst zur hierortigen Kenntniss zu bringen, indem es dem Landesausschusse nicht gleichgiltig sein kann, was neben dem wissenschaftlichen Theile des Geschichtswerkes, dessen Behandlung allein und ausschliessend Ihrer Intelligenz anheim gestellt ist, dem Publicum im Werke selbst geboten werden soll.

46. f)

Schliesslicher Bescheid vom 6 November 1851.

Mit hierortigem Erlasse vom 12 März Z. 403 wurde Ihnen eröffnet, dass der Landesausschuss die Fortsetzung der, auf Kosten des Domesticalfonds in Druck zu legenden Geschichte Böhmens unbeschadet der, die Originalität des Werkes beurkundenden Form der bereits erschienenen früheren Bände, der Oeffentlichkeit zu übergeben willens sei; ferner wurde Ihnen bedeutet, dass, da Sie die deutsche Sprache als Form der ersteren Bände gewählt haben, und diese Form von den Herren Ständen auch angenommen wurde, man darauf beharren müsse, dass auch die Fortsetzung des Werkes in der begonnenen Form, somit als Ihr deutsches Originalwerk erscheine.

Nachdem Sie jedoch in Ihrer Aeusserung vom 1 April l. J. dem hierortigen, Ihnen bekannt gegebenen Beschlusse eine Deutung zu geben versuchten, welche der hierortigen, der Berathung zum Grunde gelegenen Absicht zur Gänze widerstreitet, und Sie die Originalität Ihres Werkes nicht gefährdet erachteten, wenn Sie sich selbst als Leiter und Controleur der deutschen Uebersetzung dem Publicum vorführen: so fand sich der Landesausschuss behufs der Beurtheilung dieser Ihrer dem Werke voranzusendenden Ansprache an das Publicum bestimmt, Sie zur Vorlage derselben vor dem Drucke aufzufordern.

Aus dem Inhalte derselben hat der Landesausschuss ersehen, dass Sie in der gegenwärtig erscheinenden 2. Abtheilung des III. Bandes der Geschichte Böhmens das Lesepublicum von Ihrem zur Reife gediehenen Entschlusse auf Ausscheidung aus der Klasse deutscher Historiker von der nunmehr in čechischer Sprache begonnenen Fortsetzung Ihrer böhmischen Geschichte, und von der im Interesse des deutschlesenden Publicums durch den k. k. Schulrath Wenzig veranstalteten deutschen Uebersetzung Ihres nunmehr čechischen historischen Werkes in die Kenntniss zu setzen beabsichtigen.

Diese Manifestation würde aber gerade dem auf Kosten des Domesticalfonds aufgelegten Geschichtswerke jenen Charakter der Originalität rauben, welchen der Landesausschuss dem Werke zu sichern beschlossen hat, und zu sichern verpflichtet ist.

Wenn der Landesausschuss auch, in Würdigung des in Sie von den Herren Ständen gesetzten Vertrauens und in Anerkennung Ihres schriftstellerischen Rufes, in Sie in Betreff des wissenschaftlichen Werthes Ihrer Leistung submittirt, so muss er sich doch seinen Einfluss auf Alles dasjenige wahren, was in diesem auf Kosten des Domesticalfonds aufgelegten Werke dem Publicum neben dem historischen Interesse geboten wird. Und obgleich Ihnen die Berichtigung des Publicums in Beziehung auf Ihre Entschlüsse im geeigneten Wege nicht verwehrt werden kann, so hält sich der Landesausschuss doch für berechtiget, derlei Manifestationen von dem, unter seiner Aegide erscheinenden Werke aus dem Grunde fern zu halten, um die Originalität des Charakters dieses Werkes nicht zu verrücken.

Sie werden demnach angewiesen, bei dem, unter der Presse befindlichen III Bande, 2 Abtheilung, entweder die ganze Vorrede, die ohnehin bei der Fortsetzung eines Werkes kein unabweisliches Bedürfniss ist, wegzulassen, *) oder in derselben jene von hier aus bezeichneten Stellen zu streichen, deren Anführung der hierortigen Absicht geradezu widerstreitet; unter Einem wird auch die Officin Gottlieb Haase & Söhne unter Beilegung Ihres Manuscripts angewiesen, die Vorrede, falls Sie bei derselben beharren, nur mit Weglassung der hierorts beanständeten Stellen zum Drucke zu befördern.

Prag, am 6 November 1851.

    Graf Mittrowski m. p.   Bohusch m. p.

---

*) Ist geschehen.

47.

Bericht vom 18 Mai 1853.

Indem ich hiemit die gehorsamste Anzeige erstatte, dass ich von meinem Winteraufenthalt in Nizza und Paris seit dem 10 Mai wieder nach Prag zurückgekehrt bin, fühle ich mich verpflichtet, zugleich hinzuzufügen, dass ich, einer schriftlichen Einladung der kaiserlichen Akademie der Wissenschaften folgend, am 22 Mai abermals mich nach Wien zu begeben gedenke, um den vom 23 bis zum 30 Mai dauernden Sitzungen der Akademie beizuwohnen. Ich glaube dem Rufe um so mehr Folge leisten zu sollen, als der Druck des ersten Bandes der zumeist von mir angeregten und redigirten „Acta Conciliorum seculi XV" in der k. k. Staatsdruckerei bereits begonnen hat, und ich der mit diesem Fache betrauten akademischen Commission, deren Mitglied ich bin, von wichtigen Entdeckungen, welche ich in Pariser Bibliotheken für sie gemacht, Bericht zu erstatten habe.

Aus dem gleichen Grunde finde ich mich zu der Bemerkung veranlasst, dass, wenn der seit dem Monate September v. J. suspendirte Druck meiner Geschichte von Böhmen (1431—1439) nunmehr wieder fortgesetzt werden soll, ich es wünschen muss, das Manuscript noch vor der Drucklegung zurückzuerhalten, um an mehreren Stellen kleine Zusätze anbringen zu können. Ich habe nämlich in Pariser Handschriften einige neue Aufschlüsse über die Verhandlungen des Basler Concils mit den Böhmen gefunden, welche zwar keine neuen Facta von Wichtigkeit mittheilen, aber mich dennoch in den Stand setzen, manches bereits Gesagte bestimmter zu formuliren und deutlicher zu beleuchten; meine Erzählung wird dadurch nirgends wesentlich geändert, wohl aber an manchen Stellen vervollständigt werden.

Endlich fühle ich mich gedrängt, die ergebenste Anfrage zu stellen, ob ich nicht den seit 1848 unterbrochenen Druck des Archiv český wieder fortsetzen kann und soll? Ich würde mich dazu besonders in dem Falle entschliessen, wenn es gestattet würde, die sogenannte Wladislaische Landesordnung vom Jahre 1500 mit einer lateinischen Uebersetzung zur Seite darin wieder abdrucken zu lassen. Ich habe die noch unbekannte lateinische Uebersetzung, welche im J. 1527 Rodericus a Dubrava dem Kaiser Ferdinand I nach seiner Wahl zum Könige von Böhmen verehrt hat, im Originalexemplar aufgefunden und für mich copiren lassen; ihre Bekanntmachung würde nicht allein für die böhmische Rechtsarchäologie, sondern auch in sprachlicher Hinsicht Interesse darbieten, da die eigentliche Bedeutung manches altböhmischen Rechtsausdrucks erst dadurch ins rechte Licht gestellt werden würde. Die Entscheidung des hochlöbl. Landesausschusses wird mich bestimmen, ob ich die diesfalls bereits vor Jahren begonnene Arbeit fallen lassen soll oder nicht.

Durch ein Decret vom 11 Juli 1853 wurde „die Fortsetzung des Archiv český bis auf unbestimmte Zeit verschoben."

48.

Bericht vom 22 Januar 1857.

Endlich bin ich im Stande, das Manuscript zur ersten Abtheilung des vierten Bandes meiner Geschichte von Böhmen, die Jahre 1439—1457 in sechs Capiteln umfassend, zur hohen Genehmigung druckfertig vorzulegen. Ein siebentes Capitel über die inneren Zustände Böhmens im Zeitalter Georgs von Podiebrad ist auch, bis auf wenige Bogen, im Manuscript vollendet, und wird in einigen Wochen von mir nachgetragen werden.

Ich hatte ursprünglich die Absicht, die ganze Periode von 1439 bis 1471, als „das Zeitalter Georgs von Podiebrad", in einem halben Bande beisammen herauszugeben, und war bereits mit der Schilderung der Regierung König Georgs beschäftigt, als ich wahrnahm, dass bei aller meinerseits angestrebten Kürze des Vortrags der Umfang des betreffenden halben Bandes dennoch unverhältnissmässig auf circa 50 Druckbogen anwachsen würde; ich musste mich deshalb entschliessen, denselben zu theilen und vorläufig nur die erste Abtheilung in Druck erscheinen zu lassen. Die wachsende Ungeduld des Publicums war ein weiteres Motiv dieses Entschlusses, den ich schon vor mehr als einem halben Jahre gefasst. Doch sah ich zu gleicher Zeit die Nothwendigkeit ein, dieser Abtheilung eine Uebersicht der inneren Zustände Böhmens in der Mitte des XV Jahrh., nämlich der geistigen Bewegung, der Literatur, des Secten-, Kriegs- und Söldnerwesens, endlich der socialen Verhältnisse und Sitten in Böhmen beizuschliessen, mit welcher eben so schwierigen als wichtigen Untersuchung ich seit dem Sommer des letzten Jahres beschäftigt bin und in wenigen Tagen fertig zu werden hoffe.

Zugleich erlaube ich mir zur hohen Kenntniss zu bringen, dass ich im September und October des verflossenen Jahres in den Archiven von *Dresden* und *Herrnhut* gearbeitet habe, und nach langem vergeblichen Suchen endlich im k. sächs. Staatsarchiv beinahe zufällig auf eine für meine fernere Arbeit sehr wichtige und reichhaltige Quelle gerathen bin, die mich veranlasst, dasjenige, was ich über die Regierung Georgs von Podiebrad bereits aufgesetzt hatte, wieder umzuarbeiten, und den dortigen Besuch in Zukunft noch zu wiederholen.

49.

Bericht vom 18 Januar 1859.

Die Abfassung der zweiten Hälfte des vierten Bandes meiner Geschichte von Böhmen, welche die Regierungszeit König Georgs von Podiebrad (1457—1471) umfassen soll, hat mich viel mehr Mühe und Zeit gekostet, als ich noch vor Kurzem hatte voraussetzen können, so dass ich bis jetzt erst mit neun Capiteln (1457—1470) fertig bin, und das zehnte (1470—1471), das jedoch zumeist nur die dem Tode des Königs vorangegangenen Aussöhnungs- und Friedensversuche, dann dessen Persönlichkeit und Hofstaat, sowie die Lage des Landes bei seinem Tode schildern soll, erst noch zu vollenden habe. Es ist dies eine Folge nicht nur des nothwendig gewordenen tieferen Eingehens in die noch so wenig bekannten und doch denkwürdigen Ereignisse jener Zeit, sondern auch des besonderen glücklichen Zufalls, dass ich erst im Laufe des letzten Sommers neuerdings auf eine überaus reiche und bisher ganz unbekannte Quelle der Geschichte dieser Zeit gerieth, nachdem ich noch den Sommer zuvor in *München* auch eine bedeutende Nachlese gehalten hatte. Durch alle diese Erwerbungen ist der bevorstehende Band meiner Geschichte nicht nur an Inhalt und Umfang, sondern auch an innerer Bedeutung ansehnlich gewachsen, und dürfte deshalb auch ausserhalb Böhmen um so mehr Theilnahme finden, je mehr neues Licht er auch über die gleichzeitige Geschichte von Deutschland, Ungarn, Bayern, Oesterreich u. s. w. verbreiten wird. Wenigstens die Erwartung ist darauf nicht allein bei dem Publicum in Böhmen, sondern auch an vielen Orten im Auslande gespannt, und wie mir häufige Kundgebungen zukommen, fast bis zur Ungeduld gesteigert.

Da ich mehrere hochgeachteten deutschen Gelehrten mit dem

Erscheinen dieses Bandes bis zu den bereits verflossenen Weihnachten vertröstet hatte, so ist mir viel daran gelegen, dass derselbe möglichst beschleunigt werde und zugleich in möglichst anständiger Form erscheine. Darum habe ich es auch unternommen, in dem deutschen Texte dieses Buches nicht blos eine von mir verbesserte Uebersetzung, sondern eine stilistisch freie Originalarbeit zu liefern. Ich habe in dieser Weise freilich erst zwei Capitel vollendet, die ich hiemit auch vorlege. Zur Beurtheilung aber des weiteren Verlaufs der Erzählung füge ich auch noch sieben andere Capitel in böhmischer Sprache bei, in der Hoffnung, dieselben werden genügen zur Entscheidung der Frage, ob meine Schilderung der Regierungszeit Georg Podiebrads überhaupt geeignet erscheine, gleich den früheren Perioden auf Landeskosten verlegt zu werden. Ich denke nämlich, sobald ich mit der Abfassung des letzten zehnten Capitels fertig werde, dann an die deutsche Bearbeitung ausschliesslich und ununterbrochen Hand anzulegen. Inzwischen könnte der Druck der ersten zwei Capitel demnächst beginnen, wo ich dann jedenfalls mit demselben gleichen Schritt halten würde und nichts zu übereilen nöthig hätte. Auch bin ich gesonnen, diesem Bande als Beilage ein interessantes Product der gleichzeitigen böhmischen Literatur, den Dialog Johanns von Rabstein über die Ereignisse der Jahre 1467—1469 beizuschliessen, weil derselbe nicht allein ein willkommenes und bedeutsames Licht auf dieselben wirft, sondern auch ein belehrendes Beispiel liefert, wie sie vom Standpunct des ganz correcten Katholicismus aufgefasst und gewürdigt werden können und sollen.

50.

Bericht vom 26 März 1859.

Als Nachtrag zu meiner gehorsamsten Eingabe vom 18 Januar l. J. übergab ich am 17 März in der ständ. Kanzlei das zehnte und letzte Capitel meines nächsten Bandes der Geschichte von Böhmen in böhmischer Sprache, und das dritte Capitel der deutschen Bearbeitung. Heute habe ich die Ehre, der letzteren Bearbeitung das vierte Capitel in Abschrift folgen zu lassen, welches gleichsam als der Angelpunct des ganzen Bandes angesehen werden kann, da darin die die Ereignisse vor und nach beherrschende Kirchenfrage zur vollen Erörterung gebracht ist.

Ich kann nicht umhin zu bekennen, dass ich gezwungen war, die letzten Capitel in einer sehr drückenden Gemüthsstimmung zu vollenden. Seit dem 22 Oct. v. J. bin ich durch natürliche Pflicht gebunden, einen grossen Theil meiner Zeit, als Krankenwärter bei Tag und Nacht, an dem Schmerzenslager meiner unsäglich leidenden theuren Gattin zuzubringen. Um daher auch meiner Pflicht gegen das Land und den hochlöbl. Ausschuss nachzukommen, isolirte ich mich seit fünf Monaten von aller Welt, entsagte fast aller Lecture wie allen Correspondenzen, und benützte jeden Augenblick, um ausschliesslich meinem Werke zuzuwenden, was mir an Kräften übrig blieb.

Ich erwähne dieser Umstände nur, um anzuzeigen, dass ich, um nicht auch physisch wie geistig zu verkümmern, genöthigt sein werde, für den nächsten Winter in einem milderen Clima Erholung zu suchen, und daher auch aus diesem Grunde bitten muss, der hochl. L. A. geruhe über mein Werk möglichst bald zu entscheiden, damit es, da der Druck jedenfalls über drei Monate dauern wird, noch zu rechter Zeit vollendet und ausgegeben werden könne.

51.

Bericht vom 5 Sept. 1859.

Mit dem siebenten bis zehnten Capitel des zehnten Buches meiner Geschichte von Böhmen, und der Beilage dazu, welche ich heute einreiche, ist das ganze Manuscript der zweiten Hälfte des vierten Bandes geschlossen und die Uebersicht des Inhaltes dieser ganzen Lieferung ermöglicht.

Leider ist der Herbst bereits im Anzuge und nöthigt mich, was ich in meiner gehorsamsten Eingabe vom 26 März in Aussicht gestellt habe, jetzt auszuführen, und für meine kränkliche Frau so wie für mich selbst in dem milderen Clima von Nizza Schutz gegen die Strenge des herannahenden Winters zu suchen.

In Allem, was die Drucklegung und Herausgabe dieses Theils meiner Geschichte betrifft, sind die Herren Friedrich *Tempsky*, Buchhändler, und Dr. Anton *Gindely*, Professor, sowohl willig, als auch vollkommen im Stande, mich zu ersetzen: und ich bitte deshalb, der hochl. L. A. geruhe in meiner Abwesenheit alle diesfälligen Erlässe an dieselben, und zunächst an Hrn. Tempsky, zu richten.

Mit Rücksicht auf den Inhalt meiner geschichtlichen Erzählung kann ich nicht umhin, die Nachricht beizufügen, dass ich die vielen bis jetzt unbekannten Documente, Briefe und Acten, auf welche die Erzählung sich stützt, so weit sie in lateinischer oder deutscher Sprache verfasst sind, in ein eigenes Werk unter dem Titel: „Urkundliche Beiträge zur Geschichte Böhmens und seiner Nachbarländer im Zeitalter Georgs von Podiebrad" (1450—1471) zusammengestellt und der kaiserl. Akademie der Wissenschaften zur Herausgabe offerirt habe, und dass der Druck dieses Werkes in der k. k. Staatsdruckerei bereits ansehnlich vorgeschritten ist.

52.

Erlass des Landes-Ausschusses vom 10 April 1860.

Das anher vorgelegte Manuscript, enthaltend in 10 Capiteln die 2 Hälfte zum IV Bande Ihrer „Geschichte Böhmens" ist der Buchhandlung des Friedrich Tempsky zur Veranlassung der Drucklegung in 3000 Exemplaren mit der weiteren Aufforderung übergeben worden, nach vollendeter Drucklegung im Einverständnisse mit Ihnen den Antrag auf Feststellung des Ladenpreises für das In- und Ausland zu erstatten.

Bei Genehmhaltung der Auflage dieser neuen Lieferung Ihrer Geschichte im deutschen Texte konnte es nicht der Beachtung des Landes-Ausschusses entgehen, dass dieselbe Lieferung im böhm. Texte bereits länger zuvor durch den Druck in die Oeffentlichkeit gebracht wurde. Die Auflage Ihres Geschichtswerkes im deutschen Texte ist diejenige, welche auf Kosten des Domesticalfondes geschieht und über welche die HH. Stände als Begründer und Unterstützer der Herausgabe und des Erscheinens dieses Werkes mit Ihnen das ursprüngliche Uebereinkommen getroffen haben.

Es sollte nicht übersehen werden, dass auf Grund dieser materiellen Unterstützung aus dem Domesticalfonde die Möglichkeit geboten war, dasselbe Werk als etwas bereits mit bedeutendem Aufwande Geschaffenes, in der Folge auch in böhmischer Sprache vortheilhaft zu verlegen.

Wenn auch eine derartige in die weitesten Kreise Eingang findende Verbreitung der Geschichtskunde unseres Vaterlandes mit den Intentionen der Begründung und Förderung dieses Geschichtswerkes im vortheilhaften Einklange steht: so ist es entgegen ein billiger Wunsch und eine aus dem ursprünglichen Uebereinkommen hervorgehende, gegründete Forderung, dass das Geschichtswerk, beziehungsweise dessen weitere Lieferungen im deutschen Texte, *nicht später* sondern *vielmehr früher* als dieselben Lieferungen in böhmischem Texte durch den Druck in die Oeffentlichkeit gebracht werden, und dass zum Mindesten in dieser Richtung das Charakteristikon der ursprünglichen Herausgabe dieses Werkes seine Wahrung finde.

Der Landes-Ausschuss versieht sich von dem Hrn. Historiographen, dass die vorerwähnten Momente von seiner richtigen Einsicht die angemessene Würdigung erfahren werden, und die hieran geknüpfte Forderung in Hinkunft volle Beachtung finden werde, als sonst der Landes-Ausschuss mit Bedauern in die unangenehme Nothwendigkeit versetzt würde, die in dem mit Ihnen getroffenen Uebereinkommen in Absicht auf die Herausgabe des Geschichtswerkes Ihnen zugesicherten Subventionen einzustellen.

Prag, am 10 April 1860.

Vom böhm. ständ. Landes-Ausschusse.

Für den Statthalter: Thun m. pr.   Bohusch m. p.

53.

Erneuertes Gesuch um Fortsetzung des Archiv Český.

(Dd. 1861, Nov. 15.)

Hochlöblicher Landesausschuss!

Bei der Bearbeitung der böhmischen Geschichte des XV und XVI Jahrhunderts muss der eben so gewichtige als missliche Umstand hervorgehoben und bemerkt werden, dass die Quellen derselben dem gelehrten Publicum grösstentheils gänzlich unbekannt und unzugänglich sind. Insbesondere muss ich beklagen, dass bezüglich des Zeitalters K. Wladislaws II, das mich jetzt beschäftigt und um so bedeutsamer ist, als es eine allmählige Umstaltung fast aller sociallen und Rechts-Verhältnisse im Innern des Landes uns vorführt, kaum ein Percent der dahin einschlägigen Quellen und Documente bisher in Druck edirt ist. Es widerstrebt dem loyalen Sinn eines Geschichtschreibers eben so, von seinen Lesern unbedingten blinden Glauben zu fordern, als sie auf Documente zu verweisen, die ihnen nicht bekannt sein können. Bisher habe ich mich grösstentheils mit den 1840—1846 erschienenen vier Bänden des Archiv český, zuletzt auch noch mit den im XX Bande der Fontes rerum Austriac. von mir publicirten „Urkundl. Beiträgen zur Gesch. Böhmens im Zeitalter Georgs von Poděbrad" (1450—1471) beholfen: diese Behelfe versiegen jedoch im Zeitalter der Jagelloniden fast gänzlich. Mit Bezug auf meine gehorsamsten Eingaben vom 22 Febr. und 25 Mai 1840, 24 Juni 1841, und 18 Mai 1853 erlaube ich mir daher das ergebenste Ansuchen zu stellen, ob der hochlöbl. Landesausschuss nicht geneigt wäre, zu gestatten und anzuordnen, dass die mit Decret vom 11 Juli 1853 sistirte Herausgabe des Archiv Český unter den früheren Modalitäten wieder aufgenommen und fortgesetzt werde?

Ich empfinde das Bedürfniss dieser Fortsetzung in solchem Masse, dass ich zu Anfang dieses Jahres bereits im Begriffe stand, dieselbe auf eigene Kosten herauszugeben, auch mit Buchdruckern und Verlegern in Verhandlungen darüber getreten war, und nur einerseits durch die politischen Ereignisse, anderseits durch die Schwäche meiner Augen abgehalten wurde, diesen Entschluss auszuführen. Nun aber, da ich wieder in den Stand gesetzt bin, etwas mehr arbeiten zu können, fühle ich mich gedrungen, die Sachlage vor Allem dem hochlöbl. Landesausschusse vorzulegen und um dessen Entscheidung gehorsamst zu bitten. Es bedarf wohl keiner Betheuerung von meiner Seite, dass es nicht mein Vortheil ist, den ich suche, sondern dass ich mir damit im Interesse der vaterländischen Geschichte nur ein Opfer auferlege.

Nach dem beiliegenden, mir von der Buchdruckerei Gottlieb Haase Söhne zugekommenen Ueberschlag, würden die Productionskosten sich fortan belaufen auf 18 fl. 90 kr. Oe. W. pr. Bogen, auf 283 fl. 50 kr. pr. Heft von 15 Bogen, und auf 1417 fl. 50 kr. pr. Band von 5 Heften oder 75 Bogen. Der Verkaufspreis, auf 1 fl. pr. Heft, 5 fl. pr. Band gestellt, würde 2500 fl. und nach Abzug der Buchhändler-Provision von $1/_3 = 833$ fl. $33 1/_3$ kr. im Ganzen $1666 2/_3$ fl. Oe. W. betragen, daher die gesammten Kosten durch den Verkauf von 380 Exemplaren bereits vollständig gedeckt sein. Werke der Art, wie Archiv český, haben in allen Ländern und Sprachen gewöhnlich schwachen Absatz, und ich kann mich nicht dafür verbürgen, dass die 380 Exemplare sobald verkauft sein werden: nur das darf ich versichern, dass die Theilnahme dafür sich im böhmischen Publicum gegenwärtig viel höher herausstellen wird, als in den Jahren 1840—1848.

Bezüglich des beiliegenden Ueberschlags erlaube ich mir nur noch zwei Bemerkungen beizufügen: 1) dass eine billigere und solidere Leistung, als diesfalls von der Buchdruckerei Gottlieb Haase Söhne angeboten wird, von keiner anderen in Prag zu erwarten stehe, und

2) dass das sogenannte Honorar von 4 fl. C. M. pr. Bogen nichts anderes ist, als ein mir bewilligter Pauschal-Ersatz für meine baaren Auslagen bei Veranstaltung von Copirungen zum Drucke und bei der schwierigen Verfertigung der Namenregister am Schlusse jeden Bandes. Prag, den 15 Nov. 1861.

Durch h. Erlass des Landesausschusses vom 3 December 1861 (Zahl 9659) wurde die Fortsetzung des Archiv Český nach Antrag genehmigt.

54.

Antrag bezüglich der Fortsetzung der Geschichte von Böhmen.

(Dd. 1862, Jul. 15.)

Hochlöblicher Landesausschuss!

Als in Folge eines hohen Landtagsbeschlusses vom 7 März 1831 mir der ehrenvolle Auftrag wurde, auf Landeskosten eine neue Geschichte von Böhmen zu verfassen, und als ich durch den Erlass des hochlöbl. Landesausschusses darüber vom 28 März 1831 (Zahl 797) angegangen wurde, den Zeitraum näher anzugeben, binnen welchem ich das Werk zu Stande zu bringen gedenke, hatte ich mich bereits damals, im Vorgefühl der ausserordentlichen Schwierigkeiten dieser Leistung, genöthigt gesehen, letztere Aufgabe abzulehnen, wie meine Erklärung vom 8 April 1831 des Näheren nachweist. Bei der Jahrhunderte hindurch anhaltenden totalen Vernachlässigung und Verwahrlosung dieses Faches in Böhmen war es in der That kein Wunder, wenn selbst über meine Erwartung die Schwierigkeiten bei jedem Schritte vorwärts sich steigerten und mehrten, und ich dadurch in meinem Gange in einer Weise aufgehalten wurde, die für Niemanden peinlicher war, als für mich selbst. Schon zu Anfang des Jahres 1842, wo ich in Folge eines Hofkanzlei-Erlasses gedrängt wurde, das Werk zu beschleunigen, äusserte ich mich über diesen Gegenstand an Se. Exc. den Grafen Chotek, damaligen Oberstburggrafen, in einem Schreiben vom 24 Febr. 1842, dessen treue Abschrift ich hier beizulegen mir erlaube. (S. oben N. 39.) Seitdem haben meine stets angestrengten historiographischen Arbeiten nur zweierlei längere Unterbrechungen erfahren: erstens durch die in den Jahren 1845--48 unternommenen historisch-topographischen Studien, über deren Nothwendigkeit und Umfang ich in meiner gehorsamsten Eingabe vom 5 April 1847 mich bereits umständlich erklärt habe, und dann zweitens durch die bekannten politischen Ereignisse der Jahre 1848 fg. und 1861 fg., denen ich mich persönlich nicht entziehen durfte. Gleichwohl habe ich endlich auch hier nicht unterlassen, im Interesse der Fortsetzung meiner historischen Arbeiten, vom hohen Herrenhause in Wien am 30 Sept. 1861 mir einen Urlaub auf unbestimmte Zeit auszubitten, den ich auch seitdem geniesse. Gegenwärtig bin ich noch mit Aufsuchung und Einsammlung historisch-archivalischer Quellen zur Geschichte des Zeitalters der Jagelloniden (1471—1526) im In- und Auslande vollauf beschäftigt, womit ich bis zum nächsten Monat September fertig zu werden hoffe, um dann an die Geschichtschreibung selbst wieder Hand anlegen zu können.

Ich habe den Studien böhmischer Geschichte nunmehr nahebei volle 40 Jahre meiner Thätigkeit fast ausschliessend gewidmet. Ich bin mir bewusst, dieser hohen Aufgabe meines Lebens keinen Augenblick untreu geworden zu sein, und von jeher alles daran gesetzt zu haben, was mir an physischen wie geistigen Kräften zu Gebote stand. Mittlerweile bin ich aber gealtert, meine Kräfte sind in der Abnahme, meine Sinne stumpfen und schwächen sich ab und mein Gedächtniss hält nur noch bezüglich der älteren Geschichtsdaten treulich Stich, während es sich neuen grossen Erwerbungen mehr und mehr zu verschliessen droht. Wenn ich daher unter diesen Umständen meiner Geschichtschreibung schon seit einiger Zeit die Gränze des Jahres 1526 setzte, um die weitere Fortsetzung einem Anderen zu überlassen, so bestimmte mich dazu auch das eigenthümliche Bewandtniss der Quellen unserer Geschichte. Bis zum J. 1526, d. h. bis zur Regierung K. Ferdinands I, hat der böhmische Geschichtforscher hauptsächlich mit einem fast unglaublichen Mangel an geeigneten Quellen zu kämpfen: seit 1526 aber fliessen dieselben je länger in um so grösserer Fülle und Menge zu, so dass es nicht leicht wird, der ganzen Masse ihres historischen Inhalts Meister zu werden. Jedenfalls nimmt diese Aufgabe, wenn sie gelingen soll, frische junge Kräfte für eine lange Reihe von Jahren in Anspruch: wogegen es für mich dringend angezeigt ist, zu den älteren Perioden und Quellen zurückzukehren, und nach seither vielfach gewonnener reicherer Belehrung, wie auch gründlicherer Einsicht, die früheren Bände meines Werkes theilweise umzuarbeiten.

Wenn es sich nun im Voraus um einen Fortsetzer für mich

handelt und ich etwa gefragt werde, welche Personen ich dazu als geeignet in Vorschlag bringen möchte, so weiss ich nur von zwei Männern, die meines Erachtens als solche bezeichnet werden könnten: der hiesige k. k. Universitäts-Professor W. W. *Tomek*, und der bisherige Professor der böhm. Oberrealschule Ant. *Gindely*. Beide haben ihre Fähigkeit und ihren inneren Beruf dazu durch anerkannte tüchtige Leistungen bereits hinlänglich bewährt. Indessen stehe ich nicht an, zu erklären, dass ich Hrn. Gindely schon aus dem Grunde den Vorzug gebe, weil er viel jünger ist und zu der Hoffnung berechtigt, er werde gleich mir ein ganzes Leben ausschliesslich dieser Aufgabe widmen. Es ist aber nothwendig, ihn dazu zu berufen, bevor er durch Umstände genöthigt wird, sich eine andere Carrière zu suchen.

Da ich übrigens nicht die Absicht habe, dem Amte wie den Pflichten eines Landeshistoriographen zu entsagen, so lange meine Kräfte es gestatten, so glaube ich, dass nach dem Vorgange Mährens ein anderes Amt, das zu dem eines Historiographen in innigem Verhältnisse steht, nämlich das eines *Landes-Archivars*, das auch in Böhmen mit jedem Jahre als nothwendiger sich herausstellt, Hrn. Gindely vorzugsweise anvertraut werden könnte.

Ich will für jetzt noch nicht in die umständliche Erörterung der Nothwendigkeit und Organisation eines allgemeinen böhmischen Landesarchivs eingehen: der hochlöbl. Landes-Ausschuss ist selbst in erster Reihe competent, dieselbe zu erkennen, zu würdigen und darüber zu beschliessen. Findet er sich in sich selbst bewogen, darauf einzugehen und gelehrte Vorschläge dazu einzuholen, so werden solche, wie von mir, so auch von Anderen, in reichem Masse nicht fehlen.

Was ich aber zunächst zu bemerken mich gedrängt fühle, ist der Umstand, dass es mir dringend geboten zu sein scheint, Hrn. Gindely für den oben angedeuteten Zweck und Beruf im Interesse der Landesgeschichte baldmöglichst zu gewinnen, und dass ich bereit bin, der leichteren Erreichung dieses Zweckes nöthigenfalls selbst persönlich ein Opfer zu bringen. Durch Landtagsbeschlüsse vom 4 Mai 1846 und 19 Mai 1847 wurden mir zu dem ursprünglichen Jahres-Honorar von 1000 fl. C. M. noch jährliche 600 fl. C. M. als „Personal-Aushilfe", zunächst um mir Copisten und andere Hilfsarbeiter halten zu können, angewiesen, so dass ich seitdem nicht mehr in den Fall kam, zu meinen vielen Archivreisen u. dgl. eine besondere Unterstützung von Seite des Domesticalfonds in Anspruch zu nehmen. Da ich nun, in der Voraussetzung, dass mein Vorschlag Genehmigung findet, meine seit bald 40 Jahren fortgesetzten Archivforschungen im nächsten Monat September schliessen zu können denke, und auch weniger Copisten als bisher brauchen werde: so bin ich erbietig, auf den Genuss der genannten Personal-Ausbilfe von 600 fl. C. M. vom nächstkommenden 1 October an zu Gunsten der sofortigen Anstellung Hrn. Gindely's als böhmischen Landes-Archivars zu verzichten, so dass der hochlöbl. Landesausschuss aus Landesmitteln nur 370 fl. Oe. W. zuzusetzen brauchte, um demselben sofort einen Jahr-Gehalt von 1000 fl. Oe. W. flüssig machen zu können, — natürlich unter Vorbehalt der Genehmigung des hohen Landtags, die hoffentlich demnächst nicht ausbleiben wird.

Ich fühle mich für das möglichste Gedeihen der böhmischen Historiographie moralisch verantwortlich, und kann deshalb nicht unterlassen, an den hochlöbl. Landes-Ausschuss die inständige und dringende Bitte zu stellen, dass mein Vorschlag in Erwägung gezogen und berücksichtigt, insbesondere aber Hr. Gindely für die genannte Aufgabe gewonnen und gesichert werde. Ich erlaube mir, hier nochmals in Erinnerung zu bringen, was schon oft gesagt und wiederholt worden ist: bei dem Umstande, dass die böhmische Geschichte als besonderes Studium auf keiner Lehranstalt ex professo wissenschaftlich behandelt wird, lag und liegt sie zum Theil bis jetzt noch so sehr im Argen, wie in keinem andern mir bekannten Lande, und unsere Landesrepräsentation ist durch diese Sachlage in der That genöthigt, mit geeigneten Mitteln hilfreich einzuschreiten, wenn das sonst so hochgebildete Böhmen nur in dem einen Puncte, seiner inneren Geschichte, die wahrlich nicht ohne Bedeutung ist, den Vorwurf barbarischer Verwahrlosung und Unwissenheit nicht auf sich laden will.

55.

Antwort des hohen Landesausschusses.

Aus der schätzbaren Eingabe de praes. 17 Juli l. J. hat der Landesausschuss mit Vergnügen Anlass genommen, durch Berufung des durch Euer Wohlgeboren empfohlenen und durch mehrfache literarische Leistungen rühmlich bekannten Dr. Anton *Gindely* zum provisorischen *Landesarchivar* für das Königreich Böhmen jenen dringenden und gewichtigen Rücksichten Rechnung zu tragen, welche

Euer Wohlgeboren vom Standpuncte der Interessen der Landeshistoriographie in so überzeugender Weise zur Geltung brachten.

Der Landesausschuss hat unter Einem beschlossen, den Dienstposten eines Landes-Archivars, vorbehaltlich weiterer Verfügungen, provisorisch mit dem Gehalte jährlicher Tausend Gulden Oe. W. und zwar ausschliesslich *aus Landesmitteln* zu dotiren.

Indem der Landesausschuss hiernach den durch Euer Wohlgeboren gestellten Antrag auf Verwendung eines Theiles der Euer Wohlgeboren als Landeshistoriographen systemmässig zugewiesenen Bezüge zur Dotation des Landesarchivars nicht annehmen zu dürfen erachtet, ist es demselben angenehm, Euer Wohlgeboren zu bekunden, dass der vorgedachte Beschluss nicht nur durch die Rücksichten auf die Euer Wohlgeboren auch fernerhin obliegenden historiographischen Verpflichtungen und auf die aus den rastlosen Bemühungen Euerer Wohlgeboren zu gewärtigenden Resultate und Sammlungen begründet ward, sondern vorzugsweise auch durch die Erwägung der ausgezeichneten und seltenen Verdienste hervorgerufen worden ist, welche sich Euer Wohlgeboren durch Ihre unübertroffenen Leistungen auf dem Gebiete der Landeshistoriographie zur Ehre und Nutzen des Landes erworben haben, deren unverkümmerte und warme Anerkennung die Annahme des hochherzig angebotenen Opfers nicht gestattete.

Prag am 29 Juli 1862.
Der Oberstlandmarschall
Nostitz m. p.   Dr. Brauner m. pr.

Ueber die letzten Wandlungen meiner Geschichtschreibung und deren Gründe geben die Vorreden zu den beiden Abtheilungen des fünften Bandes meiner Geschichte, *dd.* 16 December 1864 und 26 November 1867, hinreichende Aufschlüsse, mit deren Wiederholung ich gegenwärtige Schrift nicht noch mehr anwachsen lassen will.

Da ich nun über meine Historiographie, von deren Anfang bis zum Ende, so viele Actenstücke publicirt habe, gerathe ich am Schlusse in einige Verlegenheit, ob ich auch noch eine Urkunde hier beifügen soll, welche allerdings der wohlwollenden Anerkennung meiner diesfälligen Leistungen in ausserordentlicher Weise die Krone aufsetzt, aber auch einer Missdeutung begegnen kann. Wenn Seine Majestät Kaiser Franz Joseph I für meine „Verdienste um die böhmische Historiographie" mich der höchsten Auszeichnung würdig erachtete, und ich das hiermit zur Kenntniss meiner geehrten Leser bringe: so sehe ich wohl ein, dass solches von Manchen dahin gedeutet werden kann, als wollte ich mich dessen rühmen, oder damit gar meinen Gegnern imponiren: aber Andere könnten dafür halten, dass ein solches Factum auch wesentlich zur Geschichte meiner Historiographie gehöre, und möchten in dessen Verschweigung von meiner Seite am Ende vielleicht gar Undank erblicken. Nach einigem Schwanken musste ich mich durch die Erwägung bestimmen lassen, dass der Vorwurf der Ruhmredigkeit jedenfalls leichter zu tragen sein wird, als der des Undanks. Und so lasse ich denn zum Schlusse auch diese Mittheilung folgen.

56.

Vom k. k. Staatsminister: an Seine, des böhmischen Historiographen Herrn Dr. Franz Palacký, Hochwohlgeboren.

Prag den 28 October 1866.

Ew. Hochwohlgeboren! Seine k. k. Apostolische Majestät haben mit allerhöchster Entschliessung vom 27 October d. J. Ew. Hochwohlgeboren in Anerkennung Ihrer Verdienste um die Wissenschaft, und speciell um die böhmische Historiographie, den Orden der eisernen Krone zweiter Classe taxfrei allergnädigst zu verleihen geruht.

Von dieser Allerhöchsten Resolution beehre ich mich Ew. Hochwohlgeboren mit dem Beifügen die Mittheilung zu machen, dass es mir zum besonderen Vergnügen gereicht, Ew. Hochwohlgeboren zu diesem auszeichnenden Merkmale der Allerhöchsten Anerkennung meine herzlichsten Glückwünsche auszusprechen, und die diesfällige Ordensdecoration im Anschlusse unmittelbar einhändigen zu können.

Empfangen Ew. Hochwohlgeboren die Versicherung meiner vollkommenen Hochachtung

Belcredi m. pr.

VIII.

Polemisches aus den Jahren 1838—1846.

A)

Streit mit Barth. Kopitar.

1) *Antwort auf eine Recension in Gersdorfs Repertorium. vom J. 1838.*

In Gersdorfs Repertorium der deutschen Literatur für 1837 (Bd. XIV, S. 182—185) ist es einem Hrn. „Cosmas Luden" gestattet worden, in einem leidenschaftlichen Aufsatze allen Verdruss, den er über meine „Geschichte von Böhmen" empfand, mir, wie er sagte, „freundlich ans Herz zu legen," und der Lesewelt zu zeigen, dass er dem ganzen Werke auch nicht *eine* gute Seite abzusehen vermochte. Hätte er sich dabei nur mit seinem wahren Namen unterschrieben, so hätte ich vielleicht nicht nöthig gehabt, von seinem ganzen Artikel Kenntniss zu nehmen. Indessen möge der Leser aus der folgenden Zusammenstellung *aller* seiner thatsächlichen Einwendungen und meiner Antworten sich selbst ein Urtheil bilden; denn die von C. L. in den Aufsatz eingestreuten persönlichen Beleidigungen darf ich wohl unbeachtet lassen.

I) „Als Hauptquelle für den „Glanzpunct" seines Werkes gebraucht Palacky „das von Dobrowsky im 27 Bande der Wiener Jahrbücher hinlänglich widerlegte Machwerk" eines „noch lebenden Falsarius," das „sogenannte Gericht der Libussa."

1) Cosmas Luden spricht von dem Falsarius mit einer Zuversicht, als wenn er selbst dessen Gehilfe gewesen wäre. Doch kann ich versichern, dass auch ein Duzend Cosmas Luden, ja alle unsere Slavisten zusammen nicht im Stande gewesen wären, ein solches „Machwerk" zu fabriciren, in dessen Geist die tüchtigsten Philologen nur mit Mühe eindringen konnten, und das selbst ein Dobrowsky noch so wenig zu würdigen verstand, dass er gerade in dessen Beurtheilung die auffallendsten Blössen zeigte. Eine umständliche kritische Beleuchtung der ältesten böhmischen Fragmente in den Abhandlungen der k. böhm. Gesellschaft der Wissenschaften (von Hrn. Schafarik und mir) wird das Publicum hoffentlich noch in diesem Jahre in den Stand setzen, über diese Streitfrage zu urtheilen. *)

II) „Den König Samo vindicirt selbst der Böhme Dobrowsky den Karantanern, denen allein er nach den Quellen gehört."

2) Dobrowsky hat für seine Ansicht keine haltbaren Gründe vorgebracht. Dagegen haben die tüchtigsten Forscher über diesen Gegenstand, Thunmann, Pelzel, Karamsin, Mannert, *Heinrich* Luden, der *Karantane* Muchar, und neuerdings noch Zeuss, den Samo einstimmig den Böhmen vindicirt, und zwar mit überwiegenden Gründen. Cosmas Luden ist uns die Erklärung schuldig, wie Samo's Einfälle ins Frankenreich von Kärnten aus stets nur die Thüringer treffen konnten, ohne die Bayern zu berühren; wie die Sachsen an der Elbe sich herausnehmen konnten, das Reich gegen ihn (an den Alpen?) schützen zu wollen; warum Dagobert mit seinem Heere den Weg von Metz nach Kärnten über Mainz einschlug; wo Derwans Serben und Waluchs Marca Winidorum zu suchen sei u. s. w.

III) „Das castrum Wogastisburg haben Andere längst im steyrischen Voitsberg nachgewiesen."

3) Wer noch heutzutage den Namen „Wogastisburc" in „Voitsberg" wiederfindet, dessen philologischer Tact kann kein Vertrauen einflössen. Meine Conjectur (S. 79) für das altböhmische „Tugozc" (buchstäblich = Tugasts Burg, altdeutsch Tugst oder Taugst, jetzt Taus) macht seinerseits auch Zeuss, der nur darin fehlt, dass er in dem Flusse „Chub" nicht den Chamb, sondern die Eger sieht.

IV) „Fredegar, die einzige Quelle, weiss von einer entscheidenden dreitägigen Schlacht zwischen Samo und den Franken so viel als nichts."

---

*) Sie erschien 1840 unter dem Titel: „Die ältesten Denkmäler der böhmischen Sprache, kritisch beleuchtet" u. s. w.

4) Ich aber weiss Fredegars Worte „triduo proeliantes" bei einer Affaire, wo sich die Hauptmacht sowohl der Franken als der Slaven befand, und wo der ganze Krieg eben dadurch eine andere Wendung bekam, nicht anders zu deuten.

V) „Eben so unrichtig werden die Awaren über die Karpaten hinaus nach Böhmen einquartirt."

5) Paulus Diaconus sagt lib. II, cap. 10: „Avares —super Sigisbertum irruunt; quibus ille in Thuringia occurrens, eos juxta Albim fluvium potentissime superavit." Dass Thüringen und die Elbe innerhalb der Karpaten zu suchen sind, war bisher ganz unbekannt..

VI) „Völlig unbegründet ist die mit zwei angeblichen Quellenbeweisen unterstützte Annahme eines slawischen Gottesdienstes unter den bulgarischen Slawen vor Kyrill 870, schon im 7 Jahrh."

6) Wenn jene zwei Stellen ungenügend sind, die frühere Christianisirung der ins byzantische Reich eingedrungenen Slawen zu beweisen, so füge ich ihnen noch zwei andere hinzu: Guillem. Bibl. vita Hadriani ap. Asseman. II, 190, dann den slawichen Mönch Chrabr in Kalajdowič Joann exarch Bolgarskij pag. 189, und verweise in dieser Sache überhaupt auf die gründliche Erörterung in Hrn. Schafarik's Starožitnosti Slowanské pag. 587 fg.

VII) „Dass die Griechen mit der slawischen Liturgie erst 870 in Pannonien den Anfang machten, hatte selbst Dobrowsky eingesehen und behauptet."

7) Die Karantanität der slawischen Liturgie ist das Hauptthema, welches der Glagolita Clozianus beweisen wollte, aber unglücklicher Weise nicht bewies. Alle alten übereinstimmenden Zeugnisse für 855 verwarf er willkührlich, oder schob sie bei Seite, selbst das Zeugniss des Papstes Johann VIII vom J. 880 für Cyrill, der 869 starb, folglich seine Schrift und Liturgie nicht erst 870 erfinden konnte. Da nun Cosmas Luden in diesem Puncte, ausser mir, auch Hrn. Schafarik controliren will: so lese er doch erst dessen Starožitnosti S. 814—824, bevor er an weitere Controle denkt.

VIII) „P. übergeht es, dass auch ein Theil Pannoniens im J. 900 zu Mähren gehörte."

8) P. erzählt vielmehr ausdrücklich (S. 142), dass Swatopluk im J. 884 das von ihm eroberte Pannonien von Karl dem Dicken auf dem Tage zu Königstätten zu Lehen nahm.

IX) „P. behauptet, die böhmischen Prätendenten hätten nur Geld mitzubringen gebraucht, um von den deutschen Kaisern Alles zu erhalten."

9) So allgemeine vage Beschuldigungen hat P. nirgends ausgesprochen, sondern die einzelnen Vorfälle jedesmal nach den Quellen dargestellt.

X) „In den böhmischen Revolutionen, wie P. sie erzählt, sieht man oft gar kein Motiv."

10) Auch dies ist eine vage Beschuldigung. Wo die Motive einer Revolution aus den uns überlieferten Quellen nicht zu entnehmen sind, darf sie der Geschichtschreiber nicht etwa erfinden.

XI) „Graf Wacek ist dem P. bald ein Muster von Tugend, bald ein gewöhnlicher feiler Höfling."

11) P. hat weder das Eine noch das Andere behauptet, und sich überhaupt gehütet, über Personen, von deren Charakter und Gesinnung uns wenig überliefert worden, ein absprechendes extremes Urtheil zu fällen.

XII) „Heinrich V und Graf Wacek verhandeln (S. 368) gemeinschaftlich den böhm. Thron; dem Kaiser nimmt dies der gerechte P. sehr übel, dem Grafen nicht."

12) Bei den vielen böhmischen Parteiungen und Thronstreitigkeiten jener Zeit hatte Heinrich V im J. 1107 zuerst an Bořiwoj gegen Swatopluk, und kurz darauf an Swatopluk gegen Bořiwoj den böhm. Thron verhandelt, im J. 1109 wieder Bořiwoj den Thron zugesprochen, und einige Wochen später Wladislaw I als Herzog anerkannt, — alles für Geld, nichts ohne dasselbe. Graf Wacek verrieth wenigstens niemals die Partei, der er diente, und der Prätendent, dem er die Anerkennung vom Kaiser erkaufte, war bereits vom böhm. Volke auf einem ordentlichen Landtage anerkannt und in herkömmlicher Weise installirt. Der Kaiser war in diesem Falle Richter, der Graf Partei.

XIII) „P. hätte von Schafarik die Stelle des Byzantiners entlehnen sollen, „dass die Grosscroaten Otto d. Gr. gehorchten." Als Böhmen thaten sie dies wirklich."

13) Hier sind in drei kurzen Sätzen drei Irrthümer gehäuft: denn 1) die Grosscroaten waren keine Böhmen, 2) die Böhmen gehorchten nicht Otto d. Gr., sondern ihrem eigenen Landesherrn, und 3) Schafarik hat keinen der beiden Sätze behauptet. Vgl. Časopis česk. Museum, 1837, I, 23 fg.

XIV) „Wenn Eginharts Vita Caroli M. nur ein Panegyricus ist, wofür sollen wir P's Behandlung der Heiligen Wenzel und Adalbert ansehen?"

14) P. hat nur zwei Stellen in der Vita Caroli M. verworfen, weil sie mit der Geschichte und zum Theil selbst mit den Annalen desselben Eginhart im Widerspruche stehen. Diesen Widerspruch hätte C. L. doch erst heben sollen, bevor er berechtigt war, P. darüber einen Vorwurf zu machen.

XV) „P's Deutsch ist nicht frei von Sprachfehlern: man sagt nicht einem einen Schaden, Unfall, Verrath *ent*gelten (für *ver*gelten)."

15) Hier hat Cosmas Luden einmal Recht. Mea culpa, mea maxima culpa!

XVI) „P. hat 276 und sonst fast überall das Recht geltend machen wollen, slawischen Wortbruch zu entschuldigen."

16. Wenn C. L. die Stelle 276 noch einmal liest, und sie mit S. 255, 263, 264, 345, 348, 355, vorzüglich aber mit S. 488 u. s. w. vergleicht, so wird er selbst inne werden, dass er hier eine *Verläumdung* ausgesprochen.

XVII) „P. hätte gegen Heinrich Jochsammergott von Oesterreich gerechter sein können."

17) C. L. muss erst nachweisen, wodurch P. gegen jenen Herzog, den er weder zu loben noch zu tadeln Anlass hatte, ungerecht gewesen.

XVIII) „Cosmas Luden will diese Einwendungen gegen P. nöthigenfalls verzehnfachen."

18) Wenn die künftigen nicht besser begründet sind, als die bisherigen, so kann er sich die Mühe ersparen; ich werde ihm auf keinen Fall mehr antworten. Will er aber in dem Streit das letzte Wort haben, so ersuche ich ihn, nur um seiner selbst willen: 1) offen und ehrlich, wie's einem Forscher nach Wahrheit geziemt, aufzutreten und aus dem Versteck seiner Pseudonymie nicht mehr die Person des Verfassers, sondern nur dessen Werk anzugreifen; daher 2) sich aller Anzüglichkeiten, aller vagen Beschuldigungen, Verdächtigungen u. dgl. zu enthalten; und 3) den ehrwürdigen Dobrowsky, der im Grabe ruht, nicht mehr zu seinem Sündenbock zu machen.

Prag, den 10 Januar 1838.

2) *Zuschrift an Herrn F. A. Brockhaus in Leipzig.*

Da Hr. Kopitar in Wien, in seiner neuesten Schrift „Hesychii epiglossista Russus" etc. mich wie überhaupt, so auch insbesondere aus Anlass des in Ihrem Convers.-Lexicon der Gegenwart gedruckten biographischen Artikels „Kopitar", (für dessen Verfasser er mich hält), auf das empörendste verläumdet und geschmäht, und somit gezwungen hat, den Schutz des Gesetzes gegen ihn anzurufen: so bitte ich Ew. Wohlgeboren mir eine der Wahrheit gemässe, in legaler Form abgefasste Erklärung über folgende Puncte zukommen zu lassen:

 1) dass ich bereits seit mehreren Jahren aufgehört habe, Mitarbeiter an Ihrem Convers.-Lexicon zu sein;

 2) dass ich Ihnen von jeher nie andere, als mit dem Imprimatur der k. k. Censur versehene Artikel eingesendet habe;

 3) dass insbesondere der biographische Artikel „Kopitar" in Ihrem Convers.-Lex. d. Gegenwart nicht von mir herrührt,*) und

 4) dass ich Ihnen weder brieflich, noch sonst auf welche Art immer, auch nicht die geringste Notiz für Ihre Allgemeine Zeitung jemals habe zukommen lassen.

Ich hoffe, dass Ew. Wohlgeboren, eingedenk meiner Ihnen einst willig geleisteten Dienste, dieser meiner Bitte nach Recht und Billigkeit, und so bald als möglich, willfahren werden.

   Mit vorzüglicher Hochachtung etc.

Prag, den 13 April 1840.

---

*) Er war von Dr. Kreuzberg in Prag ohne mein Mitwissen verfasst.

3) *Beschwerdeführung bei der k. k. obersten Polizei-Hofstelle.*

(Im Mai 1840.)

Hohe k. k. Polizei- und Censur- Hofstelle!

Herr Barthol. *Kopitar*, Custos der k. k. Hofbibliothek, wird seit Jahren nicht müde, mich sowohl öffentlich als privatim zu verfolgen und zu verläumden. Den Beweis liefern mehrere, zum Theil anonym und pseudonym in auswärtigen Blättern erschienene injuriöse Artikel, zu denen er sich als Verfasser nachträglich bekannt hat; vor allen aber seine neueste, in Wien gedruckte Schrift: „Hesychii glossographi discipulus" u. s. w. (bei Gerold, 1840) und darin vorzüglich das Postscriptum II auf Seite 67—72, wo er neben anderen Schimpfnamen, die er mir gibt, mich meist als „*Pantilius cimex*, Horatiano et re et *nomine* simillimus" anführt; letzteres hat ohne Zweifel eine Beziehung auf die Aehnlichkeit des Namens Palacky mit dem ungrischen Worte palaszka, eine Wanze. Doch auch wer diese Beziehung nicht kennt, muss schon aus der Fassung des ganzen Aufsatzes deutlich abnehmen, dass Niemand anderer als ich unter jenem Pantilius gemeint sei.

Ausser dem Spotte, mit dem er mich darin überhäuft, entwirft er auch eine Zeichnung meines angeblichen Charakters, unterschiebt mir Gesinnungen und dichtet mir Handlungen an, welche, wenn sie wahr wären, meine bürgerliche Achtung vermindern und daher auf mein Fortkommen den schädlichsten Einfluss haben müssten. Er macht sich somit der im § 236 und 237 des A. b. Gesetzbuches von den schweren Polizei-Uebertretungen vorgesehenen Fälle von Ehrenbeleidigung schuldig.

Ich verachte jedoch sein unehrenhaftes Treiben zu sehr, als dass ich ihm darüber sogleich einen Ehrenbeleidigungsprocess anhängen sollte, zumal die Führung desselben mich viel Zeit kosten könnte; ich begnüge mich daher im Gegenwärtigen nur diejenigen zwei seiner Beschuldigungen von mir abzulehnen, welche eine besondere Tragweite haben und darauf berechnet sind, mich wo möglich in meinem Wirkungskreise als gefährlich und polizeilich strafbar darzustellen; dann aber um hohen Schutz gegen weitere ähnliche Beleidigungen von Seite Hrn. Kopitars zu bitten.

Er nennt mich fast auf jeder Seite seines Aufsatzes einen *fanatischen Protestanten*, der aus Religionsfanatismus Lügen anstatt Geschichte schreibe, — bloss weil ich im ersten Bande meiner Geschichte von Böhmen (S. 118—124) nicht seiner neuen Hypothese vom „pannonischen Ursprung der altslawischen Liturgie" beipflichtete, sondern der von Alters her allgemein angenommenen Meinung folgte, welche in neuerer Zeit selbst Dobrowsky in zwei Abhandlungen gegen Kopitar vertheidigt, Hr. Šafařík aber mit unwiderlegbaren Gründen vollends ausser Zweifel gestellt hat. Die slawische Liturgie ist kein so wichtiger Punct in der böhmischen Geschichte, dass es mir nicht hätte erlaubt sein sollen, darin der Autorität anderer mit Recht geachteten Forscher zu folgen, so bald ich mich von deren Wahrheit überzeugt hatte. Aber selbst angenommen, dass ich im Irrthum mich befände, so wäre dies keineswegs die Folge einer fanatisch-protestantischen Gesinnung; denn sonst müsste nicht nur z. B. Dobrowsky und die Jesuiten, welche die Acta Sanctorum redigirten, sondern es müsste alle Welt ausser Hrn. Kopitar fanatisch-protestantisch sein, da er (S. 48 seiner Schrift) selbst bekennt, dass es ihm noch nicht gelungen ist, auch nur *einen* namhaften Gelehrten in Europa für seine Ansicht zu gewinnen.

Hr. Kopitar glaubt Wunder, wie sehr er mit seiner Hypothese Rom gegen Constantinopel schütze; und bedenkt nicht, dass man selbst die beste Sache compromittiren kann, wenn man sie auf unhaltbare Gründe stützt.

Wäre ich wirklich ein fanatischer Protestant, so hätte diese meine Gesinnung gewiss auch bei anderen viel wichtigeren Anlässen, als es die altslawische Liturgie ist, sich bethätigen müssen. Er weise doch Etwas der Art nach! Er kläre überdies auf, wie dieser Vorwurf sich zusammenreimen lässt mit demjenigen, den er mir in Gersdorfs Repertorium (Bd. XIV S. 182 fg.) machte, dass nämlich meine Geschichte der böhmischen Heiligen Wenzel und Adalbert keine Geschichte, sondern nur ein Panegyrikus sei. Es ist doch, glaube ich, nicht die Weise fanatischer Protestanten, Panegyriken auf Heilige zu schreiben.

Von gleichem Gehalt ist eine andere Beschuldigung, welche in den Worten liegt: „Lipsiae de persecutione papistica lamentantium"

(S. 71 in der Note.) Ich verstehe freilich nicht mehr davon, (wie gleicherweise von vielen anderen Klatschereien in dem Aufsatze), als dass sie auf mich gemeint, und darauf berechnet ist, mich wie überhaupt, so auch bei der hohen Regierung insbesondere zu verdächtigen. Da mir aber von einer „persecutio papistica" hier zu Lande nicht das Mindeste bekannt ist, so wüsste ich nicht, wie und wo ich darüber hätte klagen können, zumal ich seit mehren Jahren in keiner, weder directen noch indirecten Communication mit irgend einer Redaction im Auslande stehe, und überdies in meinem Leben auch nie das Geringste, weder im In- noch im Auslande, ohne die vom Gesetz geforderte Genehmigung der k. k. Censur zur Publicität gebracht habe. Behauptet Hr. Kopitar etwa das Gegentheil, so darf er den Beweis nicht schuldig bleiben.

Hr. Kopitar nimmt als ausgemacht an, dass ich der Verfasser des biographischen Artikels „Kopitar" im Brockhausschen Conversations-Lexicon der Gegenwart sei, während ich daran etwa noch weniger Theil habe, als er selbst. Hätte er den Artikel nur unbefangen gelesen, so hätte er schon aus seiner Fassung selbst merken müssen, dass er nicht von mir herrühren könne, da er mit meinen bekannten Ansichten in manchen Puncten in Widerspruch steht, und ich hätte nicht nöthig gehabt, Hrn. Brockhaus um das hier beiliegende Zeugniss zu bitten.

Wenn ich aber auch nicht in alle die Injurien eingehe, welche Hr. Kopitar mir in seiner neuesten Schrift anthut, — denn es gibt fast keine Art von Schlechtigkeit, die er mir nicht andichtete, — so kann ich doch nicht umhin, mich darüber zu beschweren, dass nachdem das h. Hofdecret vom 27 März 1792 den Censoren die Beseitigung jeder Persönlichkeit in den zum Druck bestimmten Werken zur Pflicht gemacht hatte, es dennoch einem k. k. Hofbeamten und Censor in Wien, mit Hintansetzung dieser Pflicht, möglich war, eine Schrift voll der beleidigendsten Persönlichkeiten gegen mich und Andere drucken zu lassen, und an alle Welt gratis zu versenden.

Da nun Hrn. Kopitars Benehmen gegen mich, ohne irgend eine Veranlassung von meiner Seite, (denn niemals habe ich ihn im mindesten provocirt, und nur einmal mich gegen ihn vertheidigt) — mit jedem Jahre insolenter wird, und es gar nicht abzusehen ist, welche Art von Beleidigung mir von ihm noch bevorstehen mag: so bitte ich ehrfurchtvoll Eine Hochlöbl. k. k. Polizei- und Censur-Hofstelle, ihm dieses eben so ehr- als rechtwidrige Betragen zu verweisen, und für die Zukunft ganz zu untersagen.

B)

Entgegnung auf Angriffe in der Augsburger Allgemeinen Zeitung. *)

(Dd. 19 April 1846.)

Schon seit Jahren sehe ich mich in Ihrem vielgelesenen Blatte Angriffen ausgesetzt, die sich bei jeder Gelegenheit erneuern und je länger je heftiger werden. So lange dieselben bloss meine Gesinnung und meinen Charakter zum Ziel hatten, konnte ich sie um so leichter ignoriren, je mehr sie aller näheren Begründung entbehren. Beschuldigungen dieser Art wollen ohnehin nicht mit Worten sondern mit Thaten widerlegt sein. Auch ist es mir nie um den Beifall solcher Leser zu thun gewesen, die da gewohnt sind, nach einseitigen, offenbar parteiischen Berichten sich ihr Urtheil über Personen zu bilden.

In der letzten Zeit endlich haben zwei Ihrer Correspondenten den Streit in so fern auf ein wissenschaftliches Feld versetzt, als sie Hrn. Kopps Darstellung der Geschichte Rudolfs von Habsburg meiner Schilderung K. Otakars II von Böhmen entgegenhielten. Namentlich in der Beilage Nr. 87 (zum 28 März 1846) heisst es wörtlich: „Palazky hat da mit vieler Prätension seinem czechischen Widerwillen gegen Deutschland Luft gemacht und über Rudolf eine Menge ungünstiger Urtheile ausgesprochen. Kopp zeigt, dass der Böhme in den meisten wesentlichen Puncten Unrecht gehabt hat, dass ihn hier die Unvollständigkeit seiner Quellen, dort die Befangenheit seiner nationalen Stimmung irre leitet." Ich hoffe nun, dass Sie einer Entgegnung auf dieses vorschnelle Urtheil in Ihrem Blatte um so mehr Raum geben werden, je mehr dieselbe zur allseitigen Beleuchtung

---

*) Wurde unter der Ueberschrift „Ein Wort aus Böhmen über deutsche Geschichtsschreibung" in der Beilage der Allgemeinen Zeitung vom 3 Mai 1846 abgedruckt.

einer wichtigen Epoche der deutschen Geschichte beitragen wird, zumal ich Ihnen verspreche, mich darin so kurz als möglich zu fassen. Ich wüsste nicht, wie und wo ich über Rudolf von Habsburg „eine Menge ungünstiger Urtheile" sollte ausgesprochen haben, da ich seinen überlegenen Geist, seine ungemeine Thatkraft und Klugheit und selbst seinen Rechtsinn ausdrücklich anerkannte und ihm deshalb bei jeder Gelegenheit volle Gerechtigkeit widerfahren liess. Oder soll etwa das Urtheil schon in der einfachen Darstellung der Thatsachen liegen? Ich berichtete freilich, dass der Anschlag, Otakar seine erworbenen Länder zu entreissen, von Seite der Kurfürsten, welche Rudolf wählten, in ursprünglicher Verbindung mit der Wahl stand, und dass Rudolf schon zu dem Zweck und mit dem Auftrag dazu gewählt wurde: doch gab ich (S. 234) selbst zu, dass man ihn nicht tadeln könne, eine solche Mission angenommen zu haben, wenn gleich dieselbe nicht ohne mehrfache Rechtsverletzung durchgeführt werden konnte. Kopp stellte dagegen in Abrede, dass von deutscher Seite irgend eine Rechtsverletzung Statt gefunden habe; und um diesen Punct dreht sich eigentlich der Streit zwischen ihm und mir. Lassen sie uns nun sehen, ob er in der Durchführung seines Satzes so glücklich gewesen, wie Ihr Correspondent es behauptet.

Kopp berichtet selbst, dass Otakar nicht nur nicht eingeladen wurde, an der Königswahl 1273 als Kurfürst Theil zu nehmen, sondern dass man auch seine bevollmächtigten Boten dabei von aller Wahlverhandlung ausschloss (S. 148); er findet an solchem Vorgange nichts zu rügen, und möchte den Leser lieber glauben machen, Böhmens Erzschenkenamt und Kurrecht im Reiche seien erst späteren Ursprungs (S. 20). Wenn er dem zu Folge den wesentlichen Antheil, den Böhmens Könige an der Wahl z. B. Philipps von Hohenstaufen (1198), Friedrichs II (1212), Konrads IV (1237), Wilhelms von Holland (1247) und Richards von Kornwall (1257) nahmen, ignorirt, so ändert das doch nichts an der Giltigkeit des Satzes, dass sie die Kur vor 1273 unbestritten *factisch* ausgeübt haben. Ob sie aber auch das *Recht* dazu gehabt, darüber lasse ich diejenige Auctorität entscheiden, die er selbst wohl am wenigsten bestreiten wird: K. Rudolf bezeugte es nämlich dem Sohne Otakars am 26 September 1290 urkundlich, dass nach dem übereinstimmenden Zeugnisse der Reichsfürsten (concordi testimonio principum) das Erzschenkenamt und die Kurstimme im Reiche nicht allein ihm, sondern auch seinen Ahnen und Vorfahren mit vollstem Rechte gebührten (suis progenitoribus abavis, atavis, proavis et avis jure plenissimo competebant).

Dies ist nun wohl nicht zweideutig, und lässt sich am wenigsten dahin deuten, wohin Kopp es gern wenden möchte, dass nämlich das Kurrecht Böhmen erst 1290 zugesprochen worden sei. Ich frage, wann und bei welcher Gelegenheit hat das Haus Wittelsbach vor 1273. *zwei* von den *sieben* Kurstimmen ausgeübt? Denn bei Richards Wahl hatte ja die Stimme beider Brüder, des Pfalzgrafen Ludwig und Herzog Heinrichs nur für *eine* gegolten; wenn man daher 1273 jedem Bruder eine volle Stimme gab und Böhmen dagegen ausschloss, so war dies nach dem Urtheil eines jeden Unbefangenen eine *rechtswidrige Neuerung*, welche weder durch die sichtbar auf Schrauben gestellte Urkunde vom 12 Mai 1275, noch durch die ohnehin an innerem Widerspruch leidenden Privatansichten Eikes von Repgow oder Albrechts von Stade (welche beide schon unter dem Einflusse des Factums von 1273 schrieben) gerechtfertigt werden kann. Auf jeden Fall ist zwischen den Urkunden vom 12 Mai 1275 und 26 September 1290 ein directer Widerspruch, der sich nicht gut lösen lässt, und die Fürsten als Urtheilsfinder müssen somit entweder 1275 oder 1290 Unrecht gesprochen haben; einen dritten Fall gibt es nicht. Wenn nun aber Otakar gegen einen offenbar nicht in gehöriger Rechtsform vorgenommenen und seine positiven Rechte direct verletzenden Wahlact standhaft protestirte, — ist ihm das so sehr zu verargen?

Aber auch angenommen, (nicht zugegeben), dass die Wahl in voller Rechtsform vor sich gegangen und dass Otakar keine Einsprache dagegen zu erheben hatte: so war er durch die damaligen Gesetze, gleich allen Reichsvasallen, nur verpflichtet, binnen Jahr und Tag nach der Krönung des neuen römischen Königs die Belehnung bei ihm nachzusuchen. Vor Ablauf dieser gesetzlichen Frist, also vor dem 24 October 1274, hätte man daher nichts Feindseliges gegen ihn unternehmen sollen, indem er bis dahin noch immer seiner Pflicht hätte nachkommen können. Was geschah aber? Es ist durch Urkunden, deren Echtheit Niemand bestreitet, sichergestellt, dass Rudolf schon vor dem *Juli* 1274 von Otakar die Zurückgabe der neu erworbenen Länder forderte, und dass er die Feindseligkeiten gegen ihn auch schon am 4 August 1274 begann. Der pathetischen Frage Kopps (S. 85): „Gibt es noch ein römisches Reich?" stelle ich daher in diesem Puncte mit vollem Fug die Frage entgegen: „Gibt es noch ein Recht im römischen Reich?" — Man denke sich aber in Otakars Lage hinein, und frage sich dann, ob ihm die Ehre gestattete, einem so rücksichtslosen Verfahren anders als mit dem Schwert in der Hand zu antworten! —

Otakar wurde 1276 zunächst in Folge des Verraths seiner Verbündeten und Vasallen, daher ohne Schwertstreich, gedemüthigt. Dass der Sturz eines so mächtigen Königs weit und breit Aufsehen machte und vielfach besprochen wurde, dass in die Erzählungen darüber eine Menge falscher Gerüchte sich einschlich und Glauben fand, braucht nicht erst bewiesen zu werden. Selbst in unseren Tagen, den Tagen einer Publicität, wie sie noch nie bestand, wo die ungemein erleichterten Communicationsmittel, die tausendzüngige Tagespresse, die in vielen Ländern bestehenden öffentlichen Tribunen, jedes wichtigere Ereigniss nach allen Seiten hin beleuchten, wo wohlunterrichtete Regierungsorgane jeden erheblicheren Irrthum auf der Stelle zu berichtigen pflegen, — welche Masse von Erdichtungen und Entstellungen des Geschehenen findet da nicht Glauben und Verbreitung! Und glaubt man etwa, dass dies alles im Mittelalter besser bestellt, die Interessen und Leidenschaften der Parteien minder rege, die Phantasie minder geschäftig gewesen? Jeder Unbefangene muss von selbst einsehen, mit welcher Vorsicht da die Berichte einzelner Privatmänner von beschränktem Gesichtskreise aufgenommen werden müssen, und welches Glück es für den Forscher ist, wenn ihm in solchen Fällen ämtliche Originalacten zur Einsicht gestellt werden. Letzteres ist nun aber bei den in Frage stehenden Ereignissen von 1276 — 1278 in *ganz vorzüglichem Masse* der Fall: ausser der bekannten Reihe von Friedensverträgen ist uns eine sehr grosse Zahl von Briefen beider Parteien erhalten worden, über deren Echtheit kein Zweifel ist. Aus diesen Actenstücken stellt sich aber ein ganz anderer Verlauf der Ereignisse heraus, als wie die der geheimen Verhandlungen unkundigen Chronisten ihn angaben. Wenn man die Friedensverträge nebeneinanderstellt und gewahr wird, wie Otakars Rechtsboden in jeder nachfolgenden enger gezogen wird, bis endlich an der äussersten Frage, ob er noch ferner souverainer Herr seiner Unterthanen bleiben soll, alle Verhandlungen zerschellen, — so bedarf es fürwahr keines grossen Scharfsinns, um zu erkennen, auf welcher Seite der Angriff und die Nothwehr gewesen. Allein Herrn Kopp ist, gleichwie seinem Freunde Hrn. Böhmer (in dessen Regesten), dieser Sachverhalt unbequem, sie ziehen es vor, den sich selbst widersprechenden Chroniken Glauben zu schenken. Mag es sein! Nur schone man dann die Ehre deutscher Wissenschaft, und nenne ein solches Verfahren nicht „deutsche Kritik!"

Sowohl Böhmer als Kopp nehmen es mir übel, dass ich, auf einen aus Rudolfs Lager kurz vor der Marchfeldschlacht geschrie-

benen Brief gestützt, das vereinigte ungrischdeutsche Heer dem
böhmischen an Zahl vielfach überlegen nannte; sie bemühen sich
dagegen, zwar nicht mehr Hornecks Reimchronik, wohl aber deren
Ausschreiber Johann von Viktring und die Kolmarer Chronik geltend
zu machen. Ich frage nur, ist der Brief echt oder nicht? Wenn
ja, so wiegt er, als Bericht eines Augenzeugen, offenbar mehr, als alle
Aussagen von Leuten, die zum Theil erst 30, ja 70 Jahre nach der
Begebenheit schrieben. Auf einzelne Zahlangaben kann man sich bei
blossen Formeln, wie diese, allerdings nicht immer verlassen: der
Sinn des Ganzen ist aber nicht zweideutig. Ich wundere mich dagegen, dass meine beiden Gegner das Gewicht und Verdienst der
Ungarn bei diesen Ereignissen so wenig in Anschlag bringen, dass
sie dieses Volks nur im Vorübergehen erwähnen, während doch der
gleichzeitige ungrische Chronist Simon von Keza *ihnen* den Sieg in
der Art zuschreibt, dass er Rudolf und die Deutschen fast nur zu
blossen Zuschauern macht: Rudolfus — cum suis stabat inspiciendo,
quae fiebant. Sollen Chronisten in allem den Ausschlag geben, so
wäre es doch mehr als unartig, einem ungrischen Zeitgenossen allein
keine Aufmerksamkeit zu schenken.

Man beschuldigt mich, ich sei von patriotischer Vorliebe für
Otakar befangen an die Bearbeitung seiner Geschichte gegangen,
während ich versichern kann, dass das gerade Gegentheil Statt gefunden hat. Ich ging, gleich meinen Vorgängern, in den herkömmlichen Ansichten befangen, an diesen Abschnitt meines Werkes, musste
ihn dann aber, noch ehe ich zu Ende gelangte, ganz umarbeiten, da
mir die Unhaltbarkeit eben jener herkömmlichen Ansichten je länger
je einleuchtender wurde. Ich empfehle nun meinen Kritikern ein
eben so langes und treues Studium jenes tragischen Helden, wie ich es
angestellt habe; sie werden sich dann selbst überzeugen, wo die Wahrheit ist. Vorläufig kann ich ihnen aber einen Schlüssel an die Hand
geben, der ihnen einen grossen Theil der Geheimnisse jener Geschichte
aufschliessen und sich bei jeder Prüfung als richtig bewähren wird: es
sind die Worte eines hellsehenden *deutschen* Zeitgenossen, Eberhards
von Nieder Altaich (1273—1304): Idem rex — nobiles et populum
praedictarum terrarum, scil. Bohemiae, Austriae, Moraviae, Styriae, Ca-
rinthiae et Carniolae, qui ante sua tempora rapinis et spoliis assueti
fuerant, multa austeritate compescuerat, et sine delectu personarum
in severitate justitiae ita magnum judicaverat sicut parvum; et ob hoc
praedicti nobiles cum latenter habentes odio, deseruerunt aciem, ac
ipsum cum paucis expositum hostibus dimiserunt.

Wenn die Ihrem Blatte gezogenen Gränzen es gestatteten, wäre es ein Leichtes, darzuthun, wie unbegründet beinahe alle von Kopp gegen mich erhobenen Einwendungen sind. Vielleicht ergibt sich noch eine andere Gelegenheit dazu. Hier möge es mir nur gestattet sein, noch einige Bemerkungen über die sonderbare Expectoration (ein *Urtheil* kann ich es nicht nennen) Ihres ☰ Correspondenten beizufügen, die er in der Beil. Nr. 88, bei Besprechung des neuesten Bandes meiner Geschichte, dem Publicum zum Besten zu geben für gut fand. Offenbar hat er das angezeigte Buch gar nicht gelesen; denn ich sehe nicht ein, wie er sich aus der Verlegenheit ziehen wird, wenn ich ihn auffordere, nachzuweisen, wann, wo und bei welcher Gelegenheit ich, zumal im letzten Bande meines Werkes, die Deutschen „mit ungerechten Vorwürfen überschüttet" habe? Wenn er somit keinen Anstand nimmt, mir einerseits mit „der beleidigten öffentlichen Meinung Deutschlands" zu drohen, anderseits Massregeln gegen mich anzurufen, welche „die Wahrheit vor dem Druck in die Gränzen einer vagen Farblosigkeit einzuschränken" pflegen: so ist das in der That „ein bezeichnender Beleg für die Zustände" der deutschen Presse, wo eine tonangebende Partei, die doch als vorzugsweise freisinnig gelten will, auch Mittel des Terrorismus nicht verschmäht, so oft sie der Gründe zu einer vernünftigen Ueberzeugung ermangelt. *)

---

*) Die hier angedeuteten Worte des Correspondenten lauteten in ihrem Zusammenhange:
„Palacký's böhmischer Geschichte — möchten wir statt des czechischen Ingrimms mehr unbefangene Ruhe und Parteilosigkeit gegenüber von Deutschland wünschen, fürchten aber, dass das sonst tüchtige und verdienstvolle Werk von der beleidigten öffentlichen Meinung Deutschlands viel nachsichtiger wird aufgenommen werden als dort, wo man die Wahrheit vor dem Druck in die Gränzen einer vagen Farblosigkeit einzuschränken weiss. Es ist ein bezeichnender Beleg für unsere Zustände, dass der berühmte böhmische Geschichtschreiber unsere Nation hat mit ungerechten Vorwürfen überschütten dürfen, ohne eine ernste Ahndung fürchten zu müssen; wir glauben, ein selbst schonender Angriff auf die Geschichten vom fünfzehnten Jahrhundert an wird dies glückliche Schicksal nicht haben, sondern todtgeboren bleiben."
Ich las und erkannte in diesen Worten den Ausdruck des Bedauerns, dass die Wiener k. k. Censur das Interesse der deutschen Nationalität mir gegenüber nicht strenger gewahrt habe, und die Andeutung, dass sie wohl da ganz anders verfahren werde, wo erst die Interessen des Katholicismus (gegenüber dem Hussitismus) in Frage kommen. Die

Ich hege aber das feste Vertrauen zu „Deutschlands öffentlicher Meinung", dass sie auf solideren Grundlagen ruht, als dem Lärmen einiger Tagesschriftsteller, die sich jetzt freilich so geberden, als besässen sie das Monopol des deutschen Patriotismus. Auf jeden Fall glaube ich den Deutschen wie den Böhmen den besten Dienst dann zu erweisen, wenn ich nach Möglichkeit mein Scherflein zur Ermittelung der geschichtlichen Wahrheit darbringe, ohne erst zu fragen, ob dieselbe angenehm oder unangenehm zu hören ist. Jeder meiner Leser wird mir zugestehen, dass ich die Fehler und das Unrecht meiner eigenen Landsleute nach bestem Wissen und Gewissen nie und nirgends zu bemänteln gesucht habe: sollte ich diesfalls bei ihren Gegnern eine Ausnahme machen? Mehr als drei Viertheile seiner geschichtlich bekannten Kriege hatte der alte Böhme zur Abwehr gegen die sich stets erneuernden An- und Uebergriffe der Deutschen zu führen. Diese konnten doch den Glanz und Vortheil eines erobernden und das Lob eines milden friedfertigen Volkes unmöglich zu einer und derselben Zeit verdienen: der eine Ruhm schliesst den andern aus. Wer aber sich einbilden kann, dass die Deutschen ihre blutigen Züge gegen die Slawen immer nur aus dem uneigennützigen Drange, letztere zu civilisiren, unternommen, daher in vorhinein immer Recht gehabt haben, mit dem lässt sich über Geschichte überhaupt nicht rechten.

Prag den 19 April 1846.

Redaction der Allgem. Zeitung entgegnete mir aber in einer Bemerkung, ich hätte den Correspondenten, („einen unserer freisinnigsten Historiker",) gänzlich missverstanden, wenn ich in seinen Worten „eine Appellation an die österreichische Censur" erblickte; einer solchen hätte nämlich sie (die Redaction) die Aufnahme in ihr Blatt verweigert. — Ich kann aber auch heutzutage nicht einsehen, welchen Zweck und Sinn dann jene Hinweisung auf die Censur überhaupt hat haben können. —

IX.

Zur Abwehr neuerer Angriffe.

A.

Nur mit schwerem Widerwillen gehe ich an die Aufgabe, den nicht sowohl Kritiken, als vielmehr persönlichen Anfeindungen und Verunglimpfungen wegen meiner „Geschichte von Böhmen" eine Antwort entgegen zu stellen. Nicht etwa darum, weil diese Aufgabe an sich schwer zu lösen wäre: sondern weil ich mit der Ueberzeugung an sie herantrete, dass da, wo man gegen alte tief eingewurzelte Vorurtheile, gegen Eigendünkel und leidenschaftliche Rechthaberei anzukämpfen hat, jeder Streit vergeblich und eben so unfruchtbar wie endlos werden muss.

Handelte es sich bei mir bloss um die „Mittheilungen des Vereins für Geschichte der Deutschen in Böhmen," in welchen mir „nationales Geschichtsmonopol," „Verunglimpfung" und „Herabwürdigung der Deutschen," „willkührliche Kritik," „absichtliche Entstellungen der Geschichte" und dergleichen Sünden mehr Schuld gegeben werden, so möchte ich den Notabilitäten dieses Vereins, Höfler, Grohmann, Schlesinger, Lippert u. dgl. ihren Ruhm wohl gönnen, und bloss auf den gesunden Verstand meiner *unbefangenen* Leser mich verlassend, jede nähere Berührung mit diesen Musterbildern literarischer Urbanität zu vermeiden suchen. Es wäre ja ohnehin unmöglich, wenn mir auch

übermenschliche Einsicht und Worte eines Engels zu Gebote
ständen, sie zu humaner Würdigung der nationalen Zustände
in Böhmen zu bringen; jede Mühe wäre da eine zwecklose
Zeitverschwendung.

Aber ich kann mich der Wahrnehmung nicht verschliessen,
dass der von diesen Herren gegen mich erhobene literarische
Streit keine vereinzelte Erscheinung, sondern nur ein, freilich
sehr untergeordnetes, Symptom eines Uebels ist, das in den internationalen Verhältnissen der Neuzeit mit jedem Jahre an Ausdehnung und Stärke zunimmt, und die ganze Zukunft Europa's
mit schweren Gefahren bedroht. Wie im XV—XVII Jahrhunderte das religiöse und kirchliche, so bildet in unseren Tagen
das *nationale Moment* die Haupttriebfeder der Geschichte; und
wie den verheerenden Religionskriegen der früheren Jahrhunderte unser Vaterland Böhmen als ursprünglicher Herd und
nächster Schauplatz diente, so dürfte es ihm beschieden sein,
auch an den bevorstehenden Nationalitätskämpfen einen hervor-
ragenden Antheil zu nehmen. Denn die aus tausenderlei Anlässen täglich zunehmende Verbitterung aller internationalen
Stellungen und Verhältnisse in Europa lässt der Hoffnung nur
wenig Raum, dass die zahlreichen Conflicte der Völker untereinander ohne gewaltige Erschütterungen und blutige Katastrophen sich werden beilegen lassen. Nicht nur der Rest des
laufenden XIX, sondern auch das XXte Jahrhundert scheinen
vom Schicksal berufen zu sein, diese verhängnissvolle Frage
erst zum endlichen Austrag zu bringen. Gewiss ist, dass schon
von jetzt an jeder Krieg, der irgendwo in Europa ausbricht, früher
oder später den Charakter eines Racenkrieges annehmen wird.

Ich will freilich weder behaupten, noch auch selbst glauben,
dass meine genannten Gegner mit vollem Wissen und Wollen
zu den angedeuteten Katastrophen hintreiben. Sie lassen
wohl nur ihrer nationalen Leidenschaft die Zügel schiessen,
ohne nachzudenken, wohin ihr Beginnen naturgemäss am Ende
führen muss. Schilderten sie auch nur *mich* als einen schlechten
pflichtvergessenen Historiker, so hätte das am Ende nicht viel
auf sich; auf ein paar Verunglimpfungen mehr oder weniger
kömmt es bei mir nicht mehr an, und ich könnte das Ganze,

wie bisher, so auch künftig ziemlich ruhig ertragen. Aber ihr Ziel ist ein weiteres, sie verfolgen einen umfassenderen und gewichtigeren Zweck: „die ganze Vorzeit, ja die gesammte Erscheinung des böhmischen Volkes von Einst und Jetzt" muss mit allen Künsten der Rabulistik herabgewürdigt, und es muss bewiesen werden, „dass dieses Volk in sich selbst weder Beruf noch Haltung besitzt, indem es seine angeborne viehische Natur nur in so weit abzustreifen vermochte, als es von Deutschen zur Humanität geleitet wurde." Die ganze Bedeutung dieser Doctrin, so wie die weiteren Schlüsse und Folgen derselben, brauche ich hier nicht näher auseinander zu setzen.

Möge nun meine persönliche „querelle d'Allemand" an sich noch so untergeordnet und winzig erscheinen: ich darf sie, als einen Theil des Ganzen, doch nicht unbeachtet lassen. Aus dem hier oben (Seite 154—160) mitgetheilten polemischen Aufsatz vom 19 April 1846 ist ersichtlich, dass bereits vor 1846 bei einigen deutschen Historikern und Kritikern nicht allein Widerspruch, sondern auch Unwille gegen mich sich erhoben hatte, und man mir „čechischen Ingrimm" und „Parteilichkeit" Schuld gab, weil ich über manche Puncte der deutschen Geschichte nicht mit jener weihevollen Anerkennung und Pietät sprach, welche in fast allen deutschen Geschichtsbüchern herkömmlich ist. Als ich dann am 11 April 1848 mich weigerte, im Frankfurter Parlament zu erscheinen und damit factisch Böhmen als einen staatsrechtlichen Bestandtheil von Deutschland anzuerkennen: da kannte die Entrüstung und der Zorn der deutschen Eiferer keine Gränzen; ich wurde in der ganzen Journalistik mehrere Monate lang die vorzüglichste Zielscheibe des Hasses, und noch 1849 zeichnete die Augsburger allgemeine Zeitung mich einmal mit der Bemerkung aus, dass das gesammte deutsche Volk keine verhassteren Namen kenne, als: „von Blittersdorf" und „Palacky". Der Erstere scheint seitdem dem Hasse schon einigermassen durch Vergessenheit entrückt zu sein: ich aber werde in Büchern und Journalen von deutschen Fanatikern noch immer mit Vorliebe auf's Korn genommen, und nur selten wagen selbst humanere Gelehrte glimpflich von mir zu reden, ohne sich vorher bei ihren Lesern darüber zu entschuldigen.

Den Hohn und Geifer, mit welchem Wiener und Prager Schmocke, zumeist aus nationalpolitischen Gründen, mich seit lange zu verfolgen nicht aufhören, kann ich, so wie den Unflath eines famosen Laus-Dichters, auf sich beruhen lassen; mit Buben soll ein Greis in keinen Streit sich einlassen. Vernünftige Leute wissen wohl, was sie von solchen Ein- und Ausfällen zu halten haben; und das Urtheil der Unvernünftigen ist mir gleichgiltig. Doch ist es ein Anderes, wenn dabei, sei es auch nur zum Scheine, ein wissenschaftliches Feld betreten wird; da kann auch der bestgesinnte Leser irregeleitet werden, und der Irrthum trägt nie und nirgends gute Früchte.

Vergebens frage ich mich, was ich denn dem deutschen Volke eigentlich so Böses gethan habe, um so vielfach von ihm angefeindet zu werden? wann, wo und womit habe ich es so beleidigt oder beschädigt, dass es mich als Feind zu behandeln das Recht habe? Ich bin mir niemals einer bösen Absicht gegen die Deutschen bewusst gewesen und habe sie auch niemals zu verletzen gesucht; nie ist es mir beigefallen, an ihrer grossen Bedeutung in der Weltgeschichte zu mäckeln oder dieselbe gar zu leugnen; auch gegenwärtig fühle ich mich als Gegner nicht des ganzen Volkes, sondern nur einiger Personen, die sich ein Geschäft machen aus der Herabwürdigung und Verhöhnung *meines* Volksstammes. Mein Gewissen spricht mich in dieser Hinsicht von aller Schuld vollkommen frei.

Freilich habe ich, bei Bearbeitung meines Werkes, mich weder auf den deutschen Standpunkt gestellt, noch auch die böhmische Geschichte nach herkömmlichen deutschen Ansichten dargestellt. Ich hielt nämlich von jeher und halte noch dafür, dass das böhmische Volk von Gottes, und nicht von anderer Völker Gnaden existire, und dass es somit berechtigt sei, seine Existenz auch ohne Rücksicht auf die Deutschen, ja selbst gegen deren Willen, zu wahren und zu vervollkommnen. Folglich musste zunächst nur sein eigenes Wohl und Wehe, und nicht das der Deutschen, mir als Leitstern und als Richtschnur dienen, nach welchen ich Erfolge wie Missgeschicke wahrzunehmen und zu würdigen hatte. Nun hat Böhmen von jeher fast keine anderen Feindseligkeiten von Aussen zu ertragen gehabt, als von Seite der Deutschen; Kriege mit Ungarn und Polen sind in der böhmischen Geschichte wahre Seltenheiten. Und sollte ich die gewöhnliche Haupttriebfeder dieser Kriege, die deutsche Herrschsucht, etwa für eben so berechtigt halten, wie z. B. Herr Höfler? sollte ich die Siege der Feinde preisen und mich der Niederlagen meines Volkes freuen? Gewaltthaten, an Nachbarn begangen, werden nach allen natürlichen und positiven Gesetzen als Verbrechen bezeichnet und bestraft: sollte ich sie da, wo sie im Grossen methodisch mit Erfolg auftraten, als Hochthaten billigen und bewundern? Oder sollte ich, unter maschinenmässiger Aneinanderreihung der blossen Thatsachen, dem sittlichen Gefühle überall Schweigen auferlegen, und den Geboten des sogenannten Rechtes des Stärkeren, das denn doch in der Praxis zumeist ein Unrecht ist, immer in Demuth mich fügen? Sollten bei der Geschichtschreibung die Gesetze der Humanität etwa nur blosser Aberglaube und die Weltgeschichte nicht mehr das Weltgericht sein?

Es ist natürlich, dass ich bei solchen Ansichten und Gesinnungen gar oft mit althergebrachten deutschen Anschauungen in Widerspruch gerieth, indem ich manche Ueberlieferungen der nothwendigen Kritik unterziehen und beliebte Urtheile über böhmische Zustände und Personen, zumal wo man sie als „rohe Barbaren" behandelte, entschieden zurückweisen musste. Doch bin ich dabei meines Wissens nie und nirgends angriffsweise gegen die Deutschen aufgetreten, sondern habe, stets in der Defensive mich haltend, nur ihre Angriffe abzuwehren gesucht; geschah solches irgendwo in minder höflichen Formen, so möge man doch bedenken, dass grobe Keulenschläge wohl nicht in Glacéhandschuhen zu pariren sind. Niemand wird leugnen können, dass ich bei keiner Gelegenheit unterliess, auch böhmische Unthaten mit sittlichem Ernst zu rügen: sollte ich diesfalls nur etwa bei Deutschen eine Ausnahme machen und nur ihren Gewaltthaten keinen Tadel entgegenstellen dürfen? Eher hätte ich mir vorzuwerfen, dass ich dessen zu wenig gethan habe.

Es gibt aber in der gesammten herkömmlichen Polemik zwischen Deutschen und Böhmen *ein Moment*, welches trotz seiner Notorietät fast allgemein ignorirt zu werden pflegt, obgleich es für die Böhmen von vitalster Bedeutung ist. Seitdem der verhängnissvolle Streit geführt wird, gingen die *Deutschen* von jeher und gehen noch immer in allen Beziehungen *aggressiv* zu Werke, während die *Böhmen* sich bisher stets nur auf die *Defensive* zu beschränken pflegten. Seit einem Jahrtausende haben Jene unzählige Anstrengungen und Versuche gemacht, durch Wohlthaten und Missethaten, im Frieden wie im Kriege, die Böhmen ihrer Herrschaft zu unterwerfen, und auch noch heutzutage ist ihr Sinn dahin gerichtet, nicht nur die böhmische Nation zu beherrschen, sondern ihre Eigenart auch, durch Germanisirung des ganzen Volkes, zu untergraben und zu vertilgen. Die bezüglichen Thatsachen liegen in solcher Menge und so offenkundig vor, dass es überflüssig wäre, besondere Beweise dafür beizubringen. In Folge derselben wurde noch vor 60 bis 80 Jahren das nahe Erlöschen des ganzen böhmischen Volksstammes eine so allgemein angenommene und ausgemachte Voraussetzung, dass selbst Männer wie *Pelzel**) und *Dobrowský* sich ihr nicht zu entziehen vermochten. Der Letztere, der noch am 25 Sept.

---

*) Unter dem Einflusse jener Strömung schrieb Pelzel seine bekannte „Geschichte der Deutschen und ihrer Sprache in Böhmen," in den Abhandlungen der k. böhm. Gesellschaft der Wissenschaften aus den Jahren 1788 und 1791. Als nämlich durch das Hofdecret vom 4 Dec. 1774, unter vorzüglicher Mitwirkung des allerdings verdienstvollen Pädagogen Ferdinand Kindermann, das gesammte Volksschulwesen in Böhmen ganz auf deutschen Fuss gesetzt wurde, verbürgte sich Letzterer mit seinem Worte, dass in Folge dieser Massregel die böhmische Nationalität in kürzester Zeit von selbst erlöschen und in 50 Jahren Niemand mehr in Böhmen böhmisch sprechen werde. Er wurde bekanntlich für seine Verdienste in den Adelstand mit dem Prädicate „von Schulstein" und im J. 1790 auf den Bischofstuhl von Leitmeritz erhoben. Dass nun Pelzel die Geschichte der Deutschen in Böhmen in einer Weise darstellte, wie sie heutzutage kaum Herr Schlesinger günstiger zu schildern vermöchte, war wohl nur der damaligen allgemeinen „Strömung" und seiner Resignation dabei, so wie dem Einflusse der k. k. Censur zuzuschreiben. Denn dass Pelzel seine Voraussage, „es werde sich einstens Böhmen in Ansehung der Sprache in eben dem Zustande, wie jetzt Meissen, Brandenburg und Schlesien befinden," mit mehr als bekümmertem Herzen niederschrieb, beweisen sehr sprechende Daten, wie z. B. eine von ihm für Kindermann bestimmte Grabschrift, welche ich hier, wegen ihres gar zu drastischen Inhalts, nicht näher anführen mag.

1791 den Muth gehabt, Kaiser Leopold II öffentlich zu bitten, Se. Majestät möchte geruhen, „die böhmische Nation auch bei ihrer Muttersprache, diesem kostbaren Erbe von ihren Vorvätern, gegen ungestümes Verfahren und unbescheidenen Zwang zu schützen," hielt an jener trostlosen Voraussetzung auch dann noch fest, als ich, in den Jahren 1823—28 persönlich vielfach mit ihm verkehrend, derselben zu widersprechen wagte. Freilich rühren ernstere Anstrengungen unseres Volkes, seine bedrohte Nationalität zu retten, erst aus späterer Zeit her, und ihr Erfolg kann erst seit 1848 als einigermassen gesichert angesehen werden; ja erst die bekannte nationalpolitische Verfolgung der letzten Jahre vermochte das Bewusstsein der nationalen Eigenart in allen Schichten der böhmischen Bevölkerung dermassen zu wecken und zu kräftigen, dass jenes angeblich nahe Erlöschen nunmehr in eine unglaubliche Ferne entrückt ist; denn ein Volk, das wirklich und ernstlich aber friedlich leben will, stirbt nicht, auch wenn es nicht nach Millionen zählt. Diese unerwartete Wendung ist aber eben das, was die Fanatiker des Deutschthums bei uns je länger in je heftigere Aufregung bringt; entrüstet über die Täuschung, dass die schon so sicher geglaubte Beute ihnen entschlüpfen will, schreien sie über Verrath und Vergewaltigung, als wenn ihnen Unrecht geschähe und sie in ihren Rechten so wie an ihrem Gute verkürzt würden, als wenn es von Seite der Böhmen ein Verbrechen wäre, sich behaupten und ihrer Leitung entziehen, so wie auch ihre volksmörderischen Pläne kreuzen zu wollen. Daher setzen sie alle Hebel in Bewegung, um dies ganze Geschlecht moralisch wie physisch zu Grunde zu richten, es in den Augen aller Welt zu einem Gegenstande des Spottes, der Verachtung und des Abscheus zu machen. Schamlose Lügen, Erdichtungen und Verläumdungen der frechsten Art sind ihre gewöhnlichen Waffen. Und leider wurde dieses ihr Treiben von eben so unvorsichtigen wie befangenen Regierungen bisher nicht nur nicht gehindert, sondern auf vielfache Weise, auch durch häufige Auszeichnung der ärgsten Schreier, unterstützt, da auch die vielbesprochene centralistische Verfassung vom 21 Dec. 1867 mit dem Gedeihen der böhmischen Nationalität in die Länge unvereinbar ist und diese zwar nur allmählig und für minder Hellsehende unsichtbar, aber darum nur um so sicherer für immer untergraben muss. Darum wissen auch alle Böhmen, die ein Verständniss für die Bedeutung dieser Verhältnisse haben, — und sie zählen nach Hunderttausenden, — dass in all' diesen Conflicten es sich um das Sein oder Nichtsein ihrer Nationalität handelt. Jedermann kennt oder ahnt die Tragweite einzelner Phasen und Fragen auf diesem Gebiete viel klarer und inniger, als es sich die leitenden Mächte im Reiche auch nur vorzustellen vermögen, zumal das seit lange geweckte Misstrauen fast mit jedem Tage neue Nahrung erhält; Jedermann weiss und fühlt es, dass es gilt, alle Kräfte — moralische, versteht sich — und allen Muth zusammenzunehmen, um der drohenden Gefahr mit Erfolg zu begegnen. Und dieses *moralische Moment* beherrscht bei uns die ganze Situation der Gegenwart und verleiht ihr jenen hohen Ernst, der sich in neuester Zeit im Benehmen des böhmischen Volks so offen kund gibt, — obgleich die klügeren Gegner, wie gesagt, jede Andeutung jener Gefahr nicht nur vermeiden, sondern perhorresciren, so wie sie jede derlei böse Absicht ihrerseits standhaft leugnen. Sie wissen wohl, warum sie es thun, und wir wissen es auch: nihil imbecillius diabolo denudato, — schrieb ein grosser Böhme schon im XIV Jahrhunderte. Doch genug davon: möge man nur bei allen Conflicten des deutschen und des böhmischen Elements nie ausser Acht lassen, welche Momente dabei auf deutscher wie auf böhmischer Seite vorherrschend wirksam sind.

Es thut mir wahrlich leid, dass ich mich genöthigt sehe, in diesen Streit einzugehen und darin nicht selten einen Ton anzuschlagen, welchen die Deutschen, zumal von Seite eines Slawen, zu hören weder gewohnt noch geneigt sind. Ich weiss und fühle es wohl, in welche peinliche Lage ich damit gerathe: und doch darf und will ich mich nicht abschrecken lassen. Abwehr und Schutz der mit Unrecht und Uebermacht Angegriffenen ist ein Gebot der Gerechtigkeit, ja der Humanität, dem ich zu folgen nur mit dem letzten Lebenshauche aufhören kann und werde. Mein Vermögen, meine Kraft und mein Wissen mögen noch so unzureichend befunden werden: meine Pflicht wird dadurch weder aufgehoben, noch gemindert. Wenn ich aber von

„Angriffen" und von „Abwehr" spreche, so ist es wohl selbstverständlich, dass ich nicht Willens bin, gegen das *deutsche Volk überhaupt* das Wort zu führen oder zu ergreifen, weil, wenigstens bis jetzt, nicht das ganze deutsche Volk sich zu Angriffen gegen uns erhoben hat. Ja ich bin vollkommen überzeugt, dass (abgesehen von jenem Zuge, den ich unten noch näher andeuten will,) die grosse Mehrzahl der Deutschen, selbst in unserem Lande, mit den Böhmen im Frieden leben und den Absichten wie den Umtrieben der fanatisirten Minderzahl fremd bleiben will. Und nicht bloss bei der Mehrzahl der Landbevölkerung constatire ich die friedliche Gesinnung, sondern auch unter den höher Gebildeten weiss ich von Vielen, denen die von ihren Landsleuten planmässig betriebene Nationalitätshetze herzlich zuwider ist und die von den leidenschaftlichen Schilderungen erlogener Leiden und Gefahren des Deutschthums in Böhmen mit Abscheu sich abwenden. Und gibt es nicht eine ziemliche Anzahl von deutschen Zeitschriften und Tagblättern, welche das Princip der Gleichberechtigung der Völker nicht nur bona fide acceptiren, sondern auch nachdrücklich vertheidigen? werden etwa diese nur von Nichtdeutschen geschrieben und gelesen? Oder darf es Jemand wagen, die vollkommen correcte deutsche Gesinnung von Ehrenmännern, wie Schuselka und Fischhof, in Zweifel zu ziehen? Ich täusche mich daher nicht, wenn ich glaube, dass es in ganz Oesterreich noch eine grosse Zahl gebildeter und humaner Deutschen gibt, welche die despotischen Herrschgelüste so wie den fanatischen Racenhass der Wortführer in den meisten deutschen Blättern nicht theilen, und sich mit den nichtdeutschen Volksstämmen der österreichischen Monarchie in ein gerechtes und humanes Verhältniss zu·stellen wünschen. Und was soll ich erst von den Deutschen da draussen „im Reiche" sagen? Es ist wahr, dass die von einigen gewissenlosen Deutschböhmen angeschlagene Lärmtrommel dort in neuerer Zeit gar viel Nachhall gefunden, so dass die der wirklichen Verhältnisse unkundigen friedlichen Deutschen wenigstens zum Schweigen gebracht werden: aber ich kann unmöglich glauben, dass jener echte humane Sinn, der alle Menschen ohne Unterschied der Abstammung und Sprache mit Wohlwollen umfasst, in Deutschland bereits gänzlich erloschen sei, oder dass man dort nur gegen uns Böhmen nicht gerecht sein wolle. Es haben ja vor noch nicht sehr langer Zeit die grössten Männer, welche das deutsche Volk aufzuweisen hat, und auf welche es mit Recht stolz sein kann, das Wohlwollen auch gegen uns Böhmen nicht nur anempfohlen, sondern factisch auch selbst geübt. Insbesondere kann ich nicht umhin, mich auf die Worte zu berufen, welche *Göthe* mit ganz specieller Beziehung auf *meine* persönliche Thätigkeit in die Berliner Jahrbücher für wissenschaftliche Kritik (März 1830) einrücken liess: „Die Erhaltung und Be„lebung einer Literatur, deren Sprache sich in engeren Gränzen „abschliesst, geraume Zeit fast nur dem unteren Volke überlassen „war, und mit einer theilweise eingebürgerten, über grosse Länder „weithin verbreiteten Staats- und Bildungssprache zu wetteifern „hat, *ist ein gewiss preiswürdiges Bemühen*, das eben so viel „Selbstverläugnung als Kraft und Geschick fordert." Er besorgte also nicht, dass durch das Wiederaufblühen der böhmischen Sprache und Literatur das Interesse der Deutschen verkürzt oder der Fortschritt der Bildung überhaupt aufgehalten werde, und gönnte den Böhmen ein menschenwürdiges nationales Dasein wie allen anderen Völkern. Bekannt ist es auch, wie sein Freund *Herder*, dieser gefeierte Priester der Humanität, und z. B. der grosse Denker *Fichte*, in dieser Beziehung dachten. Wie könnte ich annehmen, dass die jetzt lebende deutsche Generation lieber von Göthe's bekanntem Gegner, Wolfgang Menzel, einem berüchtigten nicht bloss Franzosen- sondern auch Slawenfresser, sich werde leiten lassen? Reelle Gründe dazu könnte sie ja jetzt, wie ehemals, keine finden.

Einen Hauptbeweis meines noch immer aufrechterhaltenen Vertrauens auf deutsche Humanität und Gerechtigkeit liefere ich übrigens durch die Abfassung und Veröffentlichung der gegenwärtigen Schrift selbst. Ich richte sie an die Mehrzahl der Deutschen, welchen, trotz mancher Vorurtheile, der Sinn für Völker- und Menschenrechte und für Humanität überhaupt noch nicht abhanden gekommen ist, und die besonnen genug sind, für jedes Urtheil erst haltbare Gründe zu fordern und ihren Geist, ihre Gesinnung nicht alsbald jedem leidenschaftlichen Schreier gefangen zu geben. Gäbe es keine solchen, und hätte ich es nur mit den Mitarbeitern an den Mittheilungen des Vereins für Geschichte der Deutschen in Böhmen, oder nur mit den ihnen verwandten deutschen Journalisten zu thun, so hätte ich wahrlich zu diesem Zwecke keine Feder angerührt, und hätte die wenige mir noch übrige Zeit lieber einem minder vergeblichen Geschäfte zugewendet: denn den angedeuteten Herren, das glaube ich mit gutem Gewissen sagen zu können, ist es in dieser Angelegenheit nicht um Wahrheit und Recht, sondern nur um Geltendmachung ihrer unberechtigten Ansprüche und um Herabwürdigung und Verunglimpfung des böhmischen Namens zu thun.

Ich werde nun auf die Anklagen, welche meine Geschichte von Böhmen betreffen und einen wissenschaftlichen Schein angenommen haben, zwar antworten, aber meine Worte im Geiste immer nur an jene besonnene Classe von Lesern richten, da bei den Anderen ohnehin keine Gründe von Recht und Billigkeit verfangen. Ich glaube wohl jenen geehrten Lesern auch dann einen Dienst zu erweisen, wenn meine Worte nicht ganz ihren Ansichten oder Wünschen entsprechen sollten, da ich sie wenigstens in die Lage setze, über die Streitfragen nicht einseitig aburtheilen zu müssen. Darum rechne ich auch auf einige Geduld und Nachsicht von ihrer Seite.

Ich beginne gleich mit dem kitzlichsten Puncte der gesammten Controverse: denn ohne dessen Aufklärung und Lösung scheint es unmöglich, zu einem Einverständnisse zu gelangen. Es ist auffallend, und dennoch allgemein bekannt, dass der Deutsche von jeher eine Art Idiosynkrasie gegen den Slawen empfindet, dass er, weit entfernt, ihn als ebenbürtig anzusehen, von jeher sich ihm gegenüber zu hoch, ihn aber sich gegenüber zu niedrig zu schätzen gewohnt ist. Den Stolz, der jedem Volke auf Erden mehr oder weniger angestammt ist, vermag der Deutsche überall eher als dem Slawen gegenüber zurückzuhalten. Um hier nicht zu wiederholen, was in dieser Hinsicht an anderen Orten von mir wie von Anderen ist beigebracht worden, begnüge ich mich nur noch einige Worte *Fallmerayers* anzuführen, welche diesen Gegenstand so wahr wie drastisch beleuchten. Fallmerayer war bekanntlich nichts weniger als ein Freund der Slawen: nur kannte er sie etwas näher als seine meisten Stamm- und Gesinnungsgenossen, und war auch überhaupt freimüthiger; er äusserte sich in einem, gegen meinen Freund Šafařik gerichteten Aufsatze (in den Monatblättern der Augsburger allgem. Zeitung, Aprilheft 1845) über das Verhältniss der beiden Völker zu einander, wie folgt: „Die „Slawen sind uns auch im Frieden zuwider. Ihre Rührigkeit, „ihr Geschick, ihre Fruchtbarkeit, selbst ihre Geduld erbittert „uns, und wenn im Kampfe wider andere Völker der furor teu„tonicus weiland nur den wehrhaften Gegner auf der Wahl„statt erschlug und sich im Uebrigen mit Beute, Tribut und „Mahlzeit begnügte, verfolgte er den überwundenen Slawen un„barmherzig bis in das Heiligthum der Familie, um slawische „Existenz wo möglich in der Wurzel zu ersticken und zu tilgen. „Hat auch die Zeit durch mildere Sitte die Gräuel des Mittel„alters gedämpft, so ist uns doch der innere Hochmuth geblieben, „und den Slawen als Race wird das Anerkenntniss geistiger Eben„bürtigkeit von den Deutschen bis zu dieser Stunde versagt." Das sind seine Worte. Bedenkt man, dass die Deutschen, nach Jakob Grimms competentem Zeugnisse, in der gesammten Völkerfamilie keine näheren Anverwandten haben, als die Slawen, so lässt sich dieser so sehr eingewurzelte Zug der Abneigung nicht anders erklären, als durch tief ins Volksbewusstsein einschneidende Ereignisse in einer so entfernten Vorzeit, dass sich nicht einmal eine mythische Ueberlieferung davon erhalten hat. Die Zeit, sagt Fallmerayer, mildert diese „mittelalterliche" Unsitte: doch ist ihre Wirkung in dieser Beziehung noch lange nicht so durchgreifend, als es im Interesse der Menschheit zu wünschen wäre, und unsere Tage scheinen im Gegentheil sogar eine Recrudescenz der Vorzeit bringen zu wollen. Die Principien wahrer Humanität und des Christenthums müssen erst noch tiefer in den Volksgeist eindringen, bevor wir uns mit Recht rühmen dürfen, auch die letzten Reste mittelalterlicher Barbarei abgestreift zu haben. Gewiss ist humane Bildung ein preiswürdiges Gut, und es fällt keinem Vernünftigen ein, Barbaren oder Wilde mit hochgebildeten Völkern auf gleiche Linie zu stellen: aber eben den Gebildeten muss der charakteristische Zug fast aller

Barbaren bekannt sein, sich über alle anderen Völker auf Erden hoch erhaben zu dünken, indem sie freilich nur diejenigen (meist nur eingebildeten) Tugenden und Vorzüge zu schätzen wissen, deren sie sich eben selbst bewusst sind, für die (oft reellen) der anderen Völker aber weder Verständniss noch Empfänglichkeit besitzen. Sollte es noch nöthig sein, dafür Beweise beizubringen? Nun ist es wohl nicht zu läugnen, dass die Deutschen sich mancher Tugenden und Vorzüge rühmen können, welche die Slawen nicht in gleichem Masse aufzuweisen haben, so wie umgekehrt an den Slawen manche Eigenschaften zu rühmen sind, welche man bei Deutschen nicht in gleichem Masse antrifft. In eine detaillirte Beweisführung darüber darf ich mich hier nicht einlassen, sie würde mich von meinem eigentlichen Ziele zu weit ablenken. Jeder Unbefangene wird das leicht selbst wahrnehmen, der Befangene lässt sich aber nicht gern eines Besseren belehren. Was ich nun denjenigen Deutschen, die gerecht sein *wollen*, zu Gemüthe führen möchte, ist die Nothwendigkeit, dem nationalen Eigendünkel, der Selbstüberhebung und Ueberschätzung, wie dem Gesammt-Slawenthum, so insbesondere den Böhmen oder Čechen gegenüber zu entsagen, und ihre Gleichberechtigung vor Gott und den Menschen anzuerkennen. Nur auf dieser Basis wird eine Verständigung zwischen uns möglich sein. Die Volksbildung im Allgemeinen ist bei uns in neuerer Zeit so weit gediehen, dass der Böhme dem Deutschen darin nicht nur nichts nachgibt, sondern sogar den Vorzug für sich in Anspruch nehmen kann. Gewiss ist es, und wird von unbefangenen Deutschen selbst nicht geleugnet, dass der gemeine Čeche den gemeinen Deutschen in Böhmen an leichter Fassungsgabe, Anstelligkeit, Rührigkeit und Empfänglichkeit des Geistes, an Leselust und Bildungsdrang weit übertrifft. Die böhmische Literatur hat in den letzten vierzig Jahren sich so reich entfaltet und einen Aufschwung genommen, der mich selbst überrascht; und selbst die industrielle Bildung macht mit jedem Jahr auffallend erfreuliche Fortschritte. Von der jedenfalls imponirenden Haltung des gesammten Volkes in Bezug auf politische Fragen der Gegenwart will ich hier gar nicht reden. Und all diesen Aufschwung hat das Volk nur sich selbst, seinem eigenen Drang und Entschlusse zu danken; die Regierung hat darauf von jeher mehr hindernd als fördernd eingewirkt, und auch die höheren Classen der Gesellschaft, dem Volke meist durch Erziehung entfremdet, haben, wenigstens seit dem Absterben der Grafen Sternberge, auffallend wenig dazu beigetragen.

Auch noch über einen anderen mich persönlich betreffenden Punct muss ich mich mit dem geneigten Leser verständigen, bevor ich an die Lösung meiner eigentlichen Aufgabe gehe. Unzähligemal ist mir schon öffentlich der Vorwurf gemacht worden, wie undankbar ich sei, dass ich gegen die Deutschen ankämpfe, während ich doch mein ganzes Wissen nur den Deutschen zu verdanken habe. Schon der erste deutsche Schriftsteller (Häusser), der eine umständliche Kritik meiner Geschichte von Böhmen in die Augsburger Allgem. Zeitung (1843, Beilage April 24) schrieb, behauptete: „Der Verfasser ist in Inhalt und Form ein Kind der deutschen Bildung, und so imponirend uns der böhmische Patriotismus die Spitze bietet, wir finden allenthalben nur die Frucht deutscher Studien, ein Erzeugniss deutscher historischer Kunst." Diese für mich nur schmeichelhafte Angabe ist in einem Wiener Journal erst vor einigen Wochen in dem nichts weniger als schmeichelhaften Sinne wiederholt worden, dass ich die von Deutschen empfangenen Wohlthaten mit dem schwärzesten Undank lohne, indem ich ohne deutschen Unterricht und deutsche Bildung von Hause aus absolut nichts zu wissen und zu leisten im Stande wäre. Ich hoffe, man wird es mir nicht übel nehmen, wenn ich auf diese schwere Beschuldigung etwas näher eingehe und ihren Grund oder Ungrund umständlicher darzulegen suche; diese meine Schrift hat ohnehin die Bestimmung, in manchen Puncten besondere Memoiren zu ersetzen. Vor allem muss ich erklären, dass ich in meiner Jugend gar keinen deutschen Schulunterricht genossen habe: denn den Besuch der Dorfschule zu Kunewald, wohin ich als neunjähriger Knabe (Ende 1807) geschickt wurde, um deutsch zu lernen, kann ich dafür nicht ansehen. Alle meine Schulstudien absolvirte ich in Ungarn, zuerst in Trenčin (1809—1812), dann in Pressburg (am evang. Lyceum 1812—1819), wo damals alle Gegenstände noch ausschliesslich in *lateinischer* Sprache vorgetragen wurden. Doch frühzeitig empfand ich den ungestümen Drang, ausser und neben der Schule nicht nur alle Bildungssprachen Europa's, sondern auch die vorzüglichsten (classischen) Schriftsteller aller Völker im Original zu studiren; ich will nicht leugnen, dass es nur eine Marotte von mir war, wenn ich z. B. auch Os Lusiadas von Camoëns und Cheraskows Rossiade durchaus nur in der Ursprache zu lesen verlangte. Das erste, womit ich unter meinem Namen in die Oeffentlichkeit trat, war eine böhmische Uebersetzung einiger Gesänge des Macphersonschen Ossians im J. 1817; zur selben Zeit redigirte ich in Supplirung eines Professors, jedoch selbständig, zwei Monate lang die damals bei Belnay's Erben gedruckte lateinische Zeitung (Ephemerides politico-statisticae Posonienses). Im nächsten Jahre darauf (1818) erschienen in Pressburg bei Landes anonym die von mir und Šafařík gemeinschaftlich verfassten „Počátkowé českého básnictwí, obzwláště prosodie" (Anfangsgründe der böhm. Dichtkunst, insbesondere der Prosodie), welche zu ihrer Zeit in Böhmen ziemliche Sensation erregten. Im Jahre 1820 fing ich an, an meiner umständlichen „Krásowěda, čili o kráse a uměni, knihy patery" (die Lehre vom Schönen und der Kunst, in fünf Büchern,) zu arbeiten, hatte aber bis zum J. 1823, (wo ich nach Prag kam, um fortan ausschliesslich der böhmischen Geschichte mich zu widmen,) kaum die ersten zwei Bücher zu Stande gebracht, deren Einleitung schon 1821 in der Zeitschrift Krok in Prag gedruckt worden war. In derselben gelehrten Zeitschrift erschien später mein 1821 geschriebener „Přehled dějin krásowědy a její literatury" (Uebersicht der Geschichte der Lehre vom Schönen und deren Literatur). Diese kleine, aber als erster Versuch in diesem Fache wohl nicht unbedeutende Schrift, (die ich eben jetzt, nach 50 Jahren, wieder zum Drucke im „Radhost", der Sammlung meiner kleinen Schriften, bei Tempsky in Prag, vorbereite,) möge Jedermann, der es wissen will, den Beweis liefern, in wie weit ich schon vor einem halben Jahrhunderte in der gesammten antiken und modernen, italienischen, französischen, englischen und deutschen Literatur orientirt war, und in wie fern es wahr ist, dass ich von jeher all mein Wissen nur den Deutschen allein zu danken hatte. Erst seit 1823 habe ich in der Kenntniss moderner Gesammt-Literaturerzeugnisse merkliche Rückschritte thun müssen, da es mir unmöglich wurde, in der gleichen Weise allseitig mit der Zeit vorzuschreiten. Ich spreche dies gegenüber den Deutschen nur ungern und gezwungen aus, um den Vorwurf des schwärzesten Undanks von mir abzulehnen. Denn allerdings habe ich schon in meiner Jugend auch die deutsche Literatur fleissig studirt, und ich bekenne es mit Vergnügen und mit besonderem Dank, dass ich es (schon seit 1816) zumeist dem ernsten Studium der Werke des grössten deutschen Denkers Immanuel *Kant* zuschreibe, wenn bei mir Glaube und Wissen in keine feindliche Collision gerathen sind. Ich habe in fast allen Fächern so ziemlich als Autodidakt mich bilden müssen, und so hoffe ich, dass wohlwollende Richter auch *mir* einiges Verdienst um mein eigenes Wissen zugestehen, und keine unfreundlichen Schlüsse daraus ziehen werden, dass ich neben anderen auch aus deutschen Quellen Belehrung schöpfte.

B.

Nach dieser wohl schon zu langen Einleitung schreite ich nun ohne Weiteres zu meiner nächsten Aufgabe. Diese ist die kurze Würdigung der in den „Mittheilungen des Vereins für Geschichte der Deutschen in Böhmen" gegen mich gerichteten Angriffe. Man wird es mir wohl zu Gute halten, wenn ich mich auf diese allein, und nur so weit sie mir bekannt sind, beschränke: denn um einzeln jeden von deutscher Seite mir wo immer gemachten Vorwurf abzulehnen, müsste ich vor Allem des Alters eines Methusalem versichert sein: und hätte ich auch in solchem Falle nicht lieber noch etwas Besseres zu thun?

Der Gedanke, einen besonderen Verein für die Geschichte der Deutschen in Böhmen zu gründen, wurde im Mai 1861 von den Herren Schlesinger, Lippert, Pickert, Hallwich und Kohl zuerst angeregt; unter den ersten Mitgliedern, welche ihren Beitritt erklärten, waren die Herren Brinz, Höfler, Esmarch, Scheinpflug, Schmalfuss, Kuh und Andere. Die Statuten des Vereins wurden am 28 Januar 1862 entworfen, das Gesuch um deren Bestätigung am 18 Februar eingebracht; mittelst allerhöchster Entschliessung vom 16 April genehmigt, wurden sie am 30 April vom Ministerium an die böhmische Statthalterei und von dieser am 8 Mai 1862 an den Verein selbst zurückbefördert. Die ungewöhnlich rasche Erledigung dieses Anliegens, desgleichen sonst halbe, ja ganze Jahre in Anspruch zu nehmen pflegt, war ein unzweideutiger Beweis der besonderen Gunst, womit es auf allen Wegen nach oben wie nach unten aufgenommen und gefördert wurde; und schon am 27 Mai 1862 hielt der Verein seine erste Plenarversammlung im Prüfungssaale der philosophischen Facultät in Prag ab.

Doch ich fühle mich um so weniger berufen, in die Geschichte dieses Vereins einzugehen, je weniger ich von seiner Thätigkeit Kenntniss zu erhalten vermochte, *obgleich* oder *weil* es sich unverzüglich herausstellte, dass deren Spitze zunächst persönlich *gegen mich* gerichtet war. Trotz der wundersamen Organisation des deutschen Büchermarktes, welcher jedes neue literarische Product auch einem minder begierigen Leser „zur gefälligen Ansicht" zu bringen weiss, sind alle Publicationen des Vereins für alle Nichtmitglieder, selbst in Prag, wirkliche Seltenheiten; es gewinnt den Anschein, als wolle der Verein die Circulation derselben ausserhalb seines Kreises in Böhmen lieber hindern als fördern; kein Prager Buchhändler hat einen Vorrath davon auf seinem Lager, und auch in das böhmische Landes-Museum verirrten sich nur zufällig einige Hefte der Mittheilungen. Mich hat es in der That ungewöhnliche Mühe gekostet, der Publicationen des Vereines habhaft zu werden; und ich glaube nicht, dass die Prager Buchhändler aus blosser Schonung meiner Person mir die gegen mich gerichteten Artikel vorenthalten. Darum möge auch manche jener unbekannten Grössen des Vereins sich nicht zu sehr darüber echauffiren, wenn ich von ihren Ausfällen gegen mich keine Kenntniss nehme.

Meine Antwort wird sich auf die „Würdigung der Angriffe" beschränken, welche Hr. *Höfler* in einer Reihe von Artikeln unter der Aufschrift „Kritische Wanderungen durch die böhmische Geschichte" in den am 25 April, 18 Juli und 15 October 1869 herausgegebenen Heften jener Mittheilungen, ferner der „Würdigung," die die Herren *Schlesinger* und *Lippert* in der literarischen Beilage der Mittheilungen (VI Jahrgang, Heft VII, 1868) gegen mich losgelassen haben. Und ich hoffe, man wird es nicht unbillig finden, wenn ich gegenüber der Ausführlichkeit und Breite der Beschuldigungen die Antwort so kurz als möglich zusammenfasse.

Hr. Höfler hatte durch die Masslosigkeit seiner Angriffe auf den gesammten Hussitismus, und durch deren scheinbar wissenschaftliche Haltung mich in die unangenehme Alternative versetzt, entweder seine Ansichten, mit welchen ich nicht übereinstimmen konnte, gänzlich zu ignoriren, oder dagegen polemisch aufzutreten und sie zu widerlegen. Der erstere Fall, das wird man gestehen, wäre meiner, wie meines Gegners selbst, unwürdig gewesen. Man darf ein wissenschaftliches Unternehmen, auch wenn es auf Abwege geräth, nicht so sehr verachten, dass man davon nicht einmal Notiz nähme; zumal sonst die Deutung nahe läge, dass man dem Irrthum keine Wahrheit entgegenzustellen habe. Ich musste, trotz meiner Abneigung, mich entschliessen, Hrn. Höfler auf dem von ihm zuerst und mit Absicht betretenen Felde zu bekämpfen. Da ich aber mein historisches Werk selbst zu einem Tummelplatz der Polemik erniedrigen weder wollte noch durfte, so blieb mir keine andere Wahl übrig, als eine eigene Schrift unter dem Titel: „Die Geschichte des Hussitenthums und Prof. Constantin Höfler; kritische Studien" u. s. w. zu verfassen, welche im Februar 1868 bei Fr. Tempsky in Prag in zwei Auflagen kurz nacheinander herausgegeben wurde. Bei der Besprechung dieser meiner Schrift liess sich *Heinrich von Sybels* historische Zeitschrift in ihrem zehnten Jahrgang, (1868, Heft III, S. 203—4) über Hrn. *Höfler* also vernehmen:

„Man weiss, dass die kriegerische Natur Höflers durchaus „eines würdigen Feindes bedarf, um sich entfalten zu können. „Wie er nun früher die Staufer, zumal Friedrich II, mit seinen „Angriffen bedachte, dann die politische Vorbereitung der „Revo-„lution" im XV Jahrhundert nachzuweisen suchte, so hat er seit „seinem Aufenthalte zu Prag mit Vorliebe Hus und den Hussi-„tismus aufs Korn genommen. *Seine Fechtart war immer mehr* „*eine skythische als eine kritische.* Er sammelt eine Anzahl von

„Pfeilen, wobei die vergifteten als die wirksameren den Vorzug
„haben, umschwärmt und umlauert den Gegner, brennt ihm an
„geeigneter Stelle eins auf und verschwindet dann wieder auf
„gewisse Zeit. Mag gegenwärtig ihm und seinen Werken der
„Ankampf gegen das Czechenthum einen deutschen Nimbus ver-
„schaffen, unsere Wissenschaft wenigstens braucht und will solche
„Kämpen nicht."

Dieses Urtheil, dessen Berechtigung wohl kaum anzuzweifeln ist, enthebt mich der Nothwendigkeit, mich in eine Beleuchtung der „kritischen" Methode Hrn. Höflers besonders einzulassen; ich werde auch nicht nöthig haben, alle die giftigen gegen meine Person gerichteten Pfeile des „mehr skythischen als kritischen" Wanderers aufzulesen und zurückzusenden. Nur wo dieser moderne Anacharsis (der von dem antiken hauptsächlich dadurch sich unterscheidet, dass er fast nur Worte der Verdammung im Munde führt) der objectiven historischen Wahrheit zu nahe tritt, da darf ich dem Cultus der Nachsicht und des Schweigens mich keineswegs hingeben.

Vorerst nur noch einige Worte im Allgemeinen. Unbefangene und aufmerksame Leser meines Werkes werden wohl geneigt sein, mich von der Anmassung freizusprechen, dass ich mich für unfehlbar und meine Darstellung der Ereignisse für allseits vollkommen und für unverbesserlich hielte. Wie oft habe ich nicht mich genöthigt gesehen, über die Mangelhaftigkeit meiner Kenntniss laute Klage zu erheben, und wie vielmal habe ich im Stillen über die Dürftigkeit und offenbare Einseitigkeit oder Parteilichkeit der Ueberlieferungen mich betrüben müssen, auch ohne ein Wort des Bedauerns darüber laut werden zu lassen! Auch habe ich in allen meinen Vorreden mich in diesem Sinne ausdrücklich und bestimmt ausgesprochen, wie in deutschen (der ältesten von 23 August 1836, der jüngsten vom 26 Nov. 1867), so auch in böhmischen (vom 8 März 1848 und 18 Dec. 1861,) und habe bekannt, dass ich selbst an meinem Werke mehr Mängel und Unvollkommenheiten wahrnehme, als irgend einer meiner Gegner, wenn gleich ich sie nicht eben in denjenigen Puncten finde, welche die deutsche Kritik mir vorhielt. Ich habe sogar in meiner Eingabe an den böhm. Landesausschuss vom 1 April 1851 (s. oben S. 128) erklärt, ich hätte mein Werk ursprünglich in deutscher Sprache mit der Aussicht unternommen, „nach Vollendung des deutschen Textes mit um so mehr Reife an die Bearbeitung des böhmischen gehen zu können," was schon a priori eine wenigstens anfänglich vielfach mangelhafte Leistung voraussetzte. Wenn nun meine Gegner Mängel und Unvollkommenheiten in meinem Werke nachweisen, so sagen sie mir damit weder etwas Neues, noch etwas Kränkendes; im Gegentheil, ich wäre ihnen herzlich dankbar dafür, wenn sie wirklich beflissen wären, mich eines Besseren zu belehren und mir die Wahrheit auch da zu zeigen, wo ich sie etwa übersah, oder nicht zu finden wusste. Auch bin ich, von dieser Gesinnung geleitet, mit den namhaftesten unter meinen deutschen Kritikern und Gegnern, Häusser, Böhmer und Kopp, später noch in persönlich freundliche Beziehungen getreten. In dem aber, was in den „Mittheilungen" gegen mich vorgetragen wird, kann ich leider nicht den Zweck erkennen, mich vom Irrthum zur Wahrheit zu führen, sondern nur die Absicht, meine Wahrheitsliebe wie meinen guten Willen überhaupt geradezu zu leugnen und mich eines bis zur Lächerlichkeit getriebenen Deutschenhasses zu beschuldigen. Die Leser werden unverzüglich Gelegenheit haben, sich davon selbst zu überzeugen; freilich haben die Herren Schlesinger und Lippert ihren Meister Höfler in dieser Hinsicht noch weit übertroffen.

Hr. Höfler eröffnet seine „kritischen" Wanderungen durch die böhmische Geschichte mit einem Artikel, der die Ueberschrift trägt: „Palacký's böhmischer Gegenpapst vom Jahre 1244," und nach langen Erörterungen mit folgendem Resumé schliesst: „Nachdem die Urkunde (über den böhmischen Ketzer-„papst) sich als unächt oder höchstens für Bosnien giltig dar-„stellt, fallen auch alle Folgerungen Palacký's von selbst weg, „und nur das Eine bleibt, dass ein Engländer in guter Treue „eine Urkunde angeblich aus Lyon vom 19 Aug. 1244 publicirte, „ein russischer Gelehrte sie für ächt hielt, ein čechischer davon „eine grosse geschichtliche Anwendung machte, jedoch die von „dem Engländer, dem Russen und dem Čechen unterlassene Er-„füllung des ersten Gebotes historischer Kritik, — die Unter-

„suchung des fraglichen Actenstückes — dazu führte, dass der „angebliche böhmische Gegenpapst mit seinen Katharern und „Verschwörern wie eine Spuckgestalt in Nichts zerfloss. Haben „wir damit also auch nicht einen Beitrag zur böhmischen Ge„schichte erlangt, so gewannen wir doch einen *sehr eigenthüm„lichen* zur Kenntniss der *Methode der böhmischen Historiographie.*"

Und wir, — entgegne ich darauf, — erhalten in diesem hochgelehrten Excurs einen neuen zwar nicht mehr „eigenthümlichen" aber doch immerhin bezeichnenden Beleg für die Wahrheit des Satzes, dass unser hochweise skythische Wanderer in den Gefilden der böhmischen Geschichte auch recht capitale — Böcke zu schiessen weiss.

Unter den Papieren des ehemaligen Klosters Burton in England fand sich auch eine Bulle Papst Innocenz IV vor, worin er den ungrischen Prälaten bekannt machte, dass er die Ketzer in Böhmen mit ihrem „haeresiarcha, quem Boemi papam vocant," in den Bann gethan habe, und sie aufforderte, das in ihren Ländern zu verkündigen und den Ketzern als solchen entgegenzutreten.*) Diese Urkunde wurde im ersten Bande der in England herausgegebenen „Annales monastici," (London, 1864, S. 264) bekannt gemacht und mir, da ich jenes Werk selbst nicht kannte, von Herrn Lamansky in St. Petersburg 1867 mitgetheilt; ich liess sie in einer Note zu meinem Aufsatze „Ueber die Beziehungen und das Verhältniss der Waldenser zu den ehemaligen Secten in Böhmen" (Prag, 1869 bei Tempsky) ganz abdrucken. Ich kann mich nun hier in die Beleuchtung und Widerlegung der curiosen Probabilitätsgründe nicht einlassen, welche Hr. Höfler gegen die Aechtheit der Urkunde vorbringt, es würde mich das unnöthiger Weise zu ebenso langweiligen als umständlichen Erörterungen führen. Hätte *ich* diese Urkunde irgendwo aufgefunden und publicirt, wäre da nicht die wichtige Entdeckung gemacht worden, ich sei der Falsarius selbst, und

---

*) Wer da weiss, wie viele interessante Notizen über Böhmen und die Nachbarländer in den Jahren 1240—42 wir einem englischen Mönche von St Albans, Matthäus Paris († 1259), verdanken, der wird sich nicht wundern, dass auch die Mönche von Burton einer die Kirche in Böhmen betreffenden Urkunde ihre Aufmerksamkeit schenkten.

daher möglicher Weise auch der Urheber jener angeblichen Falsificate in der böhmischen Literatur, deren Dasein so viele deutsche Schriftsteller genirt? Nun hat aber Prof. W. *Wattenbach* in den Heidelberger Jahrbüchern der Literatur, 1869, bei der Anzeige meiner obgenannten Schrift, jene „merkwürdige" Bulle mit folgenden Worten näher berührt: „ich hatte dieselbe schon 1851 im Notizenblatt der Wiener Akademie S. 384 in einer Briefsammlung des XIII Jahrhunderts nachgewiesen, freilich undatirt." In dem besagten Notizenblatt selbst führte er unter der Ueberschrift „Notizen aus Handschriften der Stadtbibliothek zu Lübeck," (namentlich aus der Handschrift Nr. 152, fol. 154) Folgendes an: „Zwischen Briefen aus dem XIII Jahrhundert, „Schreiben eines Papstes an einen *Bischof*, dass er die Ketzer „in Böhmen mit ihrem haeresiarcha, den sie papa nennen, in „den Bann gethan habe, was er ihm bekannt zu machen be-„fiehlt; das Benehmen des Königs von Böhmen wird gerühmt. „Excecata presumpcio — male perdant." Die Identität der Bulle im Kloster Burton und in der Lübecker Handschrift ist somit, wie durch die Inhaltsanzeige, so auch durch das Incipit und Explicit derselben, völlig ausser allen Zweifel gestellt, und alle noch so scheinbaren Gründe gegen deren Aechtheit lösen sich daher in gelehrten Dunst auf. Aber auch die geniale Verschiebung derselben aus Böhmen nach — Bosnien hin, wird, wo nicht lächerlich, doch gewiss unstatthaft. Mit welchem kritischen Tacte konnte Hr. Höfler die in den päpstlichen Regesten des XIII Jahrhunderts allerdings häufig genannten „Bosnenses" in „Bosni" (also Bosn*us*, -*a*, -*um*) umtaufen? Wie konnte er die Worte „haereticos in Bosnac (nicht Bosniae) *regno* constitutos" lesen, da er doch wusste, dass Bosnien in jener Zeit noch keineswegs ein „regnum" war oder genannt wurde? Ein solches Verfahren mit alten Documenten darf man kein „kritisches" nennen. Herr Höfler hätte bedenken sollen, dass die Päpste die Gewohnheit hatten, den Text und Inhalt einer und derselben Bulle an verschiedene Adressen, „mutatis mutandis," zu versenden; dann wäre ihm auch die Vermuthung nahe gelegen, dass die an die ungrischen Prälaten gerichtete Bulle nur eine Variation derjenigen gewesen, welche an den Bischof in Böhmen erlassen worden war und „das Benehmen des Königs von Böhmen (nicht des von Ungarn) rühmte," — wie es aus dem Lübecker Text und aus Hrn. Wattenbachs Auszug ersichtlich wird. Er wird wohl die von mir aus den Regesten Alexanders IV geschöpfte Bulle vom 1257 Apr. 17, worin auf Verlangen K. Otakars II zwei Minoriten zu inquisitores haereticae pravitatis in partibus regni Boemiae et confiniis Poloniae ernannt werden, nicht auch als Falsificat erklären oder aus Böhmen nach Bosnien verweisen wollen? Und ist in solchem Falle die Annahme so gar gewagt, dass es auch schon um 13 Jahre früher in Böhmen Ketzer gegeben haben mag? Dass die Daten der Zeit in Urkunden, die nur in Abschrift vorhanden sind, fehlerhaft sein können, ist zu trivial, als dass es ins Gewicht fallen könnte. Die Höfler'sche Kritik der Bulle von 1244 ist überhaupt nur ein Beispiel mehr zum Beweise, wie leicht es manchen Publicisten wird, alte schriftliche Denkmäler in Zweifel zu ziehen, welche keine andere Schuld trifft, als dass sie mit *ihren* vorgefassten einseitigen Ideen im Widerspruch stehen. Aber mit welchem Rechte nennt Hr. Höfler den haeresiarcha von 1244 einen *„Gegenpapst?"* Gegen einen solchen Ausdruck, zumal wenn er mir unterschoben werden wollte, müsste ich protestiren. Es haben sich wohl die wirklichen ehemaligen Gegenpäpste wechselseitig auch verketzert, als sie einander St. Peters Stuhl in Rom streitig machten: aber das Haupt einer obscuren Secte darf man nicht gleich als einen Concurrenten um die Würde eines „servus servorum Dei" hinstellen, möge er von seinen Anhängern noch so sehr als „papa" verehrt werden.

Nachdem der gelehrte Wanderer also gleich im ersten Begegnen mich sammt meinem (! respective seinem) Gegenpapst so gar skythisch umgebracht, übergeht er triumphirend auf ein anderes Gebiet, um „Guelfen und Ghibellinen" in Böhmen zu jagen. Unsere Vorfahren, die alten Böhmen, würden sich wohl höchlich wundern, wenn sie nach der Losung „hie Welfen, hie Waiblingen!" sich in zwei feindliche Lager getheilt und mit Namen bezeichnet sehen würden, die sie kaum dem Hörensagen nach kannten: doch die kritische Wissenschaft will es so und es geschieht ihnen Recht: warum haben sie in die inneren

Kämpfe der Statthalter Gottes auf Erden, der Päpste und der Kaiser untereinander, sich auch eingemischt? Freilich genossen sie dafür, nach Herrn Höflers freundlicher Würdigung, das hohe Glück und die Ehre, zum „deutschen" Reiche zu gehören!

Was nun dem kritischen Wanderer bei seiner Recognoscirung zuerst und zumeist auffiel, war der Umstand, dass ich von dem „wichtigsten Ereigniss der älteren Geschichte Böhmens," die dem Könige Wratislaw im J. 1086 verliehene Krone sei eine „Doppelkrone," nämlich von Böhmen und Polen zugleich, gewesen, keine Kenntniss genommen, sondern Wratislaws Königthum nur in und für Böhmen allein gefeiert habe. Dem Eifer nach zu schliessen, womit er diese meine Sünde straft, scheint er angenommen zu haben, ich hätte beabsichtigt, nicht nur den wackeren Wratislaw, sondern auch dessen Herrn und Freund, Kaiser Heinrich IV, Canossaischen Andenkens, um die Krone von Polen zu bringen: denn war sie denn nicht ein Geschenk aus *deutschen* Händen? Nun suche ich aber im ganzen böhmischen Diplomatar vergebens eine Urkunde, in welcher Wratislaw sei es sich selbst einen König von Polen genannt hätte, oder von jemand Anderem so genannt worden wäre; im Gegentheil finde ich, dass er nach wie vor 1086 seinen lieben Schwager und Schwiegersohn, Wladislaw Hermann, als wirklichen König von Polen ansprach und behandelte. Somit wird Hr. Höfler wohl selbst kaum läugnen wollen, dass die vom Kaiser Heinrich IV dem Könige Wratislaw verliehene Krone von Polen ein blosser titulus sine vitulo gewesen, kaum mehr werth, als wenn er ihn zugleich einen König in Thule genannt hätte. Hatte ich somit keinen Grund, dieses „wichtigste Ereigniss der älteren Geschichte Böhmens" zu preisen, so durfte ich, bei der mir gebotenen Kürze, mich um so weniger in die Erörterung phantastischer Pläne einlassen, wie etwa Wratislaw hätte die Gelegenheit benützen sollen, neben dem „römischen Reiche deutscher Nation" ein (ihm untergeordnetes?) über Böhmen, Polen und Russland verbreitetes „slawisches Reich" zu gründen, folglich ein Eroberer nach deutscher Art und Weise zu werden. Noch am 3 März 1835 hatte ich an den böhm. Landesausschuss geschrieben (s. oben Seite 69): „Soll ich meinem Auftrage, die ganze Geschichte

Böhmens in 4 bis 5 Octavbände zu fassen, gehörig nachkommen, so muss . . . der erste Band die ganze Přemysliden-Periode bis 1310 umfassen, oder wenigstens bis . . . 1278 herabreichen; ich muss mich daher kurz fassen" u. s. w.: doch ein Jahr später sah ich mich genöthigt, ihn schon mit dem Jahre 1197 zu schliessen. Ich hatte also keinen Platz für historisch-politische Combinationen, die Hrn. Höfler zwar „lebensvoll" und wichtig erscheinen mochten, ich aber für müssig ansah, wie die böhmisch-polnische Krone von 1086, die in den nationalen Ueberlieferungen gar keine Spur zurückliess. Wenn ich gleichwohl bemerke, dass ich in meiner böhmischen Bearbeitung dieser Geschichtsperiode im J. 1848 (Seite 340) des Cosmas Worte vollständiger wiedergegeben und geschrieben hatte: „požehnání, witězstwí a sláwa Wratislawowi, králi Českému i *Polskému*, od boha korunowanému, welikomocnému i milostiwému": so weiss ich mir die kürzere Fassung von 1836 im deutschen Texte zunächst nur dadurch selbst zu erklären, dass mir eine wortgetreue vollständige Uebersetzung des Cosmas*) in deutscher Rede zu schwerfällig vorkam, zumal ich Grund hatte, oder zu haben glaubte, auf die Krone von Polen dabei kein Gewicht zu legen. Hr. Höfler sagt nun, er wolle „an diese eigenthümliche Geschichtforschung, die jedenfalls ihres Gleichen schwer finde, keine Bemerkung anknüpfen," meint aber, es sei meine Art, „etwas ganz anderes mitzutheilen, als was die Quellen enthalten:" und das Alles, weil ich in meiner deutschen Bearbeitung unterlassen hatte, K. Wratislaw, der weder die Krone von Polen selbst, noch auch ein Verlangen darnach trug, der deutschen Politik zu Liebe auch einen König von Polen zu nennen. Und diese Sünde gegen das heilige römische Reich deutscher Nation soll ich „unverändert in 3 *Auflagen*" begangen haben. Diese Insinuation ist ziemlich auffallend: die letzte Ausgabe des betreffenden Bandes vom J. 1864 trägt doch auf dem Titelblatte die ausdrückliche Bezeichnung: „der *ersten Auflage* dritter *Abdruck*," und kein Mensch, ausser Hrn. Höfler,

---

*) Seine Worte lauten: „Wratislao regi quam Bohemico tam Polonico, magnifico et pacifico, a deo coronato, vita, salus et victoria!" Ich weiss diesen Schwulst der Rede in ein leicht fliessendes Deutsch auch heute noch nicht zu übersetzen.

wird einen neuen Abdruck mit einer neuen Auflage verwechseln. Hier aber ist diese Verwechslung dem allzu grossen wissenschaftlichen Eifer des kritischen Wanderers nur unabsichtlich entschlüpft.

Freilich erscheint die „Spuckgestalt" einer dritten „Auflage" gleich wieder bei der Sünde, die ich gegenüber K. Wladislaw I begangen haben soll, als ich von seinem Besuche in Konstantinopel zum J. 1148 schrieb: „Welchen Vertrag und zu welchem Zwecke er da mit Kaiser Emmanuel schloss, ist unbekannt; in dessen Folge aber sahen die Griechen in ihm einen Ehrenvasall ihres Kaisers." (S. 428.) Diesen Titel eines „Ehrenvasallen" kann unser skythischer Wanderer nicht verdauen und findet darin einen „dreifachen Irrthum." Ich kannte den Bericht des Cinnamus über diese Vorgänge aus Stritters Memoriae populorum olim ad Danubium ꝛc. incolentium e scriptoribus historiae Byzantinae ꝛc., Band II, 1058, wo der griechische Gesandte K. Wladislaw zum J. 1164 mit den Worten anspricht: „Servus domino bellum „illaturus venis: non tamen servus, cui per vim imposita est „servitus, — sed *servus voluntarius*, seu ut vos dicitis *ligius*; nisi „tuam effugerint memoriam, quae quondam *Byzantii pactus* es, „cum in Asiam una cum Conrado expeditionem suscepisti." Diese Stelle theilt nun Hr. Höfler aus der Pariser Ausgabe im griechischen Text mit, der ganz dasselbe aussagt, und meint, ich hätte darnach drei Irrthümer begangen. Welch unverzeihliche Willkühr, 1) Wladislaws Anwesenheit in Konstantinopel nicht vor, sondern erst nach dem Kriege in Asien anzuführen, 2) zu behaupten, man wisse von dem dort geschlossenen Vertrage nichts, und 3) einen einfachen oder gemeinen Vasallen „Ehrenvasall" zu nennen! Sonst hat Hr. Höfler dabei keine Schmerzen. Wenn ein böhmischer Fürst mit einem fremden Kaiser einen *Vertrag schloss* („*pactus* es, τετέλεκας"), so ist es ja, nach Höfler, selbstverständlich, dass er sein Vasall sans phrase geworden und damit zugleich der ganze Inhalt des Vertrags gegeben und erschöpft war.

Doch — wenn ich so fortfahre, alle von Hrn. Höfler in meinen historischen Werken gerügten Sünden und Mängel einzeln zu bestreiten und zu beleuchten, so verurtheile ich mich selbst zu der Strafe, einem „mehr skythischen als kritischen" Wanderer zu Liebe ein ganzes langes Buch voll meist kleinlichen Gezänkes oder unerquicklicher Splitterrichterei schreiben und meine kostbare Zeit anderen nothwendigeren Geschäften entziehen, ja was für mich das Peinlichste wäre, Höflersche Lucubrationen zum Behufe ihrer Widerlegung im Einzelnen noch ein zweites Mal lesen zu müssen. Wahrhaftig, ich kenne keine widerlichere Beschäftigung, als mit Höflerschen historischen Raisonnements, und glaube alle meine historiographischen Sünden durch einmaliges Lesen derselben bereits im Uebermasse abgebüsst zu haben; es wäre doch grausam, mich noch einmal dazu zu verdammen! Ohnehin lässt der Refrain, der aus allen Beschuldigungen resultiren würde:

1) *Wanderer*: „Du hast den Herrlichkeiten der deutschen Geschichte bei dir zu wenig Platz eingeräumt:" *Ich*: Concedo;

2) *Wanderer*: „Du hast die böhmischen Geschichten mit ungebührlichem Lobe herausgestrichen:" *Ich*: Nego, — dieser stete Refrain, sage ich, lässt sich auch in abstracto kritisch behandeln. Dabei wird es sich nun vor Allem herausstellen, dass ich an die Herrlichkeiten einer Volksgeschichte einen anderen Massstab anlege, als Hr. Höfler. Er sucht und findet eine unvergleichliche gloria der Deutschen in dem bekannten Widukindschen „magnum latumque imperium:" ich begrüsse sie mit den Slawen lieber in der stets angestrebten, wenn auch nicht immer behaupteten „cara libertas." Ihm fällt es niemals bei, das „göttliche" Recht des Stärkeren in Zweifel zu ziehen, (denn „göttlich" muss es sein, auch nach Darwins modernster Theorie, da es sich in der Natur bei allen Raubthieren offenbart): ich aber halte dafür, dass der Mensch zu einem vernünftigen Dasein berufen, daher die blosse Gewalt, von Menschen zu Menschen geübt, überall ein Unrecht sei, folglich weder ein Recht gebären, noch einen wahren Ruhm begründen könne. Ich weiss, dass ich mit dieser Ansicht gegenüber der grossen Mehrzahl der Diplomaten und Historiker der Vorzeit wie Mitwelt eine schreiende Paradoxie ausspreche: aber ich bin ein Slawe und gläubiger Verehrer der Lehre Christi, welche den Nächsten nicht zu morden oder zu unterjochen, sondern wie sich

selbst zu lieben gebietet; und Leute solcher Art haben wie im Concerte der öffentlichen Meinung, so auch an den grünen Tischen der Cabinete bis jetzt noch zu wenig sich hören lassen, ihre Zeit wird erst kommen.

Um nicht wieder missverstanden zu werden, erkläre ich, bevor ich weiter gehe, gleich hier, dass ich keineswegs absolut alles und jedes Eroberungsrecht negiren will. Wo ein wilder unruhiger Nachbar, gleich einem Raubthier, nicht anders unschädlich zu machen und zu ruhigem Verhalten, zu dauernd friedlichem Verkehr, auf keinem anderen Wege zu bringen ist, da darf man ihn zwar nicht wie ein Raubthier vertilgen, wohl aber seiner „göttlichen" Bestialität den nöthigen Zaum anlegen, um ihn unschädlich zu machen und einer menschlichen Ordnung und Bildung entgegenführen zu helfen. Ich verdamme aber jede Eroberungssucht dort unbedingt, wo sie der Hab- und Herrschsucht entspringt, möge sie sich auch noch so sehr als von Gott unmittelbar autorisirt ankündigen, wie es z. B. bei Čingischan — und noch an anderen sehr bekannten Orten der Fall war.

Hier kann ich nun nicht vorbeigehen, ohne bei der Frage zu verweilen: Waren die vielen Eroberungszüge der Deutschen gegen die Slawen nothwendig und gerecht, waren sie von Gott, zu dessen Ruhm und Ehre, autorisirt, oder hat sich nur deutsche Hab- und Herrschsucht in ihnen offenbart? Ich habe meine Ansicht darüber schon im Werke selbst (Bd. I. S. 153 und 200) unzweideutig ausgesprochen und aus deutschen Quellen hinlänglich begründet, so dass es unnöthig scheint, die entscheidenden Belegstellen sowohl über die Nothwendigkeit christlicher Bildung als auch über der Slawen Friedfertigkeit und der „Saxonum avaritia et crudelitas" hier zu wiederholen. Es scheint eben, dass diese Darstellung meine deutschen Kritiker vorzugsweise aufgeregt und mir den Vorwurf des Deutschenhasses eingebracht hat. Bedenke ich aber, dass die deutschen Kirchenfürsten vom J. 900 die Anhänglichkeit der Böhmen und Mähren an den cyrillischen Ritus bei dem Papste Johann IX als einen Rückfall ins Heidenthum denuncirten und dagegen keine humaneren Gründe anzuführen hatten, als „sive velint, sive nolint, regno nostro subacti erunt": so kann ich die gesammte apostolische Mission der Deutschen unter den Slawen überhaupt und auch den Böhmen insbesondere nicht mit derjenigen ehrfurchtvollen Pietät anerkennen und preisen, welche jene Kritiker und Hrn. Höfler zufriedenstellen würde. Ich hoffe zuversichtlich, die human denkenden Deutschen von heute werden in dieser Beziehung mit ihren Vorfahren vor tausend Jahren sich nicht mehr solidarisch und für sie verantwortlich machen wollen.

Um auf Hrn. Höfler zurückzukommen, so ist ein Einverständniss zwischen ihm und mir schon darum unmöglich, weil ich *böhmische* Geschichte schreibe, den Schwerpunct derselben in Böhmen suche und finde, die Interessen des böhmischen Volkes für mich massgebend sind, während er jenen Schwerpunct ausserhalb des Landes verlegt, und die Interessen von *Rom* und *Deutschland* zur Richtschnur genommen oder wenigstens als massgebend angesehen wissen will. Wo immer letztere im Lande ihre Pflege fanden, da preist er die böhmische Geschichte als „*lebensvoll*": wo sie auf Widerstand stiessen, wird sie ihm „*unsäglich öde*", — wie sich das weiter unten bedeutsamer herausstellen wird. Dem entsprechend muss er als consequenter Denker am Ende auch *alles Recht, alle Wahrheit, folglich auch alle Tugend auf Erden* absolut und ausschliesslich nur vom Gutdünken einer einzigen, am 18 Juli 1870 näher declarirten, Quelle abhängig machen, die Encyclica und den Syllabus (vom 8 Dec. 1864) über alle Vernunft sowie auch über das Evangelium stellen, alle moderne Bildung, Constitutionalismus und Gewissensfreiheit gleich dem Hussitismus verabscheuen, und sein historisches Schema oder κτῆμα εἰς ἀεί muss nun sein: wie ein einziger Gott im Himmel, so auch ein einziger von ihm unmittelbar bestellter Statthalter auf Erden, ein „servus servorum dei," der praktisch in „dominus dominorum mundi" zu übersetzen kömmt, ein einziger Oberhirt aller Schafe Christi, — und neben ihm, oder vielmehr unter ihm, ein Ober-Mandatar desselben, ein Gesammt-Verwalter und Wächter aller für den Oberhirten bereits gewonnenen oder noch zu gewinnenden Schafe, der von Aussen alle Wölfe fernzuhalten, im Inneren alle etwa widerspenstigen Böcke zu bändigen hat, — und was sonst noch zur Vollständigkeit dieser Grundidee des Mittelalters gehört. Für mich bestand allerdings diese Idee auch de facto, aber nicht ebenso de jure, wie für Hrn. Höfler, — und das bildet gleich einen Unterschied in unseren Anschauungen, der sich nicht ausgleichen lässt. Ueberdies scheint logische Consequenz der Begriffe ihm dabei keine Sorge zu machen: wenn die Böhmen im Interesse der Religion sich entschliessen, die vom Statthalter Gottes auf Erden vorgeschriebene christliche Weltordnung, und in ihr den einzigen Kaiser als weltliches Haupt der gesammten Christenheit anzuerkennen, so ist es bei ihm nicht die römische, sondern deutsche Macht, nicht der römisch-christliche Kaiser, sondern der deutsche König, dem sie sich unterordneten. Wie er sich dabei mit den dem Vicegott auf Erden rebellischen, oder wie er sagt „ghibellinischen" Kaisern und Königen abfindet, möge er selbst zusehen.

Es ist nicht wahr, was mein Gegner an mehreren Orten behauptet, ich hätte die Zustände des niederen Volkes im alten Böhmen geschichts- und quellenwidrig in ein zu günstiges Licht zu stellen, die vielen Drangsale, denen es ausgesetzt gewesen, zu leugnen gesucht. Er hat sich nur nicht die Mühe genommen, meine Darstellung z. B. der vielen grossen und kleinen „Staatsfrohnen" zu studiren, welche ich zu wiederholten Malen als die grösste Schattenseite der damaligen Volkszustände bezeichnet hatte; vielleicht kam ihm der Gegenstand zu slawisch, daher keiner Aufmerksamkeit würdig vor. „Der damalige Staat", so schrieb ich (Bd. II, 34), „nahm Zeit, Kräfte und Vermögen des gemeinen Mannes überhaupt zu sehr in Anspruch, und legte ihm seinerseits zu viele Lasten auf, als dass er auch deren Häufung von Seite der Grundherren gleichgiltig hätte gestatten können." Man sorgte dafür, dass die Leibeigenen von damals selten wurden, weil die Disposition über sie nicht dem Staat, sondern nur dem Grundherrn allein zustand. Bei allem Unterschiede zwischen damals und jetzt, gibt es doch frappante Analogien in den Wirkungen der Centralisation von heute und ehedem. Wie wir den unter unseren Augen freigewordenen Landmann unter den Anforderungen, die der Staat an ihn stellt, fast erliegen sehen, so wurde auch der persönlich frei gewesene Bauer im XIII Jahrhunderte unter der Županverfassung von so vielerlei Lasten heimgesucht, dass er manchmal sogar den Leibeigenen um sein Loos beneidet haben mag; und unsere heutigen grossen und kleinen Bureaukraten geben in schonender Leutseligkeit den grossen und kleinen Županbeamten von ehemals nichts nach. In eine nähere Auseinandersetzung dieses Gegenstandes darf ich aber hier nicht eingehen. Hrn. Höfler scheint es grosse Freude gewährt zu haben, als er aus einer Urkunde K. Otakars I vom 26 Aug. 1222 die Worte herausschreiben konnte: „*Emancipavimus* etiam omnia praedia (der Deutschen, *sic*) eis collata et conferenda cum eorum colonis et inquilinis" u. s. w., wodurch er sich berechtigt glaubte, bei Einführung deutscher Colonien in Böhmen von „Emancipation" des gemeinen Mannes zu träumen, weil er nicht begriff, dass es sich da nicht um eine Freilassung, sondern bloss um eine Entlassung aus der Macht des *Staates* in die der *Kirche* handelte, so dass von der Zeit an, anstatt der Župen-, die Kirchenbeamten die armen Schafe zu scheren und die Schur an ihre Herren, hier die deutschen Ordensmeister, abzuführen hatten. Von Deutschthum war dabei weiter keine Rede.

Die „hässliche Geschichte," dass „die Fälschung des Wenzelliedes unter der wissenschaftlichen Autorität Palacky's in die Welt eingeführt wurde," ist, wie die weitere Angabe, ich hätte mir Höfler „zum Gegner gewählt," zwar nur eine dreiste *Calumnie*, gibt aber willkommenen Anlass, mich als einen gänzlich kritiklosen, in paläographischen Dingen unwissenden Menschen darzustellen. Ich habe das böhmische Wenzelslied nicht in die Welt eingeführt. Wenn mein Gegner das Original desselben einsah, so muss er auch Dobrowsky's beigeschlossene eigenhändige Würdigung desselben gelesen haben. Bei Dobrowsky's Lebzeiten gab es weder einen Streit, noch einen Verdacht bezüglich der Aechtheit altböhmischer Schriftstücke, mit einziger Ausnahme des Bruchstückes von Libuša's Gericht, das Dobrowsky allein bestritt, während er die einzigen eigentlichen Falsa (das Lied an Wyšehrad, das Wenzelslied) als ächt in Schutz nahm. So lange die letzteren sich in Hanka's Gewahrsam im böhmischen Museum am Hradschin befanden, habe

ich sie kaum zweimal flüchtig zu sehen bekommen und ihre
Werthlosigkeit schützte sie vollständig vor meiner Neugier. *)
Bei dem Wenzelsliede insbesondere konnte der Verdacht eines
Falsums bei mir um so weniger aufkommen, als der Finder
desselben, Scriptor der Universitätsbibliothek P. Zimmermann,
mir mit grossem Selbstgefallen umständlich die Art und Weise
geschildert hatte, wie er dazu gekommen, und sein Bedauern
aussprach, dass mehrere kleinere Fragmente, die er mit dem
Wenzelsliede gleichzeitig an ein Fenster zum Trocknen gelegt,
ihm vom Winde weggeweht, auf der Gasse verloren gegangen
seien. Wahrlich, einen ungeeigneteren Falsarius als P. Zimmermann
hätte ich mir kaum vorstellen können. Wenn Hr. Höfler
so scharfsinnig war, das Falsum (mit Feifaliks Augen) auf den
ersten Blick zu erkennen, so kann ich ihm dazu nur gratuliren;
für mich war wie das ganze Lied, so auch das pro und contra
dabei ziemlich gleichgiltig. Feifaliks Autorität aber ist für mich
in diesen Dingen gleich null; seine bekannte Monomanie verstieg
sich so weit, dass er in einem Briefe an mich (dd. Brünn,
16 Juli 1857) keinen Anstand nahm, anlässlich eines von Dobrowsky
im J. 1828 herausgegebenen Bruchstücks einer böhmischen
Reimchronik, sogar *diesen* Herausgeber selbst eines
Falsums mit den Worten zu zeihen: „es will mich fast bedünken,
als ob jene Chronik nichts als eine gelehrte Spielerei
Dobrowsky's sei." Die viel besprochene Streitfrage über die
altböhmischen Handschriften überhaupt ist bis heute weder abgethan,
noch hinlänglich aufgeklärt; von jeher hat der zelus
daran mehr als die scientia Theil genommen, und zwar von
beiden Seiten; ja selbst die hohe Staatspolizei blieb ihr nicht
fremd. Ich kann und darf in dieselbe hier nicht wieder umständlich
eingehen, und kurz lässt sich die Sache nicht abthun.
Vielleicht gewinne ich einmal mehr Zeit dazu: hier daher nur
einige Andeutungen. In der ganzen gelehrten Slawenwelt hatte
das Schicksal mir für meinen ganzen Lebenslauf nur zwei her-

---

*) Eine Bestätigung dieser Worte können unbefangene Leser selbst in
meiner Anmerkung 144 (Bd. II, Abtheil. I, S. 96) finden, wo ich die
Originalität des böhmischen Textes des Liedes bestritt und das Ganze
nur „ein süsses Verbiage ohne bestimmte Haltung und Idee" nannte.

vorragende persönliche Gegner, ja unversöhnliche Feinde beschieden: den k..k. Hof-Slavisten *Kopitar* seit 1830, und den Museumsbibliothekar *Hanka* seit 1826, beide bis zu ihrem Tode; Jener pflegte von jeher mehr offen, Dieser mehr verdeckt gegen mich aufzutreten; Jener war der erste und heftigste Kläger und Klagenstifter in der Sache der Handschriften, Dieser galt als der am meisten verdächtige Schuldige. Jenem trat daher auch ich offen entgegen, wo immer sich Gelegenheit dazu darbot: Diesen, den ich diesfalls weder für so unschuldig, noch für so schuldig erkannte, als ihn Freunde und Feinde angesehen wissen wollten, schonte ich bei seinen Lebzeiten, um den sehr ehrgeizigen, auf mich eifersüchtigen und ohnehin vielfach (auch durch meine Stellung, da ich eine Zeit lang sogar sein Vorgesetzter wurde) gekränkten, aber sonst harmlosen und aufrichtig patriotischen Mann nicht meinerseits noch mehr zu kränken, zumal ein solches Verfahren mir von den mit den Verhältnissen näher Vertrauten als unedle persönliche Rache, von unseren beiderseitigen Gegnern aber als volle Zustimmung auch zu deren unberechtigten Klagen und Beschuldigungen ausgelegt worden wäre. Ich kann aber nicht umhin, hier meine vollkommen nach allen Seiten hin begründete Ueberzeugung laut auszusprechen, **dass die deutsche Wissenschaft in unsern Tagen sich auf keinem Gebiete eine grössere Blösse hat zu Schulden kommen lassen, als in der (zunächst österreichisch-polizeilichen) Frage über die Aechtheit der Königinhofer Handschrift.** Der grosse Paläograph Höfler bleibt dabei ganz ausser dem Spiele. Die ungetrübte Wahrheitsliebe dieses Mannes bewährt sich auch in der Behauptung, ich hätte ihn mir (wahrscheinlich ohne Grund) „zum Gegner gewählt." War ich es etwa, der ihn antrieb, gegen die Böhmen überhaupt, und die Hussiten insbesondere, mit mehr Eifer und Geifer als Wissenschaft aufzutreten? Den Unsinn wird er mir doch wohl nicht zumuthen, dass ich ohne Grund vorgezogen hätte, ihn zum Feind, anstatt (wie ehemals) zum Freunde zu haben.

Merkwürdig — um keinen anderen Ausdruck zu gebrauchen — ist auch sein ganzes Verfahren gegen mich in der Frage des Mongoleneinfalls vom J. 1241 und der Niederlage derselben bei Olmütz. Ich hatte über sie im J. 1841 eine sehr umständliche kritische Abhandlung geschrieben und in den Acten der k. böhm. Gesellschaft der Wissenschaften 1842 publicirt. Alle damals bekannt gewesenen Ueberlieferungen darüber wurden von mir zusammengestellt und eingehend geprüft; und ich erlebte die Genugthuung, dass die vielen kurz nachher von Hormayr in seiner „Goldenen Chronik von Hohenschwangau" (München 1842) zuerst bekannt gemachten Briefe und Urkunden über denselben Gegenstand nicht nur keines der von mir gewonnenen Resultate umwarfen, sondern sie meist noch glänzend bestätigten. Hrn. Höfler beliebte es, diese meine Abhandlung zu ignoriren und eine Menge dort beseitigter Missdeutungen und Irrthümer neu aufleben zu lassen. Das Drolligste dabei ist, dass er den mehr als naiven Unverstand eines deutschen Uebersetzers von Dalemil als Hauptbeweis gegen mich geltend machen will. Dalemil hatte geschrieben: „Tateři — také před „Olomúc sě stawichu, — tu králewice ztratichu; — jeho pěstúny „zjímáchu — a před městem je swázáchu, — že králewice ne- „chowali, — nepřátelóm je na smrt dali" ɔc. d. i. die Tataren rückten auch vor Olmütz — da verloren sie einen Königssohn (králewic) — nahmen dessen Pfleger gefangen — und banden sie vor der Stadt zusammen, — weil sie den Königssohn nicht am Leben erhalten, — gaben sie sie dem Tode von den Feinden preis ɔc. Offenbar bezieht sich die ganze Nachricht auf einen vor Olmütz umgekommenen tatarischen Prinzen oder Čingischaniden: der deutsche Uebersetzer des XIV Jahrhunderts aber sah in dem „králewic" — „von Behem des Konigis sun", und nahm in dessen Folge ganz sinnwidrig an, nicht die Tataren, sondern die Böhmen hätten da einen königlichen Prinzen verloren. *) — Nun hält Hr. Höfler diesen Unsinn triumphirend mir

---

*) Zu den in meiner Abhandlung bereits angeführten Beweisgründen, dass Dalemil über den Mongoleneinfall von 1241 wirkliche historische Kunde besass, gehört auch noch sein Bericht über die Bestrafung der „Pfleger" des tatarischen Königssohns. Er stimmt vollkommen zur Angabe Plan-Carpins über die Solidarität im mongolischen, in Decimalzahlen zu 10, — 100, — 1000 und 10,000 Mann abgetheilten Heere: Cum omnes sunt in bello, si de decem hominibus fugit unus vel duo

entgegen als Beweis, dass die Böhmen vor Olmütz von den Tataren *geschlagen* worden sind, und ergeht sich des Weiteren in frommer Entrüstung über meine Art, die Geschichte zu behandeln. Wahrhaftig — das ist mehr, als der geduldigste Mensch zu ertragen vermag! — Wo er einen Sohn K. Wenzels I hernimmt, um ihn von den Tatern abschlachten zu lassen, — ist des skythischen Wanderers geringste Sorge.

In Bezug auf die gesammte böhmische Geschichte vor 1253 hätte ich meinen Kritiker wohl auf meine böhmische Bearbeitung dieser Periode verweisen können, da meine erste deutsche Auflage wohl mein erstes, aber keineswegs auch letztes Wort in der Sache war und über manche auch von ihm berührten Puncte in der zweiten Bearbeitung mehr und besseres Licht verbreitet ist als in der ersten, — indem ich mich nicht schäme, mit den Jahren immer mehr zu lernen: — aber welche Unbill wäre das, an einen Prager Professor, der schon bald ins zwanzigste Jahr an der einzigen hohen Schule des Landes Geschichte vorträgt, die Zumuthung zu stellen, dass er auch die Sprache des Volkes hätte lernen sollen, dessen Geschichte er mit hohem „wissenschaftlichen" Geiste zu behandeln und zu berichtigen gedachte! Die Wissenschaft, wenn sie sich böhmisch kleidet, hört ja ipso facto auf, Wissenschaft zu sein!

Es fällt mir schwer, mich auch bei der Geschichte König Otakars II (1253—1278) aufzuhalten, um eine Menge Streitpuncte hier aufzuklären: ich hoffe, nach vollendeter Umarbeitung des Hussitenkrieges, die mich jetzt beschäftigt, an die Bearbeitung der Periode 1253—1278 bald genug zu kommen, wo ich dann allerdings vieles anders, als bisher, aber nicht im Sinne Hrn. Höflers, darstellen werde, — zunächst freilich in böhmischer Sprache, wo die Jahre 1253—1403 bisher in meinem Werke noch eine Lücke bilden. Höflers Ansichten concentriren sich in dem Satze, dass Otakar II es verschmäht habe, die Krone des deutschen Reichs anzunehmen. Diese ehemals vulgäre

---

vel tres, vel etiam plures, omnes occiduntur. — It. si unus vel duo aut plures audacter ad pugnam accedunt, et decem alii non sequuntur, etiam occiduntur. It. si unus de decem vel plures capiuntur, et alii socii sui non liberant eos, etiam occiduntur ɔc. (lib II, cap. 6.)

Behauptung hatte einst auch *J. Fr. Böhmer* (in seinen Reichsregesten von 1246 1313) wiederholt: aber schon in seinem ersten Ergänzungsheft (1849) schrieb er unter den „Verbesserungen und Zusätzen" dazu (S. XV) Folgendes: „Ich habe seitdem „den hier berührten Umstand mit Palacky besprochen und mich „mit demselben in folgender Ansicht geeinigt: Die Nachricht „des Continuator Cosmae, dass der Erzbischof von Köln zur Be- „sprechung der bevorstehenden Königswahl nach Prag gekommen „sei, wird richtig sein: aber die weitere Angabe, dass er beauf- „tragt gewesen dem Otakar die römische Krone anzubieten, und „dass dieser sie abgelehnt habe, ist durchaus zu bezweifeln und „ist wohl nur eine aus der Anwesenheit des Erzbischofs geschöpfte „und dann willkührlich ausgeschmückte Vermuthung. Wann und „wie sollten sich die Wahlfürsten, welche bald darauf unter sich „uneinig und dem Otakar nichts weniger als günstig erscheinen, „auf ihn geeinigt haben? Warum schweigen über diese That- „sache, wenn sie wahr ist, alle anderen Schriftsteller? Umgekehrt „ist es viel glaubhafter, dass Otakar die römische Krone, deren „Besitz ihm seine österreichischen Erwerbungen sicherte, nicht „abgelehnt, sondern vielmehr gesucht habe. Darum findet sich „in Dolliner Codex epist. Otac. schon der eventuelle Gratulations- „brief eines Cardinals; darum hatten Otakars Machtboten auf „dem Wahltag keine Stimmen abzugeben, sondern nur eine Pro- „testation; darum bestand zwischen Rudolf und Otakar gleich „von Anfang an ein feindseliges Verhältniss." — Meine Einigung mit Böhmer in dieser Ansicht erfolgte bei meinem ersten Aufenthalt zu Frankfurt im Juni 1846. Ich verweise Hrn. Höfler auf diese Thatsache, und werde von dem „nationalen Elemente," das in Otakars II Kämpfen beiderseits thätig war, vom modernen Anacharsis aber gänzlich geläugnet wird, ein andermal mehr zu sprechen haben.

Ein dritter Gang mehr skythischer als kritischer Wanderungen gegen mich ist überschrieben: „Die Grundanschauung der Palackyschen Geschichte Böhmens." Am Schlusse desselben wagt Höfler zu behaupten, er habe eine „Pflicht," den nicht von ihm (!) herbeigeführten Streit „auf das Gebiet der Wissenschaft einzudämmen," nachdem ich (Palacky) „zu Waffen meine

Zuflucht genommen, die mit der Wissenschaft nichts zu thun haben." Welche Waffen meint da der Wanderer? Das Urtheil über meine und seine Art zu kämpfen überlasse ich getrost dem gebildeten Leser. Ueber die „Wissenschaftlichkeit" seiner Methode liefert er in diesem Artikel selbst einen sehr interessanten Aufschluss, da er Band- und Capitelweise die Seiten aufzählt, die ich der Geschichte Böhmens vor und nach dem Jahre 1403 gewidmet habe: der vorhussitischen Zeit nämlich 1347, der hussitischen (*sic*, von 1403—1526) 3465 Seiten. „Von „1526 an (sagt er) soll die Welt in Finsterniss gelassen werden „(*sic*). Somit stellt sich also von selbst als System der Geschichte „Böhmens heraus: — eine Geschichte des hussitischen Zeitalters „in 3465 Seiten, mit einer Einleitung von 1300 (*sic*) Seiten und „einem Nachspiele vom J. 1526 an, das der ständische Historio„graph einem Andern zu schreiben überlässt. Ist das nicht eine „Identificirung der Geschichte Böhmens mit der Geschichte des „Hussitismus, so sieht es ihr wenigstens sehr ähnlich. War aber „dieses die Absicht Derjenigen, welche einst Palacky den Auf„trag gegeben, die böhmische und nicht die Geschichte des „XV Jahrhunderts zu schreiben, und ihn in den Stand setzten, „wie nicht leicht ein Gelehrter sorgenfrei, vollständig Herr seiner „Zeit, sich der ihm zu Theil gewordenen Aufgabe zu widmen?" Der Leser wird schon an diesem Beispiele erkennen, wie Höfler den von ihm herbeigeführten Streit „auf das Gebiet der Wissenschaft einzudämmen" beflissen ist, und ich werde damit der Mühe überhoben, dasselbe in hundert anderen Beispielen nachzuweisen. Doch noch bezeichnender spricht er sich an einer anderen Stelle mit den Worten aus: „Während Palacky in der „früheren Zeit an den *lebensvollsten* Ereignissen ohne Wärme „vorüberzog, namentlich wenn sie mit der deutschen Geschichte „zusammenhingen, wird der Leser mit ängstlicher Sorge in das „*ermüdende* Detail eines *unsäglich öden inneren Streites* eingeführt, „ich möchte sagen von einem zum andern geschleppt" u. s. w. Wahrhaftig, hätte ich den Hussitismus selbst verschuldet oder veranlasst, ich könnte kaum minder strafbar erscheinen, als da ich ihn beschrieben habe!

Köstlich ist es wahrzunehmen, wie ernst Hr. Höfler zuerst

über meine Eintheilung der böhmischen Geschichte nach einzelnen Bänden und Abtheilungen sich ereifert. Mich kostet das Geständniss keine Selbstüberwindung, (da ich von der Ungeduld des Publicums gedrängt wurde, einzelne Bände meines Werkes nur möglichst schnell nacheinander erscheinen zu lassen,) dass ich da gar keiner rationellen Eintheilung folgen konnte, sondern die Abschnitte, je nachdem sie fertig wurden, der Presse zu übergeben genöthigt war, wobei der äussere Umfang eines Bandes nicht selten massgebend wurde. Eine rationell aus dem ganzen Inhalt der Geschichte geschöpfte Eintheilung konnte ich erst bei der zweiten (böhmischen) Bearbeitung eintreten lassen, und kündigte sie im J. 1850 der Art an, dass ich diejenige Periode unserer Geschichte, in welcher religiöse Reibungen vorherrschten (1403—1627), als die *mittlere* hervorhob, alles, was ihr voranging, als zur *älteren*, was folgte (1627—1850,) zur *neueren* und *neuesten* Geschichte gehörig bezeichnete. Die ältere Geschichte theilte ich wieder in zwei Hauptabschnitte ab: 1) Böhmen von der Urzeit an und unter vorherrschend slawischen Zuständen, bis 1253, und 2) königliches Böhmen mit überhand nehmenden feudalen Zuständen, von 1253 bis 1403. Man sieht, dass der Bestand und Wechsel der Dynastien, oder gar auch ihre Titel, dabei nicht massgebend waren, da ich meine Aufmerksamkeit nicht so sehr den auswärtigen und heimischen Thronstreitigkeiten und Hofintriguen, als vielmehr dem gesellschaftlichen Leben des Volkes vorzugsweise zuzuwenden beflissen war. Diese Eintheilung wird auch in der *zweiten verbesserten Auflage* meines *deutschen* Textes der Geschichte Platz finden, sobald nur der Verleger sie verlangen wird und ich die Zeit gewinne, sie zu liefern. Nach Höflerschen und auch anderweitigen Ansprüchen hätte ich freilich mich um das böhmische Lesepublicum gar nicht kümmern und alle Sorge nur meinem deutschen Texte allein zuwenden sollen: aber diese Ansicht ist eben einer jener Differenzpuncte zwischen mir und ihm, die sich nun einmal nicht ausgleichen lassen.

Was soll ich aber zur Höflerschen Bezeichnung und Charakterisirung des ganzen grossen Zeitraums der böhmischen Geschichte von 1403 bis 1526 sagen? Dieser Zeitraum, in welchem, nach der Ansicht aller Freunde und Feinde und nach Höflers Geständnisse selbst, das böhmische Volk eine welthistorische Rolle zu übernehmen und in grossartiger Weise durchzuspielen gezwungen wurde, ist ihm nichts als die Zeit eines — „unsäglich öden inneren Streites!" Den Kampf um das höchste Gut des Menschen, um die Freiheit des Gedankens und des Gewissens, nennt er einen „unsäglich öden inneren Streit!" Und wenn nun ein Volk, das auf dieses Gut den höchsten Werth legt, es sich weder vom Kaiser noch vom Papste nehmen lassen will, sondern zu dessen Schutze sich erhebt; wenn es die unzähligen Schaaren, welche die beiden römischen Vicegötter auf Erden aus allen Weltgegenden zusammenberufen, um die verhassten Ketzer mit Feuer, Blut und Eisen gänzlich vom Erdboden zu tilgen, nach allen Seiten hin siegreich zurückschlägt, und seine grausamen Feinde, die trotz ihren Niederlagen jedes Anerbieten des Friedens Jahre lang zurückweisen, endlich dahin bringt, dass sie selbst um Frieden bitten, so ist das ein Schauspiel — „unsäglicher Oede!" Ist das nicht *ächt skythisch* geurtheilt? Zum Glück darf ich annehmen, dass Höfler wie überhaupt in der gebildeten Welt, so auch unter seinen eigenen Stammgenossen diesfalls wenig Zustimmung finden wird. Man frage nur z. B. Franzosen, Engländer, Amerikaner, Russen u. s. w., was in der älteren böhmischen Geschichte ihre Aufmerksamkeit am meisten anzieht? Und ein hochgeachteter Schriftsteller, Heinrich *Luden*, der jedenfalls noch mehr rein deutsch (weil kein Römling) war, als Höfler, anerkannte in der Führung des ganzen Hussitenkrieges auf Seite der Böhmen „so vielen Geist, so grosse Kraft, solchen Charakter und solche Geschicklichkeit," dass er „ihrem heiligen Kampfe nicht ohne Bewunderung und ohne die innigste Theilnahme zusehen konnte:" *) aber für Höfler ist dies alles nicht „lebensvoll," es ist „unsäglich öde!" Und da die heillosen Hussiten auch nach den Basler Friedenscompactaten (1436) nicht zu Paaren getrieben, geschweige denn vernichtet worden waren,

---

*) Heinr. Luden, Allgem. Geschichte der Völker und Staaten des Mittelalters. II Abtheil. Jena, 1822, S. 476.

so muss auch die ganze nachfolgende Geschichtsperiode von 1436 bis 1526 mit dem Kainsmal eines „hussitischen" somit „unsäglich öden" Zeitalters beladen bleiben; — sonst wäre ja Höfler der Unfall passirt, in meiner Geschichte von Böhmen eine „Grundanschauung" zwar zu suchen, aber keine zu finden.

Ein vierter Cyklus von Artikeln ist überschrieben: „Die karolinische Zeit." Man kann sich vorstellen, wie der Wanderer hier im Uebermasse seiner „Wissenschaft" schwelgt, da er sogar verhältnissmässig selten dazu kömmt, meine Sünden zu strafen, — mit Ausnahme von Unterlassungssünden; denn ich hatte gar vieles zu berichten und zu preisen unterlassen, was ihm „lebensvoll" erschien. Ich werde da nicht mehr ins Detail eingehen, da bei der Verschiedenheit unserer Standpuncte und Ziele der Streit endlos werden müsste. Er postulirt die Behandlung der böhmischen nur als eines integrirenden Theils der deutschen Geschichte, das slawische Element darin ignorirt er gänzlich, ausser wo es gilt, ihm etwas Böses nachzusagen. Er hätte den Königen von Böhmen am Ende die höchste Macht und Herrlichkeit auf Erden gerne zugestanden, wenn sie zum Danke dafür ihr Land wenigstens vollständig germanisirt hätten; dass ihnen das, trotz allem guten Willen, nicht gelang, ist der Hauptvorwurf, der sio trifft. Meine Schuld culminirt wieder darin, dass ich die hohe Blüthe des deutschen Geistes in Böhmen unter den Luxenburgern gehörig hervorzuheben unterliess; dass ich nicht nachwies, wie deutsche Sprache und Bildung bei Hofe und auf dem Lande überhand nahm u. dgl. m. Er muss natürlich vorausgesetzt haben, dass seine Leser mein Werk weder gelesen haben, noch lesen werden: denn sonst wäre es unerklärlich, wie er meine Schilderung der Deutschen in Böhmen (Bd. II. Abtheil. I. S. 154 fg. Abtheil. II. S. 24 fg. 36 fg. und a. m.) als gar nicht vorhanden ansehen durfte. Es scheint wirklich auch aus anderweitigen Rücksichten nothwendig, einige Stellen daraus hier wieder anzuführen, aus welchen der Leser wenigstens einen Schluss auf das Uebrige sich bilden könne. So sagte ich (II, 36—37) Folgendes:

„Die Deutschen waren von den Königen Böhmens vorzüglich wegen ihrer Betriebsamkeit ins Land aufgenommen worden. Auch entsprachen sie dem in sie gesetzten Vertrauen, und erwiesen sich dem Lande höchst nützlich, insbesondere im Bergbau und im Roden und Urbarmachen der vielen Wälder an den Gränzen des Landes. Ihnen zunächst verdankt man die hohe Blüthe der Silberbergwerke von Kuttenberg und Deutschbrod, welche auf Vermehrung des Wohlstandes im Lande, und somit auch der Macht des Staates, so grossen Einfluss hatte. Für sie, und grössten Theils auch durch sie, wurde der böhmische Bürgerstand geschaffen, folglich auch die Gewerbthätigkeit im Lande neu belebt und gehoben; ihre Ansiedlungen gaben auch mittelbar Anlass zu der seit K. Otakar II so eifrig betriebenen Emancipation der Bauern. Dies ist die Lichtseite der Erscheinung, und sie spricht laut genug für sich."

„Wenn wir dagegen niederländische Kaufleute ihre Tuchwaaren (vorzüglich die feinen Tücher von Gent) selbst nach Böhmen verführen, Italiener nach wie vor mit Gewürzen, Südfrüchten und Seidenwaaren hier activen Handel treiben, und die Böhmen den französischen und bayrischen Linnenwaaren vor den eigenen den Vorzug geben sehen: so mahnen solche Wahrnehmungen uns ohne Zweifel, an die Industrie des damaligen böhmischen Bürgerstandes noch keinen zu hohen Massstab anzulegen. Nur nach Polen und Ungarn scheinen böhmische Kaufleute activen Handel geführt zu haben; nicht so nach Russland, von woher sie feine Pelzwaaren, einen damals sehr gesuchten Luxusartikel, bezogen."

„Die politische Schattenseite der deutschen Colonisation bestand aber darin, dass in den nachfolgenden Kriegen der Böhmen mit den Deutschen, die böhmischen Städte nur zu oft geneigt waren, den Feinden des Landes, ihren Stammgenossen, freundliche Hand zu bieten, wovon nur die Bürger von Kuttenberg zuweilen eine ehrenvolle Ausnahme machten. Auch bildete das deutsche Feudalwesen, und die in dessen Gefolge eingeführte Patrimonialgerichtsbarkeit gleichsam das Thor, wodurch in der Folgezeit die Hörigkeit und Leibeigenschaft in Böhmen sich wieder einschlich."

Und der Schlusssatz auf S. 42—44:

„Wenn es nun einerseits feststeht, dass, wie überhaupt

kein Volk auf Erden, so auch die Böhmen nicht, sich aus sich selbst allein und von fremden Einflüssen unabhängig ausgebildet haben: so folgt anderseits doch auch aus dem Obigen, dass sie die von Aussen erhaltenen Keime selbständig und ihrem eigenthümlichen Geiste gemäss zur Entwicklung brachten. Namentlich muss das unter Deutschen von Alters her verbreitete Vorurtheil entkräftet werden, als habe die Civilisation in Böhmen erst durch sie, durch die deutschen Colonien nämlich, begonnen. Schon der erste Blick auf die ältesten und besten Producte der böhmischen Literatur zeigt es klar, dass sie im slawischnationalen, sogar antigermanischen Geiste verfasst sind. Und selbst im XIV Jahrhunderte, wo die Deutschen in den Städten den entschiedensten Einfluss behaupteten, war das geistige Uebergewicht im Lande nicht bei ihnen, sondern bei den eigentlichen Böhmen. Den Beweis kann schon die grosse (noch nicht gezählte) Menge der von den letzteren in lateinischer und böhmischer Sprache hinterlassenen Werke führen, während wir von Deutschböhmen zur Zeit nicht mehr aufzuweisen haben, als die allerdings höchst werthvolle Königsaaler Chronik des Abtes Peter von Zittau, und die Uebersetzungen Dalemils und des „Ackermanns von Behem" aus dem Böhmischen ins Deutsche. Liegt nicht schon im letzteren Umstande an sich eine Anerkennung der angeführten Thatsache?" u. s. w.

Ist das, und so vieles Aehnliche, nicht unbefangen und gerecht, deutlich und überzeugend genug gesprochen? Aber man ist damit nicht zufrieden, man will und verlangt von mir eine für die Deutschen schmeichelhafte Geschichte, eine unbedingte Verklärung des deutschen Elements in Böhmen. Zu einem solchen Werke kann ich nicht die Hand bieten, so lange man nicht den Beweis herstellt, dass die Deutschen von jeher nur lauter Engel, nicht aber Menschen gewesen sind.

Nachdem „die karolinische Zeit" auf zwei vollen Bogen grössten Formats abgethan war, und ich voraussetzte, es werde nun die „unsäglich öde" Hussitenzeit wieder an die Reihe kommen, lese ich mit Erstaunen auf anderen zwei Bogen einen fünften Cyclus von Artikeln, überschrieben: „Die älteste Zeit." „A. „Slawen und Germanen" „B. „Die älteste Zeit der Čechen"

u. s. w. Nun, das ist Höflersche Ordnung und Methode. Ich muss aber gestehen, dass es mir fortan unmöglich wird, seinen Erörterungen im Einzelnen zu folgen; es übermannt mich endlich ein unüberwindlicher Eckel vor dieser ebenso niedrig begründeten als hochtrabenden historischen Salbaderei und Rabulistik, die immer mit ihren Resultaten fertig ist, bevor sie noch in eine Untersuchung eingegangen war, und die Geschichte, welche uns stets eine hehre Lehrerin sein sollte, zu einer nach Belieben willfährigen Dienstmagd herabwürdigt. Möge Herr Höfler sich künftig seiner Siege über mich nach Herzenslust erfreuen und rühmen: ich werde ihm kein Wort mehr erwidern.

Was aber den Unterschied in den Urzuständen der Slawen und Germanen u. s. w. betrifft, darüber werde ich mit seinen Vereinscollegen Schlesinger und Lippert mich demnächst noch etwas umständlicher auseinander zu setzen haben.

―

C.

Die oben S. 177—8 bereits erwähnte „*Würdigung der Angriffe des Dr. Franz Palacky auf die Mittheilungen des Vereines für Geschichte der Deutschen in Böhmen*" (von Dr. *Schlesinger* und Dr. *Lippert*) wird mit folgender Ansprache an „*den Leser*" eröffnet:

„Es genügt den čechischen Führern nicht, ihre deutschen „Landesgenossen in der Tagespresse ununterbrochen mit den „heftigsten Schmähungen zu übergiessen: auch der keusche Boden „der Wissenschaft muss geschändet werden, damit der leiden„schaftlich gepredigte Hass gegen die Deutschböhmen eine „scheinbar tiefere Begründung erlange. Der erste Gelehrte der „čechischen Nation wird ins Feld gesendet, um nicht bloss zu „beweisen, dass etwa die Deutschböhmen freche Eindringlinge „seien, sondern damit er wissenschaftlich darthue, wie *die ganze* „*grosse deutsche Nation nichts anderes als ein* **Räubervolk** *sei,* „*das tiefer stehe, als die Mongolen und Russen*" u. s. w.

Und sie schliesst mit folgenden Worten: „Palacky's Au-

„griffe — haben zunächst die Verunglimpfung des deutschböh„mischen Stammes, in weiterer Folge aber die ungerechteste „Herabwürdigung unserer ganzen Mutternation zum traurigen „Endzwecke. Möge man endlich in Deutschland sich nicht „länger der Erkenntniss des wahren Standes der Dinge in Böhmen „verschliessen!"

Der Schmerzensschrei fand auch den gewünschten Anklang und Widerhall. Eine Unzahl deutscher Journale in und ausserhalb Oesterreich verbreitete schon seit 1868 nach allen Seiten hin die empörende Kunde, dass ich die ganze deutsche Nation simpliciter ein „Räubervolk" genannt und tief unter die Mongolen und Russen gestellt habe: und dafür wurde ich nicht nur in den besagten Journalen, sondern auch in einer Menge anonymer und pseudonymer Zuschriften mit den ausgesuchtesten „deutschen Culturblüthen" (wie man sie bei uns nennt) förmlich überschüttet.

Ich hatte nämlich in meine Streitschrift gegen Höfler im J. 1868, Seite 74—89, auch ein Capitel (das XIte) mit der Ueberschrift *„Die Unterschiede in der Geschichte der Deutschen und der Slawen"* eingerückt, und darin (S. 76) zunächst auf den Unterschied hingewiesen, der zwischen „kriegerischen und erobernden" und zwischen „friedlichen, erwerbfleissigen" Völkern wahrzunehmen sei. „Aber," (fügte ich hinzu,) „was ist die *Er*„*oberung* Anderes, als ein im grossen Massstabe mit überlegener „Gewalt durchgeführter, daher strafloser *Raub*? Und als solche „erobernde, *ursprünglich Räubervölker*, werden in der Geschichte „vorzüglich genannt: die alten Römer, die Deutschen, die „Hunnen und Avaren, die Mongolen und Tataren, die Türken „und Magyaren; als nichterobernde Völker stellen sich dar ins„besondere die Juden, die Griechen und vorzüglich die Slawen." Ferner sagte ich (S. 80): „Sollte jedoch die Grösse und Macht „der von einzelnen Völkern gegründeten Staaten den Massstab „hergeben zur Würdigung der Vorzüge ihrer Charaktere, so „würde dieses zu einer Schlussfolgerung berechtigen, die wahr„scheinlich nicht im Sinne aller Derjenigen liegt, die eine solche „Behauptung aufstellen: dass nämlich die Römer und die Deut„schen zwar hoch über viele andere Völker, aber doch wieder

„tief unter die Russen, oder gar erst unter die Mongolen zu „stehen kämen."

So lauteten meine Worte, und so ist mein grosses Verbrechen beschaffen. Wahrlich, der Leser, dem dabei die Haare nicht zu Berge steigen, ist kein Deutscher, er ist vielmehr ein Mitschuldiger von mir! Ist das nicht eine Frechheit, die Deutschen wie mit den Römern, so auch mit Hunnen und Mongolen, ja mit Türken und Magyaren in eine Kategorie zu werfen? Gab es je noch eine ärgere „Schändung des keuschen Bodens der Wissenschaft?" Denn nach der Logik der „Mittheilungen" bleibt ja jedes Volk in Ewigkeit das, was es einst oder „ursprünglich" gewesen, und unwahr ist, was ich (S. 75) behauptete, dass tausendjährige Einflüsse auch in den Grundzügen der Völker Aenderungen bewirken können; folglich sind die heutigen Deutschen, nach derselben Logik, „nicht nur kriegs- und raublustig," sondern auch noch immer „arbeitsscheu", wie Tacitus (Germania cap. 14) sie schilderte. Und eben so gilt, nach derselben Logik, von den heutigen Deutschen, was Julius Caesar von ihnen anderthalb Jahrhunderte vor Tacitus behauptete: „Agriculturae „non student, majorque pars victus eorum in lacte, caseo, carne „consistit; neque quisquam agri modum certum aut fines habet „proprios, sed magistratus ac principes in annos singulos gentibus „cognationibusque hominum, qui una coierint, quantum et quo „loco visum est, agri attribuunt, atque anno post alio transire co„gunt." — „Civitatibus (den Genossenschaften) maxima laus est, „quam latissimas circum se vastatis finibus solitudines habere. „Hoc proprium virtutis existimant, expulsos agris finitimos cedere, „neque quemquam prope audere consistere." — „Latrocinia „nullam habent infamiam, quae extra fines cujusque civitatis fiunt, „atque ea juventutis exercendae ac desidiae minuendae causa fieri „praedicant" ꝛc. (De bello Gallico lib. VI, cap. 22, 23.) — In diesem Sittenspiegel müssen die Herren Schlesinger und Lippert consequenter Weise ihre ganze grosse „Mutternation" auch heute noch wiedererkennen, oder aber Julius Caesar und Tacitus für eben solche Schänder des keuschen Bodens der Wissenschaft erklären, wie mich. Ja sie müssen eben so consequent bekennen, dass sie und die heutigen Deutschböhmen überhaupt nichts als fremde Einwanderer, oder, wie sie sagen, „freche Eindringlinge" sind, da sie es vor Jahrhunderten „ursprünglich" gewesen; und es nützt ihnen nichts, dass ich ihr „sei es wie immer erworbenes, aber durch die Zeit geheiligtes Recht der Landsässigkeit" anerkannte: *) sie waren einst Fremdlinge im Lande, also sind sie es, nach der obigen Logik der Mittheilungen, auch noch heute. Und wenn ich diesen Herren sage: „Ihr werdet doch, glaube ich, nicht so unbedacht sein, dem Massstab des magnum latumque imperium gemäss, Euch Deutsche und die Römer selbst tief unter die Russen, ja gar unter die Mongolen, (die ja noch weit grössere Staaten, als jene, gründeten) stellen zu wollen," — so sind sie so verständig und so honnett, dies dahin zu deuten und der Welt laut zu verkünden, dass *ich* sie tiefer stelle, als die Mongolen und Russen. Ist das eine ehrliche Wiedergabe meiner Worte und meines Sinnes? und steht eine so vorsätzliche Missdeutung der gefeierten deutschen Biederkeit etwa näher, als einer gemeinen Büberei? Ja gewiss, man ersieht schon aus diesem einen Probestück, dass Schlesinger und Lippert eben so hohe Zierden der „Wissenschaft" sind, als ich dieselbe schände.

Und welch ein frecher Schänder des keuschen Bodens der Wissenschaft muss, nach dem Urtheil dieser Herren, nicht erst der Franzose *Guizot* sein, der in seinem Hauptwerke, der berühmten „Histoire de la civilisation en France," in der „Septième leçon" eine sehr eingehende Parallele zieht zwischen der von Tacitus gezeichneten „Image des anciens Germains," und dem Bilde der heutigen Wilden und Barbaren in allen Weltgegenden, wie es von neueren Reiseberichterstattern übereinstimmend geschildert wird. Wer hat auch diesen Gelehrten, den gründlichsten und humansten Geschichtforscher des neueren

---

*) Meine Worte vom J. 1845 waren: „To však nemá jejich již jakkoli nabytému, ale věkem zasvěcenému právu k zemanství w Čechách nikoli na ujmu řečeno býti: neboť my jen o to se zasazujeme, že právo jejich jest *wedle* nás, nikoli *nad* námi." (S. Radhost, I, 149.) (Das soll nicht zum Nachtheil ihres wie immer erworbenen aber durch die Zeit geheiligten Rechtes der Landsässigkeit in Böhmen gesagt sein: denn wir behaupten nicht mehr, als dass sie ein Recht *neben* uns, nicht *über* uns besitzen.") —

Frankreichs, „ins Feld gesendet," um „wissenschaftlich darzuthun, wie die ganze grosse deutsche Nation nichts anderes sei," (nach Schlesinger-Lippertscher Logik nämlich,) — als eine Horde von Wilden und Barbaren?

Dass übrigens diese Herren ihre „Würdigung" mit einem Schmerzensschrei über die „heftigsten Schmähungen" einleiten, womit wir „ihre deutschen Landesgenossen in der Tagespresse ununterbrochen übergiessen" und „den Hass gegen die Deutschböhmen leidenschaftlich predigen," — das nimmt mich gar nicht Wunder: denn sie sind von jeher gewohnt, das Vorrecht und Monopol des Angriffs in jeder Nationalitätshetze für sich in Anspruch zu nehmen, und das Echo, welches sie auf solche Weise wachrufen, als ein ihnen zugefügtes Unrecht, als eine Kränkung und Beleidigung nicht ihrer, der ersten Hetzer, sondern des ganzen deutschen Volkes auszuschreien. Es ist das seit Jahren die Sitte und tägliche Uebung fast aller deutschen Publicisten und Journalisten in unserem und den benachbarten Ländern: wie könnten die „Mittheilungen" eine Ausnahme machen? Und Recht geschieht ihnen, den bösen Čechen, wenn sie zu Duzenden abgeurtheilt und eingesperrt werden: warum trüben sie den unschuldigen Deutschböhmen und den Wiener Schmocken das Wasser so „ununterbrochen"? Von den Letzteren ist, wegen Aufreizung zum Hasse gegen die Ersteren, noch nie Einer auch nur in Untersuchung gezogen worden; sie predigen ja „ununterbrochen" nichts als pure Nächstenliebe gegen alle Slawen, insbesondere gegen die Čechen. Man weiss bei uns Gerechtigkeit nach allen Seiten hin zu üben: darum steht ja auch der Staat jetzt so einig, so kräftig und so hohe Achtung gebietend da! — Doch wolle man nur von deutscher Seite das obligate Schimpfen einmal einstellen: ich stehe dafür, dass auch böhmischerseits alle Recriminationen aufhören werden. —

Als ich von den erobernden als „ursprünglich Räubervölkern" schrieb, verging ich mich allerdings, zwar nicht gegen das deutsche Volk, wohl aber gegen die deutsche Sprache: ich hätte nämlich von „*Raub*völkern" (nicht „*Räuber*völkern") sprechen und schreiben sollen. Ich bekenne dies mit aufrichtigem Bedauern, dass es mir, trotz eifrigen Studien, nicht ge-

gelungen ist, mir die Eigenthümlichkeiten der deutschen Sprache so anzueignen, dass ich vor ähnlichen Fehlgriffen sicher wäre.

Meine Definition der „Eroberung" als = „Raub" haben die Gegner weder widerlegt, noch selbst angefochten; nur meinten sie, hätten die Juden wie die Griechen ihre Kriegstüchtigkeit zu oft bewiesen, als dass man sie meinen „friedfertigen" Stämmen beizählen dürfte. Ich werde mich darüber in keinen Streit einlassen. Kriegerische und erobernde Völker nannte ich zunächst diejenigen, bei denen der Krieg die Regel, das Ziel und die Hauptbeschäftigung des Lebens, der Friede nur eine Unterbrechung des Krieges, also ein Ausnahmszustand war: bei den anderen hingegen war der Friede der Normalzustand, der Krieg nur eine Unterbrechung des Friedens. Das involvirt noch keineswegs den Sinn, dass die Letzteren den Krieg, wo er unvermeidlich wurde, nicht auch zu führen und für denselben Massregeln zu treffen gewusst hätten. Wenn Schlesinger mir Alexander den Grossen als Eroberer entgegenhält, so vergisst er, oder weiss es nicht, dass Dieser zwar ein Schüler von Aristoteles, darum aber doch kein Grieche war, — ausser etwa in dem Sinne, in welchem, nach Schlesingers Erklärung, sogar jeder gebildete Čeche ein „Deutscher ist, der nebenbei auch čechisch spricht." Ich bin ihm sehr dankbar für dieses Compliment, womit er hoffentlich auch mich zu einem Deutschen macht; und um meinen Dank noch mehr zu beweisen, gönne ich einer seiner geistreichsten Bemerkungen auch hier einen Platz: „Wenn Palacky „schon neben den Slawen noch Friedensvölker haben will, warum „nimmt er nicht die Indianer und Hottentotten, die sich neben „den Čechen gerade so gut ausnehmen dürften, wie die Mongolen „neben den Germanen." Gewiss, damit hat er seiner „Wissenschaft" die Krone aufgesetzt!

Doch um mich bei solchen Nergeleien nicht lange aufzuhalten, (obgleich die ganze „Würdigung" fast nur aus ihnen besteht), übergehe ich gleich zu dem Hauptbeweise meiner Nichtswürdigkeit als Historiker. „Ueber die Cultur der alten „Slawen" (schreibt Schlesinger), „haben wir eine Menge Citate „in Bereitschaft und können, wenn es gewünscht wird, jeden

„Augenblick damit dienen.*) Die Byzantiner, die fränkischen „Chronisten, die Biographie des hl. Adalbert, Cosmas der Böhme, „Ditmar von Merseburg, Saxo Grammaticus, Albertus Stadensis „u. a. stimmen in diesem Puncte so ziemlich überein. Ihre Be„richte laufen mehr oder weniger auf das hinaus, was der heil. „Bonifacius in seinem XIX Briefe sagt, „quod est foedissimum „et deterrimum genus hominum," oder, wie sich der deutsche „Bearbeiter Dalemils in der Hanka'schen Ausgabe ausdrückt: recht viehlich sie lebtin. Doch was gelten dem Herrn Palacky „Beweisstellen?" — Ich frage nun vor Allem meinen Gegner, ob er den XIX Brief des Bonifacius wirklich gelesen hat? Offenbar gar nicht! denn in eben diesem Briefe stellt der Heilige dem Könige Ethibald die Slawen seiner Zeit, dieses „foedissimum et deterrimum genus hominum" (sie waren ja im J. 745 noch alle Heiden) sogar umgekehrt als Muster ehelicher Treue und Keuschheit dar! Und Schlesinger wagt es, ihn als Hauptzeugen und Hauptbeweisführer für das „viehische Leben" der Slawen anzurufen! „Et Winedi, (sagt er), quod est foedissimum et „deterrimum genus hominum, tam magno zelo matrimonii amorem „mutuum servant, ut mulier, viro proprio mortuo, vivere recuset; „et laudabilis mulier inter illas esse judicatur, quae propria „manu sibi mortem intulit, ut in una strue pariter ardeat cum „viro suo. Sic ergo gentiles, qui deum nesciunt et legem non „habent, juxta dictum Apostoli, naturaliter ea quae legis sunt „faciunt, et ostendunt opus legis scriptum in cordibus suis." Kann es ein unverwerflicheres, glänzenderes Zeugniss für die Unverdorbenheit ihrer Sitten geben? Und ein Byzantiner, der Kaiser *Mauricius*, schrieb (582—602) noch lange vor Bonifacius in demselben Sinne, ja fast mit denselben Worten: „Pudicitiae „servantes feminae Sclavorum supra omnem modum erga maritos

---

*) Haben die Mittheilungen (mit Höfler, Schlesinger und Lippert an der Spitze) wohl bedacht, in welchem Lichte das ganze grosse Volk der Deutschen erscheinen müsste, wenn slawische Gelehrte Repressalien üben, und in sämmtlichen historischen Quellen, von der ältesten Edda an bis zu den jüngsten Kriegsnachrichten aus Frankreich, eben so alle begründeten und unbegründeten Klagen über deutsche Sitten und Thaten einseitig zusammenlesen wollten? —

„suos, adeo ut earum multae virorum suorum mortem proprio „interitu solari voluerint, seque ipsas suffocarint ultro, non „ferentes vitam solitariam;" was nach ihm Kaiser *Leo der Weise* (866—911) fast mit denselben Worten wiederholte. Ich frage noch einmal die Herren Schlesinger und Lippert: kannten sie diese „Beweisstellen" oder nicht? Und wenn sie sie kannten: mit welchem kritischen Verstande, ja mit welcher Stirne konnten sie sie nicht nur ignoriren, sondern geradezu leugnen? Wie konnten sie solche durchaus objective Zeugnisse von *Zeitgenossen* gegenüber einem Manne verwerfen, der in seinen Ansichten durchaus subjectiv, eingestandenermassen ohne historische Daten und Quellen, die Zustände einer *fernen Vorzeit* nur nach einem selbstgeschaffenen Bilde schilderte? Unser *Cosmas* ist bei allen seinen sonstigen Vorzügen und Verdiensten gerade in den auf Sexualverhältnisse bezüglichen Dingen kein verlässlicher Zeuge. Bedenkt man, wie er, schon ein 80jähriger Greis, sich an lasciven Schilderungen noch ergötzte und mit solchen auch sein Werk schloss, so wie mit welchem Behagen er die muthwillige und ganz geschichtswidrige Sage von dem Schwabenherzog Welf und der Princessin Mathilde ausmalte, so kann man den sonst treuherzigen und genialen Mann gerade in dieser Beziehung für keine reine und ungetrübte Quelle ansehen, und seine späteren Ausschreiber eben so wenig. Leute, „die recht viehlich leben," hat es zu allen Zeiten in allen Ländern gegeben und unsere Gesellschaft ist von solchen auch nicht frei: aber die Schilderung derselben bei Cosmas hat nicht mehr historische Berechtigung, als eben seine Sage von Welf und Mathilde. Es wird mir auch vorgeworfen, ich wolle Cosmas Zeugniss über das viehische Leben der ersten Přemysliden nicht gelten lassen. Er sagt nämlich: „Horum principum de vita aeque „et morte siletur, tum quia ventri et somno dediti, inculti et „indocti assimilati sunt pecori, quibus profecto contra naturam „corpus voluptati, anima fuit oneri; tum quia non erat illo in „tempore, qui stilo acta eorum commendaret memoriae. Sed „sileamus, de quibus siletur" 2c. Woher wusste es also Cosmas, dass jene Fürsten vor mehreren Jahrhunderten nur viehisch gelebt haben, da er gestehen muss und gesteht, er habe über sie gar keine geschriebenen Ueberlieferungen oder Quellen auffinden können? Und ist unter solchen Umständen sein Zeugniss ein historisches? hat es Beweiskraft gegenüber den positiven Zeugnissen des Kaiser Mauricius und Leo, so wie des heil. Bonifacius? Wollen die Herren Schlesinger und Lippert auf solche Weise „gerad richten," was ich in der Geschichte Böhmens „schief gestellt" habe? Um mich zu lehren, wie ich historische Kritik üben soll, dazu sind solche Gelehrten wahrlich etwas zu spät auf die Welt gekommen!

Noch an einer anderen Stelle wird ein Hauptschlag gegen mich geführt mit folgenden Worten: „Der Landeshistoriograph, „der auf Alles, was von Deutschen kommt, mit souverainer Ver„achtung und mit Hohn herabblickt (! sic), der seit 1834 Alles „in den Archiven, was deutsch ist, nach eigenem Geständniss „überschlägt, der auf vorgeworfene absichtliche Entstellungen „der Geschichte (Mittheil. VI. S. 19 Anm. 1 u. a. O.) gar keine „Antwort findet, der muss bei allen Freunden der Wahrheit, „selbst wenn sie keine Deutschböhmen sind, sittliche Entrüstung „erregen!" Und als einen Beleg dazu führt Dr. Schlesinger aus Hoffmanns von Fallersleben Leben (Bd. II, Hannover 1868, S. 238) folgende Stelle an: „Ich (Hoffmann) sagte ihm (Palacky,) „obwohl ich nichts Slawisches verstände, so würde ich doch „überall auf dasselbe Rücksicht nehmen, wo ich etwas in Hand„schriften fände, ich bäte ihn, doch für mich in Bezug auf das „Deutsche dasselbe zu thun. Da antwortete er: Wenn ich etwas „Deutsches finde, so — überschlage ich es."

Ich muss vor Allem „gerad richten," was hier der Herr von Fallersleben „schief gestellt" hat. Als ich im Juli 1833 zuerst mit den Handschriften der Breslauer Universitätsbibliothek mich beschäftigte, wo der Mann damals als Beamter fungirte, gelangte, unter dem allgemeinen Schlagwort „Hussiten," auch eine Handschrift in meine Hände, die mich als eine Schilderung der in Schlesien geführten Hussitenkriege sehr interessirte. Ich wies sie dem Herrn vor mit der Frage, ob er sie kenne? denn ich hätte sie sonst nirgends gefunden. „O ja," antwortete er, er kenne sie, sie sei auch „schon edirt." Bei dem näheren Besprechen des Inhalts wollte es mir aber scheinen, sie sei ihm doch nicht recht bekannt gewesen. Da ich sie für meinen Gebrauch bereits excerpirt hatte, so gab ich sie zurück, ohne weiter darnach zu fragen. Aber einige Verwunderung erregte es doch bei mir, als ich nicht lange darnach diese Handschrift von Hoffmann in den „Scriptores rerum Lusaticarum" unter der Aufschrift „Martin von Bolkenhain von den Hussitenkriegen in Schlesien und der Lausitz" als opus ineditum publicirt fand. Es wäre ihm ohne Zweifel angenehm gewesen, wenn ich ihn in gleicher Weise auch auf andere gelehrte Funde geleitet hätte. Ich aber konnte seinem Wunsche nicht willfahren und das verlangte Versprechen nicht leisten: denn ich hätte zuvor noch umständliche germanistische Studien unternehmen müssen, um zu erfahren, welche altdeutsche Schriften bereits bekannt und edirt sind, und welche nicht; dazu hatte ich nun schlechterdings keine Zeit. Wenn er mir aber die Worte in den Mund legte: „Wenn ich etwas Deutsches finde, so überschlage ich es": so hat entweder er gelogen, oder ich. Denn angesichts der vielen auf böhmische Geschichte Bezug nehmenden deutschen Documente, die ich von jeher gesammelt und zum Theil (wie in den Fontes rer. Austriac. Bd. XX) auch schon publicirt habe, ist es rein absurd zu behaupten, dass ich „alles Deutsche in Archiven zu überschlagen" pflege. Warum habe ich denn den deutschen Martin von Bolkenhain nicht auch „überschlagen?" — Nun aber bewundere man Schlesingers feinen kritischen Spürgeist, der, wie allenthalben, so auch hier so glücklich die Wahrheit zu suchen und zu finden weiss, um — „sittliche Entrüstung" gegen mich zu erregen.

Das Heft VI der „Mittheilungen," wo der Mann mir „absichtliche Entstellungen der Geschichte" vorwirft, ist es mir mit Mühe gelungen endlich aufzutreiben, und gierig suchte ich die Stelle auf, wo man mir mit „sittlicher Entrüstung" meine Sünden vorwirft. Ich bin aber auch jetzt, nachdem ich Schlesingers Darstellung der Scenen des böhmischen Bürgerkriegs von 1317 bis 1318 gelesen und wiedergelesen, noch viel zu stumpfsinnig und verstockt, um meine Missethat einzusehen. In der meist von der Leidenschaft zweier ehrgeizigen Frauen hervorgerufenen stürmischen Bewegung jener Zeit verlangt Schlesinger unbedingtes Nachbeten der Worte des allerdings ehrlichen aber *nicht unbefangenen* Abtes von Königsaal; er hat nicht, wie ich, in der vaticanischen Bibliothek dessen ursprüngliches eigenhändiges Concept über diese Ereignisse in Händen gehabt; er hat nicht gesehen, wie oft der gute Abt seinen Text änderte, ganze Stellen darin ausradirte und corrigirte, kurz, welche Verlegenheit ihm seine eigene ursprüngliche Auffassung der Ereignisse verursachte. Schlesinger ist nicht so scrupulos: er findet alle Schuld einzig nur auf Seiten der böhmischen Barone, die es wagten einem Könige Widerstand zu leisten, von dem es hiess, dass er sie alle aus dem Lande zu treiben und Deutsche an ihre Stelle zu setzen beabsichtigte. Niemand behauptete die Wahrheit dieses Gerüchts; aber dass es aufkommen und einen Augenblick im Lande Glauben finden konnte, ist bezeichnend genug für die damalige Situation. Ich werde hier in keine Abhandlung eingehen, um meinen Bericht gegen den meines Gegners zu schützen; ich sage nur kurz und gut, dass ich auf der Richtigkeit meiner Darstellung mit gutem Gewissen auch jetzt bestehe. — Bei der Gelegenheit erfuhr ich aber auch, dass Schlesinger die von König Johann im J. 1310 „vor seiner Krönung" den böhmischen Ständen ertheilte Confirmation ihrer Rechte, die ich aus zwei alten Formelbüchern (I, 331) publicirt habe, und die *nur seinen* (Schlesingers) Vorstellungen von der damaligen Lage nicht entspricht, ganz in der gleichen Weise behandelt, wie Höfler die Bulle von 1244, und in seinem kritischen Eifer gegen mich in die Worte ausbricht: „Wie konnte man diese Formel in das Jahr 1310 setzen? wie konnte man sich so gegen den Gang der historischen Ereignisse versündigen?" Nun, ich begnüge mich, den vorwitzigen Frager auf den fast ganz identischen, auch den mährischen Ständen am 18 Juni 1311 ertheilten Versicherungsbrief zu verweisen, der im mährischen Landesarchiv im Original noch jetzt vorliegt, und im Codex diplomaticus et epistolaris Moraviae, Bd. VI (von Chlumecky) Seite 37—38 abgedruckt ist. Da möge er dann mit Musse nachdenken über „den Gang der historischen Ereignisse" und sein Verständniss desselben. Ich aber versichere ihn, dass ich über *historische Kritik* nimmermehr mit ihm streiten werde.

In der Einleitung zu seinem kritischen Opus lässt Dr. Schlesinger also sich vernehmen: Obwohl die Deutschen des Landes „zwei Fünftel*) der Bevölkerung ausmachen und an der Landes„geschichte ihren wesentlichen Antheil seit Alters besitzen, so „sind sie von Palacky doch nur in äusserst kümmerlicher Weise „und namentlich in der letzten Zeit ziemlich gehässig behandelt worden." — „Sein im Laufe der Zeit sich immer mehr auspra„gender Čechismus hätte ihn veranlassen sollen, die auch von „den Deutschen mitgetragene Subventionirung des Landes zurück„zuweisen und unparteiischen Händen (— etwa Dr. Schlesingers? —) „die Stelle eines Landeshistoriographen zu überlassen."

Ich frage vor Allem: *seit wann* machen die Deutschen *zwei Fünftel* der Landesbevölkerung aus? Seit den Zeiten der Libussa, oder seit K. Otakar, seit Karl IV, oder erst seit dem 30jährigen Kriege? Und habe ich etwa die Zeit seit dem 30jährigen Kriege schon bearbeitet? Als der Verein für Geschichte der Deutschen in Böhmen sich bildete, freute ich mich der Hoffnung, dass die schwierige Frage, wann und wie die Deutschen in Böhmen sich niedergelassen und nach und nach vermehrt haben, in Folge vereinter wissenschaftlicher Untersuchungen bald eine gründliche Lösung finden werde: denn ich allein fühlte mich derselben nicht genug gewachsen. Auch hörte ich, der erste Präsident des Vereins, Dr. Pelzl, habe wirklich einen Vortrag darüber gehalten, in welchem die ersten massenhaften Einwanderer von Hause aus als Flamänder nachgewiesen worden wären: da ich aber den, übrigens ganz ehrenwerthen Mann, als ziemlich schwachen Dilettanten in der Geschichtforschung persönlich kannte, so gab ich mir keine Mühe, seine wissenschaftliche Leistung diesfalls näher kennen zu lernen. Denn jene Frage will, nach Schlötzers Andeutungen und Vorgang, aus einem höheren allgemeineren Gesichtspuncte aufgefasst werden, da die Einwanderung nicht bloss Böhmen, sondern zu gleicher Zeit auch Polen, Ungarn u. a. m. umfasste. Doch warte ich auf eine so geartete Erörterung derselben noch

---

*) Wirklich? Und warum wird dann von der Regierung in Böhmen die Volkszählung auch nach der Nationalität gar nicht gestattet?

immer vergebens: der Verein scheint weder Zeit noch Lust dazu zu haben, da ihm die Aufgabe näher liegt, die Čechen mit ihrem bösen Historiographen zu schelten, sich selbst aber und den eigenen Stammgenossen Weihrauch zu streuen; wenn nicht bei Einigen auch der Gedanke im Hintergrunde liegt, es lasse sich noch eines Tages, nach dem Beispiele einiger Publicisten vom Jahre 1844, die ganze deutsche Bevölkerung als von jeher in Böhmen heimisch und als „ureingeboren", die Čechen aber selbst als „freche Eindringlinge" darstellen. — Ich habe über die Nationalitätsverhältnisse Böhmens vor Ausbruch des Hussitenkriegs, unter K. Wenzel, ziemlich eingehende Aufschlüsse gegeben: *) hat man dagegen etwas Erhebliches einzuwenden? Und wenn nicht, — wird man behaupten wollen, die Deutschböhmen von damals hätten, ich sage nicht zwei, sondern auch nur *ein* Fünftel der Gesammtbevölkerung des Landes ausgemacht? Und dass ihre Zahl in Folge des Hussitenkriegs sich nicht vermehrt, sondern gemindert habe, wird auch Schlesinger nicht bestreiten wollen. Habe ich nicht zu jener Zeit, wo der deutsche Bürgerstand als politische Macht wirklich einigen Einfluss im Lande ausübte, (zu Anfange des XIV Jahrhunderts,) sogar die bürgerlichen deutschen Familien namentlich aufgezählt, die sich im Getriebe der Parteien einige Jahre lang bemerkbar gemacht hatten? Was verlangt man mehr? Was haben denn die Deutschen als Race für sich in alten Böhmen so auffallend Grosses geleistet, was ich ignorirt haben soll? Sollte ich ihnen etwa wundersame Einwirkungen zuschreiben, von welchen in den vorhandenen Denkmälern, ausser in der Phantasie meiner Gegner, nichts zu finden ist? Wenn civilisatorische Einflüsse überhaupt nach Racen hervorzuheben und zu würdigen waren, so hätte ich auch die Italiener vielleicht vorzugsweise preisen und auch die Franzosen nicht unerwähnt lassen sollen. Kam doch die Kunst und die Wissenschaft den Böhmen aus jenen Ländern noch reichlicher zu, als aus Deutschland. Man überschätzt sich leicht, wenn man nur von seinen eigenen, nicht auch von den Leistungen Anderer Kennt-

---

*) Bd. III, Abtheil. 2, S. 44—45.

niss nehmen will. — Nun, von der Zweifünftel(?)bevölkerung der Deutschböhmen von heute werden freilich die Historiker nach mir erst zu erzählen haben, mit welcher Liebe und Dankbarkeit deren Führer an Böhmen hingen, als sie mit vereinter Kraft dahin arbeiteten, dass es seiner historisch-politischen Individualität entkleidet, namenlos aufgehe in noch unbekannten Staatsgebilden. Leider kennt heutzutage das einst glorreiche Königreich keine ärgeren Feinde, als eben einige seiner eigenen deutschböhmischen Landes-Kinder! —

Diese kurze Abschweifung zu den Zuständen der Gegenwart wird Herr Schlesinger wohl ebenso berechtigt finden, wie seine Würdigung meiner als „des freisinnigen Moskaupilgers", und meiner „Vorliebe für das Land, wo die Juchten und die Knute blühen." Freilich kann ich mich dabei keiner so poetischen Begabung rühmen wie er.

Ich hätte noch gar Vieles in der angeblichen „Würdigung" meiner Gegner zu besprechen: aber ich gestehe, ich bin müde und überdrüssig, mich mit Leuten dieses Schlages noch weiter, meist über Lappalien, herumzustreiten, nachdem nichts Bedeutendes mehr vorliegt. Ich sage mein letztes Wort: ausser der Form „Räubervolk" statt „Raubvolk" habe ich in dem ganzen Hauptobject des Streites, dem XI Capitel meiner Schrift gegen Höfler, kein Wort zurückzunehmen, und appellire darüber an die Geschichtforschung der Zukunft. Männern wie Schlesinger und Lippert bin ich weiter nichts schuldig.

www.ingramcontent.com/pod-product-compliance
Lightning Source LLC
Chambersburg PA
CBHW021845230426
43669CB00008B/1086